JN096006

未来の教育を創る教職教養指針 **8**
山﨑 準二・高野 和子【編集代表】

道 徳 教 育

下司　晶【編著】

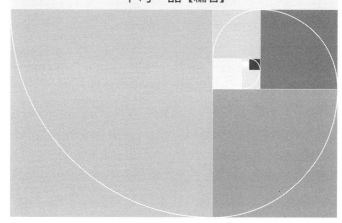

学文社

執筆者

下司　　晶	中央大学	［序章・第10章1・ 第12章1・第14章1］
池田　賢市	中央大学	［第1章］
松嶋　哲哉	日本大学	［第2章1］
山田真由美	北海道教育大学	［第2章2］
小山　裕樹	聖心女子大学	［第3章］
須川　公央	白梅学園大学	［第4章1］
尾崎　博美	東洋英和女学院大学	［第4章2］
加藤　弘通	北海道大学	［第5章1］
間山　広朗	神奈川大学	［第5章2］
児島　博紀	富山大学	［第6章1］
髙宮　正貴	大阪体育大学	［第6章2］
中橋　和昭	白山市立蕪城小学校	［第7章1-5・第8章・ 第9章1・第11章］
堤　　優貴	日本大学	［第7章6・第10章2］
安道健太郎	日本大学	［第7章6・第10章2］
天野　幸輔	名古屋学院大学	［第9章2・第14章2］
久保　研人	鎌倉市立大船中学校	［第12章1］
鹿嶋　真弓	立正大学	［第12章2］
渡邉　真魚	日本大学	［第13章］
前原　博幸	神奈川県立新羽高等学校	［第14章1］
神戸和佳子	長野県立大学	［第15章1］
廣畑　光希	開智中学・高等学校	［第15章2］
関根　宏朗	明治大学	［第16章1・3］
北村　佳誉	京都両洋高等学校	［第16章2・3］

〈執筆順〉

シリーズ刊行にあたって

　21世紀の現在，国内外ともに，就学前教育から高等教育まで，また学校教育のみならず家庭や地域における教育までも巻き込んで，教育界はさまざまな「改革」が急速に進められてきている。教師教育（教師の養成・採用・研修）全般にわたる「改革」もまた，初等・中等教育の学習指導要領改訂に連動した教師教育の内容・方法・評価の「改革」として，また教師教育を担う大学・大学院の制度的組織的「改革」をも伴いつつ，急速に進められてきている。

　とりわけ近年，「実践的指導力の育成」というスローガンの下で，ともすると養成教育の内容と方法は，実務的・現場体験的なものに傾斜し，教職課程認定における行政指導も次第に細部にわたって強まってきている。さらに，「教員育成指標」「教職課程コアカリキュラム」の策定が行政主導で急速に進行しているが，教師教育の営みを画一化・閉鎖化しかねないと強い危惧の念を抱かざるを得ない。

　そのような教育全般および教師教育の「改革」状況のなかで，今回の新シリーズ「未来の教育を創る教職教養指針」を，主に大学等での養成教育における教職関連科目のテキストとして企画・刊行することにした。そして，以下のような2点をとくに意識し，現職教師の自主的主体的な研究活動も視野に入れて，本シリーズを，各巻編者も含めた私たちからの，教師教育カリキュラムの1つの提案としていきたい。

　①教育学や心理学という学問内容の体系性ではなく，あくまで教師教育という営みにおけるカリキュラムの体系性を提起することを直接的な目的としているが，過度に実践的実務的な内容とするのではなく，教師自身が教育という現象や実践を把握し，判断し，改善していくために必要不可欠とな

るであろう，教育学・心理学などがこれまでに蓄積してきた実践的・理論的研究成果（原理・原則・価値，理論・概念・知識など）を提起すること。

　同時に，即戦力育成を目的とした実務能力訓練としての「教員育成」ではなく，教育専門職者としての発達と力量形成を生涯にわたって遂げていくための教師教育を志向し，そのために必要不可欠な基盤づくりとしての養成教育カリキュラムの1つのあり方を提案するものでもあること。

②現在，教職課程認定行政のなかで「教職課程コアカリキュラム」が示され，すでにその枠組みの下で再課程認定が進められてきている。本シリーズは，本来，上記「コアカリ」という枠組みに対応するべく企画・編集されたものではないが，扱う内容領域としては，上記「コアカリ」の内容にも十分に対応し，さらにはそれを越える必要な学習を修めることができるものを構築すること。

　ただし，「教職課程コアカリキュラム」との関係については，本シリーズの各巻・各章を“素材”として各授業担当者の判断・構想によるべきものであるので「対応表」的なものを示してはいない。なぜなら，「コアカリ」の○○番目に該当する□□章△△節を扱ったから同項目内容の学習は済んだという思考に陥ったとき，教師教育の担当者は自らの教師教育実践を研究的に省察の対象とすることを放棄してしまうことになるのではないか。さらには，そのような教師教育からは社会の変化が求めている自主的主体的な研究活動に立脚した“学び続ける”教師は育ちえず，たとえ育っているようにみえてもそこでの教育実践研究は既存の枠組みのなかでのテクニカルなものに限定されがちになってしまうではないかと代表編者は考えているからである。

　最後に，本シリーズ名とした「未来の教育を創る教職教養指針」のうちの「教職教養指針」という用語について，説明しておきたい。同用語は，19世紀プロイセン・ドイツにおいて最初に教師養成所（Lehrerseminar）を創設し，自らその校長として教師教育の発展に尽力するとともに，以後の教育学・教科教育学および教師教育学などの理論的構築にも寄与したディースターヴェーク（Diesterweg,F. A. W., 1790-1866）の主著『ドイツの教師に寄せる教職教養指針

（Wegweiser zur Bildung für Deutsche Lehrer)』（初版 1835 年）から採ったものである。正確に述べておくならば，今日的な直訳は「ドイツの教師に寄せる陶冶のための指針」であるが，日本におけるディースターヴェーク研究・西洋教育史研究の泰斗・長尾十三二博士による訳語「教職教養指針」を使わせていただいた。ディースターヴェークの同上主著は，その後彼が没するまでに 4 版が刊行され，次第に質量ともに充実したものとなっていったが，当時の教育学や心理学，教科教育学やその基盤を成す人文社会科学・自然科学・芸術など各学問分野の第一級の研究者を結集して創り上げていった「ドイツの教師（それは，近代的専門職としての確立を意味する呼称である Lehrer ＝教師：現職教師および教師志望学生たちも含める）」に寄せる「教職教養指針」なのである。同書では「教師に関する授業のための諸規則」も詳述されているが，その最後の箇所で，それらの諸規則を真に認識するためには行為（実践）が必要であること，「最も正しい根本諸原理を自分の頭で考えて理解し応用すること」によってはじめて状況に対応した教育的な機転・判断能力が育成されるのだと強調されている。本テキスト・シリーズも，そういう性格・位置づけのものとして受け止め，活用していただきたいと願っている。

　本シリーズがディースターヴェークの同上主著と同等のものであるというのはあまりに口幅たい物言いであるといえようが，しかし少なくとも本シリーズ企画への思いは彼の同上主著への思いと同様である／ありたい。そういう意味では本シリーズは「現代日本の教師（研究を基盤にすえた高度な専門職をめざし日々研鑽と修養に励む現職教師および教師志望学生たち）に寄せる教職教養指針」である／ありたいのである。

　本シリーズが，大学のみならず教育実践現場や教育行政において教師教育という営みに携わる教育関係者，教職課程を履修する学生，さらには教育という営為・現象に関心を寄せる多くの方々にも，広く読まれ，活用され，そして議論の素材とされることを願っている。

　2018 年 10 月

シリーズ編集代表　**山﨑 準二・高野 和子**

目　次

考え，議論し，変革する道徳教育へ

　書を求めて，町へ出よう。「道徳の時間」は「道徳科」として「特別の教科」となり，「考え，議論する道徳」が求められている。けれども考え，議論するためには，ある程度の備えも必要だ。

　さて，大型書店で「道徳教育」の棚をみてみれば，おおまかに二種類の本があることがわかるだろう。

　第一に，原理的なもの。大学等の教職課程で用いられるテキストや研究書である。大学教員や研究者が執筆し，理念的・歴史的な内容が多くを占める。こうした本では，教育実践の手法についての説明は十分とはいえず，「実際に道徳をどう教えればよいのか」はよくわからない。

　第二に，実践的なもの。大学教員が監修して，小中学校の教員が執筆していることが多い。こちらは，指導法を中心とした「授業で使える」，いわゆるHow to本である。しかし反対に，道徳とは何か，なぜ道徳を教える必要があるのかといった原理的な問いについては，ごく簡単な記述しかない。

　つまり，道徳教育の知見は，原理（何のために教えるのか）と，方法（どのように教えるのか）が，かなり乖離しているのである。

　そこで本書では，理論と実践とを統合する，新たな道徳教育の描き方を試みた。その際，単に理論／実践の両方を併記するのではなく，理論と実践とを本来は統合されているものとして，一つの事象の見え方の差として描き出すように試みた。

　自画自賛になるが，これは画期的なことだと思っている。教職課程のテキストが実践的な内容に紙幅を割いていることではなく，理論－実践を別のものとはとらえない姿勢が，画期的なのだ。これが本書の第一の特徴である。

1

第1章から第5章までは，道徳教育の歴史や目的を示している。歴史や哲学は道徳教育の実践に役に立たないと考える人もいるかもしれないが，全くそんなことはない。むしろきちんと読めば，その原理から，どのような道徳教育を実践すべきかがわかるだろう。また，教育心理学や教育社会学の最新の研究を踏まえたうえで，いじめの具体的な対処についても示している。

　第6章以下では，道徳教育の方法（指導の構造や指導案の書き方，評価まで）を多く示した。しかも，オーソドックスな手法はもちろん，これまで学校現場で積み上げられてきた，比較的新しい手法や主題も取り上げた。具体的には，価値の明確化，モラルジレンマ授業，構成的グループエンカウンター，モラルスキルトレーニング，いのちの教育，哲学教育，政治教育などである。ここでは理論と実践例とが一対になるように収録した。執筆者の多くは，教職経験者であり，掲載された指導案のすべてが，実際に実践され検証されてきたものである。これらはまさに，道徳科が求める「考え，議論する」道徳教育の例といえよう。

　以上のように，現在の道徳教育が理論と実践（原理と方法）に分断している状況を統合しようとする試みが，本書の第一の特徴である。

　これと関連して，本書の第二の特徴は，「考え，議論する」だけでなく，「変革する」道徳教育を示しているということである。少しおかしな表現かもしれないが，「未熟者のための道徳教育」といってもいいかもしれない。

　大学では，学生たちから「自分なんかが，子どもに道徳を教えてもよいのだろうか」という悩みを聞くことが多い。ところが小中学校を訪問すると，キャリアを積んだ先生方から，「今の子どもたちには，きちんと道徳を教えなければならない」という意見をしばしば伺う。

　だがこの両者は，私には合わせ鏡のように思われる。というのも，どちらも「道徳」なるものがあらかじめ存在していることを前提として，「成熟した大人」が「未熟な子ども」にそれを教えるという図式を共有しているからである。

　このような道徳教育の考え方こそ，本書では問いなおしたい。

　現在では社会の価値観は多様化しており，その傾向は今後ますます拍車がか

かるだろう。道徳的／反道徳的，大人／子ども，社会規範／逸脱の境界線が曖昧になっているからこそ，道徳とは何かを「考え，議論する」必要がある。そしてその考察や議論を踏まえて，社会や道徳のあり方を「よりよく変革する」ことが求められる。

やや抽象的な話になったので，道徳教育の定番教材である「二通の手紙」を例にしてみよう。「二通の手紙」は，管理人「元さん」が動物園の規則と他者への思いやりとの間で葛藤する物語である。

第7章で示したオーソドックスな指導案では，まず子どもたちに主人公の選択が正しかったのかどうかを考えさせ，議論させる。そのうえで最終的には，教師がさまざまな意見を「法や規律の遵守」という「正しい道徳」に収斂させる構造になっている。確かにこうした授業では，子どもたちは教師の求めに応じた「正解」を答えるかもしれない。しかも道徳科に「評価」という観点が入った現在ではなおさらである。

だがその教育は，子どもたちの生き方に生かされるのだろうか。そもそも，日常生活において法や規律を遵守することが，いついかなる時でも道徳的といえるのだろうか。この問いは子どもたちだけでなく，私たち大人にも向けられている。そして，答えは簡単には出ない（この問題は本書前半，特に第3章や第4章でも検討している）。

さて，「二通の手紙」に戻れば，第10章に収録したモラルジレンマ授業では，主人公の行動の是非を子どもたちが考え，議論するだけでなく，どちらの選択がベターといえるのかを子どもたち自身に決定させている。つまり，「正しい道徳とは何か」を決めるのは子どもたち自身なのである。このような自己決定権がないのであれば，「考え，議論する」といっても，さほど意味がないように，私には思われる。

とはいえ，反応も予想できる。大人たちは（特に先生方は），「考え，議論する」のはよいが，決定権まで子どもに委ねてしまっては，「正しい道徳」を伝えることができないのではないか，と不安を覚えるだろう。私自身，小中学校の先生方からそのような感想を多くいただいた。

しかし考えてみてほしい。そもそも，何のために「考え，議論する」のか。それは，社会の変化に応じた道徳を模索し，私たちの生き方を変えていくためではないのか。「考え，議論する」姿勢は，これまでの社会規範が，これからも通用するわけではないからこそ，求められるのではないか。

　例として，子どもを取り巻くメディアの変遷を考えてみよう。コロナ禍では，配布されたタブレットが子どもたちに悪影響を与えるのではないかと懸念され，指導のあり方が模索された。スマホやSNSと子どもたちとの関わりについての議論も，まだ決着をみていない。2000年頃からのインターネットを巡る問題も同様である。思えば，1990年代には，携帯電話，PHS，ポケベル（！）が，1980年代にはテレビゲームが問題視された。さらに時代をさかのぼれば，テレビや映画，さらには小説まで（！），子どもたちに道徳的な悪影響を与えると懸念され，さまざまな対応が試みられてきた。つまり，新たなメディアが登場し社会が変化する度に大人たちは危機感を覚え，教育や規範のあり方を再考せざるを得なかったのである。

　上述のメディアの変遷は，社会の変化のほんの一例にすぎない。現代社会は（あるいは近代以降の社会は）常に変化を続けてきており，その速度は，今後ますます加速していくだろう。現況を鑑みても，先に挙げた情報社会化とICT，不安な国際情勢，グローバリゼーションの進行とナショナリズムやポピュリズムの勃興，非正規雇用や新たな貧困，少子高齢化，海外にルーツを持つ子どもたち，性の多様化など，伝統的な価値観では対応できない課題が山積している。こうした問題は今後増大こそすれ，減少することは考えられない。

　したがって社会の変化に応じて，道徳のあり方は変化していく。だから，大人が知っている過去の道徳を子どもに伝えるだけでは十分ではない。大人自身も新たな社会に向けて自分を刷新し，新しい，よりよい社会を自分たちの手で作り出す責務がある。そして子どもたちにも，同様の姿勢を身につけてもらわなければならない。

　だからこそ，「考え，議論する道徳」が求められるのであり，その考察と熟議を踏まえて，新たな時代を創出するための「変革する道徳」が必要になるの

である。

　ますます複雑化・多様化していく世界の中で，何が正しいのかなど，本当の
ところは誰にもわからないのかもしれない。この社会が今後どのように変化し
ていくかなど，誰も予測できない。だからこそ私たちは，現在の社会や文化の
ありようを絶対的なものとして，そこに安住し，子どもにそれを強制するとい
うことはできない。だから現代では誰もが「未熟者」（カント的にいえば未成
年）なのであり，過去に存在したモデルとは異なる，新たな「成熟」（成年）
に向かわねばならない。その一翼を担うのが，道徳教育なのである。

　本書は，大上段に構えて「これが道徳だ」と示し，それを教える効率的な方
法を示すことなどしない。あくまで素材は提供するが，それをどのように活用
するかは，皆さん次第だ。私も読者の皆さんも，お互い「未熟者」同士。とも
に考え，議論し，社会を変革していこう。

　さあ，新しい道徳教育の扉が開かれる時が来た。

第1章

「特別の教科 道徳」の成立と課題

はじめに

　道徳性は人の内心の動きであって，近代憲法下では「自由」の領域として理解されている。したがって，そこに何らかの公的（国家的）操作が入ることには慎重でなければならない。道徳は，市民社会の次元での日常生活のさまざまな対人関係の中でこそ問題にされる，きわめて個別・具体的な事柄である。しかもその判断は，つねに関係性の中で生起する，その場限りの判断である。

　2018年から道徳教育が「特別の教科 道徳」として，公教育制度の中で「教科」として位置づけられるようになった（2018年度から小学校で，2019年度から中学校で）。学校での道徳教育は，これまでは，1958年の学習指導要領改訂によって成立した「道徳の時間」という特設の時間において実施されてきた。学習指導要領が文部省（当時）の告示文書（法的拘束力を有すると解釈された）となったことで，心のあり方に関する教育が法的に規定されたことになり，内心の自由と公教育での道徳性の取り扱いとが論理上ぶつかることとなった。少なくとも，そのような問題意識の中で，道徳教育の実施をめぐっては，教育学上の課題として議論されてきた。

　これらのことを考えれば，2018年度からの道徳教育の教科化は，ひとつの大きな「事件」であった。ところが，一部のマスコミ報道を除いては，むしろ「良いこと」であるとの前提の上で，いかにすれば実質的な効果をあげる教育実践が行えるのかといった点に議論が集まった。それは今日でも続いており，学校現場の関心も，よりよい道徳授業の実践方法に焦点化されやすい。

　本章では，このような問題意識の下で，原理的課題としての道徳教育のあり方を確認した後，実践論としてどんな課題があるのかを検討していくことにする。

1 教科として実施することの難しさ

「道徳」が公教育の枠内で「教科」として実施されるとなると，学校現場では，次の2点が大きな変化となる。まず，検定教科書が作られ，使用義務が発生するということ[1]，そして，道徳の授業での子どもの変化に評価を付けなければならないということである。

道徳で使用する教科書が文部科学大臣による検定を経てつくられることに違和感を覚える人もいるはずである。いわば，政府公認の「道徳」が明示されることになるからである。道徳という人のあり方・生き方に関わることが，法的拘束力をもつとされる学習指導要領を基礎として公教育の枠内で実施されるのであり，そこからは「価値」の決定者としての国家の姿が浮かんでくる。

しかも，その教科書を「主たる教材」として使用し，授業を実施しなければならず，子どもたちの道徳性がどのように変化したかを評価対象にしなければならない点にも違和感をもたざるを得ないだろう。文部科学省によれば，数値や記号などによる評価・評定ではなく，記述式の個人内評価であるとされているのだが，そのような評価の技法や方法が問題なのではなく，人の内心の動きに対して評価という「まなざし」を公的に向けることが問題なのである。

立憲主義の下では，個人の心の状態が公的に問題にされることはない。そうでなければ，個人の自由や権利は確保できない。その思想・信条等に基づく行為が何らかの犯罪となれば罰せられるのは当然としても，それ以外は，心の中で何を考えていようが，まったく個人の自由である。「特別の教科 道徳」では，政府公認の教科書を使用した授業を受けた後の子どもの内心の変化に対して教育公務員たる教員が評価をするわけだから，まさに権力行使による個人の自由と権利への侵害となる。

以上のような批判的検討にイデオロギー論争の影をみる者もいるだろうが，次の点については，現実的な課題を感じるのではないか。つまり，教科になった道徳のカリキュラムをどのようにつくれるのか，という問題である。

道徳的判断は，きわめて具体的で個別的な場面でしか起こらない。必ず「何か」についての判断であり，それを一般化・抽象化・体系化することはできな

い。その時々の状況に応じて何を優先して考え，それをもとにどう行動するか
は，そのつど異なる。仮に，「親切・思いやり」という項目を学ぶとしても，
いつ，誰との間で，何をめぐってのことなのかがわからなければ，考えようが
なく，判断のしようもない。

　つまり，応用不可能な一回性という特性をもつ道徳的判断を教育内容とする
ことには，かなりの困難がともなう。数学のように，一定の解法を習得すれば
応用可能である，というわけにはいかない。学問（科学）の体系に基づくカリ
キュラムがつくれない。もちろん，倫理学や哲学を基盤にカリキュラムをつく
ればよいのだとの反論はあり得るのだが，文部科学省が求めている「特別の教
科　道徳」のねらいは，子どもたちの示す実際の道徳性の変化なのである。哲
学的な議論を展開していくことは想定されていない。ここからは，系統性を
もったカリキュラムの姿が見えてこない。

　また，道徳を一般的に語ろうとすると，非常に内容の薄いものになってしま
う。世の中において「親切」であることに高い価値が置かれていることは誰で
も知っている。文部科学省は「考え，議論する」道徳教育にしていくと言って
いるのだが，議論しようとすれば具体的な事象について議論するしかなく，そ
れを授業の中で実現することができるかどうか。教科書に掲載されている読み
物教材は，結局は他者のことであり，子どもたち自身が当事者ではない。仮に，
子どもたちの具体的な事柄について道徳的に検討しようとすれば，明らかにプ
ライバシーの侵害になる。

　このように，生活の中での道徳性を大事にすることと，それを実際に教科と
して扱おうとすることとの間には，かなり難しい問題が横たわっている。

2　なぜ教科になったのか

　戦後，連合国軍最高司令官総司令部（GHQ）は，修身や日本歴史，地理など，
軍国主義教育の温床となった授業を停止した（1945年12月）。そして，1948年
6月には，衆議院で「教育勅語等排除に関する決議」，参議院で「教育勅語等
の失効確認に関する決議」が議決され，戦前の道徳教育（修身）の基盤となっ

ていた「教育勅語」はその効力を失った。

　一方で，教育勅語の内容が問題だったのではなく，それが軍国主義によって
ゆがめられたことが問題だとする見方もあり[2]，その内容自体には良いこと
も書いてあったとする見方は，今日においても根強く存在している。しかし，
戦後10年ほどは，公教育に道徳教育を組み込んでいくことには慎重な姿勢が
あった。

　ところが，1958年8月28日，小・中学校の学習指導要領の「道徳編」だけ
が他に先行して公示され，「特設」の時間として「道徳の時間」が導入された。
その後，中央教育審議会答申の別記としての「期待される人間像」（1966年）
において，天皇への敬愛が日本国への敬愛に通じるという記述がなされること
などに象徴されるように，高度経済成長期に入って，教育を取り巻く情勢が，
偏狭な性質をもつナショナリズムにシフトしていく傾向が出てきた。

　しかし，このような流れだけでは「教科化」には至らなかった。世論を大き
く動かしたのは，1997年に起きた少年による神戸での殺傷事件である。この
事件以降，青少年問題（犯罪）と学校での道徳教育とが因果関係的に語られて
いく言説が確立されていく。中央教育審議会では「心の教育」が議論され，問
題行動への「道徳教育の有効性」が語られるようになる。2000年の教育改革
国民会議による「教育を変える17の提言」では，「学校は道徳を教えることを
ためらわない」との表現がなされた。この流れの中で，2006年に教育基本法
が「改正」され，2012年末，第二次安倍内閣の下，「道徳の教科化」の議論が
浮上，2015年3月，文部科学省は「道徳」を教科にする学校教育法施行規則
の一部改正および学習指導要領の一部改訂を公表することとなった。

　以上のように，戦前を引き継ぐ形での道徳教育復活論がつねに存在し，そこ
に青少年犯罪防止，いじめ防止といった課題は道徳教育で解決可能であるとす
る見方が乗ったわけであるが，さらにここに学力論が乗ることになる。中央教
育審議会での議論によれば，道徳教育によって育成される意志や態度は，「確
かな学力や健やかな体の育成などの基盤ともなる」という認識である。

　しかし，青少年による犯罪やいじめと道徳教育との因果関係は，いつ検証さ

れたのだろうか。そもそもその証明は，きわめて困難なはずである。わたした
ちは，印象操作されていたのではないか。犯罪やいじめは，規範意識が薄れ，
やさしさ等のさまざまな道徳的価値を知らなかったから起こっていたのだろう
か。犯罪やいじめがいけないことだということを知らない子どもはいない。
「やさしさ」や「親切」に高い価値が置かれていることも知っているはずである。

　では，なぜ，わざわざ教科にする必要があったのか。これへの答えは，いろ
いろと可能であり，いわゆる陰謀論にからめとられてもいけない。わたしたち
が考えねばならないことは，教科になった道徳教育が，現実的に，どのような
機能を果たすことになるのかを，冷静にチェックしていくことである。そこか
ら逆算的に考えて，いったいどこに「本当のねらい」があったのかを想像して
いくしかない。以下の論考が，それに役立つのではないか。

３ 評価をめぐる課題

　教科である限り，記録に残す「評価」をしなくてはならない。「特別の教科
道徳」では，次の２点が評価の視点とされている。

　　　・一面的な見方から多面的な見方に変化したかどうか。
　　　・道徳的価値を自分自身との関わりの中で考えているかどうか。

　そして，これに基づいて「数値や記号によらずに」，「他者と比較せず」，「記
述式の個人内評価で」，「子どもの良いところを励ますように書く」ことが教員
に求められている。しかも，教科として扱う 22 の内容項目（いわゆる徳目）そ
れぞれについてではなく，「大くくり」で評価することになっている。

　では，これをどう実践すればよいのか。道徳自体が内心のありようを問題に
している限り，一定の考え方や価値観をよしとするような指導は禁物である。
したがって，内容項目ごとの評価はしないという点は理解できる。しかし，必
ず何か具体的なことについて考えるのが道徳のはずなのに，「大くくり」の道
徳というものが存在するのだろうか。

　現実問題として，教員は，どのようにして子どもの道徳性の変化（一面的な
見方から多面的な見方への変化）を知ることができるのか。次に，その変化が，

10

自分との関わりで考えているかどうかを含んだものである点をどのようにして知るのか。おそらく、授業中の発言内容やワークシートなどに書かれた内容から判断することになるのだろう。逆に見れば、子どもたちには、教員にその点がうまく伝わるような発言の仕方や書き方が求められることになる。これは「国語力」の問題である。

　また、記述される評価は、子どもの「良いところ」を励ますように書くとされている。一見すると問題がないように思えるが、誰から見たときの「良さ」なのかと考えた瞬間に、評価行為のもつ権力性を重要課題にせざるを得ない。記述するのは教員なのだから、その教員からみた「良さ」が書かれることになる。当然、子どもたちは、教員が何を「良い」と思うかを探り、それに適合するような「答え」を発言したり書いたりすることになる。多面的な見方どころか教員（権力行使しうる教育公務員）の価値に一元化していくメンタリティーが育成されていくことになる。

　このような権力問題に気づいた現場では、子どもたちに自己評価をさせていく実践に取り組んでいるところもある。ただし、注意しないと危険なものとなる。なぜなら、そもそも道徳性という内心の自由に関わることが評価対象になること自体への疑問が封印されてしまうからである。また、自己評価が成り立つためには、自分で目標を立てていなければならない。他者が立てた目標を前提にしている限り、その自己評価は、他者（教員）が行う評価行為の代行をしているに過ぎない。他者の視点（教員が良いと思う視点）から自らの心の中を評価せよと迫っているわけである。中学校の道徳の教科書には、実際に自己評価欄のページを設けているものもある。しかも数値や記号による段階評価が提示されている場合もある。心は数値化可能であるというメッセージが子どもたちに伝わってしまう。

　ここまでをまとめれば、「特別の教科 道徳」における評価行為は、人々の内心のあり方を公権力が問題視してよいということの承認である、ということになるだろう。「良い」ところを書くのだから問題はないという議論は成り立たない。問題はそこではない。心に対して評価の「まなざし」を公的に向けてよ

いのだという点が批判されるべき問題なのである。教科化によって心のあり方について公的に問題にする「形式」がつくられてしまったのだから，それをどんな基準で評価するかは後からいくらでも設定可能である。今のところは，従前の「道徳の時間」の時代の教材を踏襲する教科書が多いが，今後，どのように教科書検定基準が変わってくるかはわからない。この「基準」は文部科学省の告示であり法律ではないので，国会の審議を経ない。したがって，変更は容易である。すでに社会科で問題になっているように，閣議決定されたものがある場合には，それを教科書に記述しなければならないという基準がつくられている。道徳性が評価対象になるという形式がつくられてしまった以上，今後，どんな基準で評価せよと指示されても，もうそれに抵抗することはできない。

　今日の状況は，もはや評価方法を工夫すればなんとかなる，といった次元ではない。心の中（道徳性の変化）というきわめて私的な領域が公的な問題の俎上に乗せられていることに，もっと危機感をもたなくてはならないだろう。

4 一元的価値への誘導

　問題があることはわかりながらも，学校は「評価」を前提とした道徳の授業をするしかない。評価は，教科書内容の扱い方と連動する。では，教科書は，子どもたちに多面的な見方を保障するつくりになっているのかどうか[3]。

　例えば，小学校 1 年生用として教科書に載せられている「かぼちゃのつる」という読み物教材に着目したい。主人公であるかぼちゃが，犬や蝶などからの注意を聞き入れず，自分のつるをどんどんと伸ばし，スイカ畑にまで入り込み，道路にもつるを伸ばしていくことに対して，学習の手引きでは，「なぜ，かぼちゃはわがままなことをしてしまったのでしょう」といった趣旨の問いが書かれている。最初から，かぼちゃの行為を「わがまま」だと決めつけて議論がはじまることになっている。しかし，子どもは，もっと多様な見方をする。例えば，元気がよくてどんどん伸びてしまったのではないか，かぼちゃ畑が狭かったのではないか，スイカさんと友だちになりたかったのではないか，など多様な見方が出る。ところが，教科書に従って学習していくと，「わがまま」を非

難する話にしかならない。「わがまま」にはマイナスの価値が与えられていることはすべての子どもが知っている。「わがまま」がテーマだとわかれば、「わがままはよくないと思います」という意見しか出ない。つまり、せっかくの多面的見方を一面的にしていくことになってしまう。他の教材すべてがこのような構造でつくられている。

　なぜ、こうなってしまうのか。それは、「評価」することを前提にしているからである。評価のためには一定の「ねらい」の設定が必要であり、「かぼちゃのつる」で扱う項目は学習指導要領で定められた 22 の内容項目のうち「節度・節制」とされている限り、そこに焦点化して話し合いをさせることになる。学習指導要領には「健康や安全に気を付け、物や金銭を大切にし、身の回りを整え、わがままをしないで、規則正しい生活をすること」とある。スイカさんとの友情の話になってはまずいわけである。教科書通りに授業をすれば、現在の社会の中での価値体系を肯定する結論にしかならない。

　ちなみに、「わがままなかぼちゃ」は、最後には走ってきた車につるを切られてしまい、「いたいよ～」と泣くのだが、体の一部を切断するというのは、「わがまま」に対する制裁としてはきわめて残忍なものであり、子どもには恐怖心しか与えないだろう。

5 偏見・差別・不安の助長の危険性

　教科書掲載の読み物教材の内容自体が子どもたちに偏見を与えてしまう場合もある。家族の姿が描かれる場合、両親と子どもが 2 人といった構成であったり、ひとり親家庭が登場するときには、子どもは幸せそうには描かれないなどがその例である。現実社会の多様な家族のあり方はまったく反映されていない[4]。性の多様性も前提とはされていない。そして「障害（者）」が登場する教材の多くは、「健常者」によって助けてもらう「障害者」という枠組みが多く、したがって、「障害者」は、つねにお礼を言っているか、「申し訳ありません」と謝っているか、「ご迷惑をおかけします」とへりくだるしかない。そして、その「障害」を自らの努力で乗り越えようとする「がんばっている障害

者」の姿が描かれる。ここでは「障害者＝できない人」という見方と,「努力」して「できる」ようになっていくことが重要だという障害者差別にまみれたストーリーが展開されていく。足をけがして車いすに乗ることになった主人公が涙を流す場面が描かれる教材もある。車いすユーザーになることは泣くほどの不幸なことなのだというメッセージである。仮に泣いたのだとしても,泣かざるを得ない社会状況になっていることを批判的に検討することもできるはずだが,やさしい健常者に助けてもらうことでしか生きていけない姿が描かれることになる。「障害者の権利」という発想はまったくない[5]。

　「いのち」の大切さを伝えることも「道徳」としては重要なテーマなのだが,結果的には,かなりの困難が予想される[6]。たとえば,「かけがえのない命」を伝える場合,具体的な病名が示され,その苦しみと今生きていることの大切さが語られ,事故や災害,動物の殺処分なども教材化されている。また,「命のつながり」という観点も相当に重視されている。抽象的な命というものはあり得ないからこそ,具体的な病名とそれによる死が描かれる。死んでしまう（命には限りがある）から「かけがえのない」ものであり尊いものだ,という展開になるのだが,これでよいかどうか。結局は誰かが死んでいるのであり,子どもの家族にその病気に罹っている者がいることを想定した場合,その子どもに不安を引き起こさない形で,どのように授業を組み立てていけばよいかは慎重に考えておかなくてはならない。死と向き合うことを45分の授業の中で「考え,議論」していくことがどれだけ可能か,工夫が必要である。当然,子どもからは臓器の提供と移植の話も出てくるはずだが,相当に複雑な議論となる。移植のために誰かの死を願うことになってしまうからである。

　また,「生きたくとも生きられない」状況が語られる教材も多い。しかし,そのことで,命を絶とうとした者を責めることになってはならない。自らの命を絶とうというところまでその人を追いつめたものは何であったのか,という問いを立てておく必要がある。病気によって死を意識させられている者からみれば,生きていられることがいかに貴重かはよくわかる訴えである。ここに,家族や友人への感謝が重ねられる場合もある。一方で,死との対比で命の尊さ

14

に迫ろうとすると，生きていること自体の質が問えなくなる可能性がある。生きているのだからありがたいことだ，という現状肯定に着地するような結論は避けたい。

　なお，命がいかに大切であるかが先祖への感謝と結びつけられている教材もある。先祖からつないできた命というとらえ方は，死生観や宗教の問題となり，安易な語り方はできない。当然，DNA や進化論に基づく内容の扱いは慎重でなくてはならない。さらにいえば，死を悲しむべきものではなく，喜ぶべきものとして位置づける宗教もある。治療上の輸血の問題も，その人の信仰と関連してくる。現在，日本が多文化社会であるとの認識はかなり広がってきているが，それは多宗教社会でもあるという点も意識しておきたい[7]。そもそも命の大切さは，戦争への言及なしには扱えないだろう。社会科との連携が必要になる。議論の中から，死刑制度の問題も出てくるだろう。動物の命を例にする場合でも，動物実験や娯楽あるいはスポーツとしてのハンティングをどうとらえるか。

6 他教科との連携

　道徳は生活の中で問題になってくるからこそ，他の教科との連携も必要になる。特に社会科と重なるテーマは多い。ひとつだけ例を挙げておきたい。

　それは，「働くこと」をテーマとした教材の課題である。働いている人への感謝につなげたいという場合が多いのだが，なかには「身近な人に，その仕事を選んだ理由や，やりがいについてたずねてみよう」という課題が提示されているものもある。働きたくとも働けない状況があり，そもそも資本主義経済構造の中ではすべての人の雇用は前提とできない。また，不本意ながらも低賃金で雇用されざるを得ない者が多いことを考えれば，この問いはきわめて無神経なものだと言えるだろう。職業（就職）差別の実態，不安定雇用，低賃金などを問わずに「働く」ことについて考えることが可能かどうか。

　なお，「やりがい」について，他者から感謝されることで仕事へのモチベーションが上がってくる例が示される場合，仕事は無償の奉仕活動ではないので，

当然，賃金の問題も絡ませなければ，間違った認識を子どもたちに与えてしまう。社会科での知識としっかりと連携させていく必要がある。

いわゆる「人物伝」も道徳教材の定番である。ここでは，国語科との関連が多くなるかもしれないが，芸術家であれば美術や音楽などと，科学者であれば理科といったように，より多面的な見方を保障するためにも，関連する各教科と組み合わせた教材化が求められてくると認識しておきたい。

7 多面的な見方を確保する手法

このように，公教育における「道徳」教育実践をめぐるさまざまな問題を意識しつつも，実際の授業で子どもたちは何を「考える」ように促されていくのか。この点について，あらためて指摘しておきたい。

「考え，議論する」ことを促す典型的な手法として「モラルジレンマ」の実践がある（本書第10章参照）。例えば，有名な教材として「手品師」がある。そこでは，「売れない」手品師が公園で練習しているとき，寂しそうにしている子どもと出会い，明日もここで手品を見せてあげると約束する。しかし，その晩，突然の電話で大舞台への出演のチャンスを知らされる。そこで，子どもとの約束を守るか，念願の舞台に出るかで迷う姿が描かれる。しかし，実際の授業では，子どもたちはまったく「迷わない」。いろいろな方法で2つの事柄を両立させようとする。このような状況は，よくあることだからである。舞台に出たければ，誰か近所の人に公園に行ってもらい，自分が来ないことを告げてもらうこともできる。そもそも判断しようとしても，教科書に書かれている範囲では情報が少なすぎるのである。

実際，わたしたちの生活は「ジレンマ」だらけであるが，そのままにしておくことはなく，その時々の状況に応じて判断し，行動している。それが「適切」であったかどうかは，後になってみなければわからない。しかも，いつその行動を振り返るかによっても「適切さ」の度合いは変化する。過去はつねにそのつどの現在から見て位置づけられる。ポイントは「ジレンマ」発生時の判断ではなく，その時選択した行動をその後どう位置づけていくのか，という点

ではないか。

　芥川龍之介に「疑惑」という短編がある。地震で倒壊した家屋の下敷きになった妻を夫は必死に助け出そうとするが瓦礫をまったく動かすことができない。そのうち火災が迫ってくる。生きながら焼かれるのか，そう思った夫は，自分でもわからないうちに，落ちていた瓦で妻の頭を叩き，殺してしまう。その後，自分自身の行動に疑惑を抱き悩み続ける，本当は心の底でつねに殺意があり，地震と火災はその機会を与えたに過ぎないのではないか，と。むしろこの場合，「ジレンマ」が真実を隠す役割となっているともいえる。この作品自体は単なる「ジレンマ」がテーマではないが，自分の取った重大な行動をどう振り返るのか，ここに道徳性の肝要な点が隠されているのではないか。（なお，この妻殺しの話を告白され，どう判断すればよいかと相談されたのは，実践倫理学の専門家である。もちろん，判断は示されていない。）

　子どもたちが「考える」ためには，教科書を「教材化し直す」という視点が必要だろう。仮に「ジレンマ」という手法を取るとしても，まず，そこにどんな「ジレンマ」が存在し得るのかの意識化が重要になる。どんな価値がぶつかり合うと感じるかは，子どもによって異なってくるはずである。これは，どんな視点からひとつの状況を見ていくか，その視点を交差させるということである。まさに多面的な見方の保障へとつながっていく。

　多面的見方の確保を意識したものとして，「中断読み」の実践がある。読み物教材を最後まで読まずに，途中で止めて，子どもたちの見方を交流させていく方法である[8]。実際にこれを用いた教室では，かなり多様な意見が出る。もちろん，最後まで読んではいけないというわけではなく，あくまでも，子どもたちが安心して，自由で多様な見方を言えるようにする工夫である。その後，教科書の続きを読んでいくとしても，それはあくまでもひとつの例示として受け止められていけば，先の「かぼちゃのつる」の例のように，「わがまま」を反省する展開のみに収束していくことは避けられそうである。最初からすべてを読んでしまうと，すでに結論が出ており，学習の手引き等に引きずられてしまい，意見の幅が狭くなりやすい。（教材によっては，むしろ全部読んでからのほ

うが議論しやすいものもある。)

　いずれにしても，「道徳」をめぐって何を考え，議論していくのか，教員も
子どもも自覚化できる工夫が必要である。そして，いかに子どもたちからリア
ルな反応を引き出すかがポイントになる。

おわりに

　子どもたちのリアルな反応は，多様性の認識と共存への模索について考える
ためには不可欠である。教科書が想定する一定の「基準・結論」にいかに合わ
せていくかではなく，さまざまな人の価値観や行動・習慣などを多様性の下に
いったん引き受け，それらをどう調整し，共に生きていくかということを「考
え，議論する」ことが，「特別の教科 道徳」の授業では求められているのでは
ないか。そうでなければ，その「基準・結論」にうまく合わせられない思考の
子どもが同調圧力により排除され，教科化がその防止を目指していたはずの
「いじめ」のきっかけになりかねない。

　排除されることなく，すべての子どもたちが安心して，共に学ぶ環境を実現
することは，今日では，国際的課題でもある。インクルーシブな社会をどう実
現していくか，ここに照準を当てて道徳教育を構築していくなら，公教育制度
の枠内で実践することの意味が出てくるだろう。学校は，さまざまな文化がぶ
つかり合う創造的な場である。「多様性」という言葉を，人々を分離していく
きっかけとしてではなく，相互に結びつき，一緒にいることの必然性へとつな
がる概念としてとらえたい。教科書では欠落している「人権」の観点も，ここ
で補っていけるかもしれない。

> ### 深い学びのための課題
> 1．道徳教科書に掲載されている読み物教材をひとつ取りあげ，どのように「教材化し
> 　直す」か，具体的に考えてみよう。
> 2．外国での道徳教育のあり方を調べてみよう。

注

1）学校教育法第34条において，教科書は使用しなければならないとされている。なお，「教科書」
とは，教科書の発行に関する臨時措置法第2条により「教育課程の構成に応じて組織排列された教
科の主たる教材として，教授の用に供せられる児童又は生徒用図書であつて，文部科学大臣の検定
を経たもの又は文部科学省が著作の名義を有するものをいう」と定義されている。

2）前田多門（文相）の「新日本建設ノ教育方針」（1945年9月）には，軍国主義による教育勅語の
利用が問題だったとあり，田中耕太郎（1946年2月，学校教育局長）は，教育勅語をもっと徹底
すべきであったと述べている。

3）そもそも一面的な見方から多面的な見方に変化したかどうかという評価の視点には，子どもは
「一面的な見方」しかできないという偏見が入り込んでいる。これ自体がもっと批判的に論じられ
る必要があるが，紙幅の関係でこのような「子ども観」についてはふれないことにする。

4）親への感謝，家族における無償の愛を伝えようとする教材も多いが，仮に虐待問題を別にしたと
しても，家族のあり方はさまざまであり，「感謝」できるような状況にない子どももいるはずであ
る。その子どもたちが授業中に下を向いてしまわないような展開が求められる。いわゆる家事労働
を無償の愛情のあらわれとして描く教材もあり，とくに注意が必要である。ここには，ジェンダー
論も含めた課題が見えてくる。いずれにしても，自分の親や家庭への否定的な見方につながらない
ようにしつつ，子どもたちをとりまく問題状況に向き合う姿勢が教員に求められていると言えるだ
ろう。

5）道徳教科書に描かれた「障害（者）」のイメージについては，以下を参照されたい。池田賢市
（2019）「道徳の教科書に描かれた障害者像の特徴と問題点」，中央大学教育学研究会『教育学論集』
第61集，33-47頁。道徳教育によって「やさしくなったあなた」がそこにいなくとも，「障害者」
が自分の意志で自由に移動できるような社会の仕組みがつくられていなければ権利は保障できない。
この点が道徳教育と人権教育との課題設定の違いである。道徳教育の枠組みは，つねにやさしい健
常者の存在を前提としているため，人権侵害の状況は課題とはならず温存されてしまう。

6）小学校高学年の道徳教科書の中から「生命の尊さ」の部分の読み物教材を，「かけがえのなさ」
と「生命のつながり」に着目して分析したものとして以下を参照されたい。池田賢市（2020）「『生
命の尊さ』に関する道徳教材の特徴と実践上の課題についての覚書」，中央大学教育学研究会『教
育学論集』第62集，1-21頁。

7）「ヌチヌグスージ（いのちのまつり）」という読み物教材がある。これは，沖縄で先祖に感謝する
「命の祭り」を見た主人公が，地元のおばあさんから自分に命をくれた人が何人いるかと問われ，
父母，祖父母と遡って，数えきれないご先祖様がいることに気づき，感謝しなければならないとい
う思いになる話である。この中で「ぼうやも大きくなってけっこんして，子どもが生まれるさあ
ね。」そうやって「ずっとずっとつながっていくのさあ」というおばあさんの発言がある。結婚と
出産とを結びつけている点や性のあり方や家族形態の多様性という観点から問題となるだろう。ま
た，「ぼうやにいのちをくれた人は，だれねえ？」とのおばあさんの発言には，宗教問題としてき
わめて慎重に対応しなければならない。

8）この方法については，宮澤弘道・池田賢市編著『「特別の教科 道徳」ってなんだ？』（現代書館，
2018年）に詳しく解説されている。

第 2 章

道徳教育の歴史

1 明治期から敗戦まで

（1）日本の近代学校の成立と道徳教育の模索

①近代学校の成立と道徳教育

　日本の近代学校制度は，明治 5（1872)年の「学制」の公布によって始まる。学制の趣旨をわかりやすく説明した「学制布告書」では，新しく設置される学校が，旧来の儒教主義にかわる実学的な学問を学ぶ場であり，学校を通じた立身出世が可能になると説明していた。新たに近代的な教育機関として始まった小学校の道徳教育は，修身[1]という名の教科で行われることとなった。「学制」公布の翌年に制定された「小学教則」では，修身が「修身口授（ギョウギノサトシ）」という読みで規定され，その授業は教師が箕 作 麟 祥（みつくりりんしょう）訳編『泰西勧善訓蒙』（ボンヌ著，1871 年）などの西洋の翻訳教科書を参考書として，その内容を子どもに「口授」するという程度の内容でしかなかった（海後・仲・寺崎 1999, p.45)。

　このような学制期の教育内容は，知識偏重であるという批判をうけて改正作業が行われていく。その中心を担った田中不二麿は，海外渡航経験から知識教育に偏りがちだった日本の教育に対して，教員の道徳的資質を基盤とする道徳教育の展開を構想し，修身科そのものの取り組みには消極的な姿勢を取った（湯川 2012, pp.11-12）。田中の構想は，法案の審議過程で多くの変更をうけて実現しなかったが，1879 年に「教育令」として制定される。「教育令」では，小学校を「普通ノ教育」の場として，その教科を「読書習字算術地理歴史修身等ノ初歩」と定めた。順序からわかるように，修身科が重視されていなかったことが読み取れる。

②徳育をめぐる論争

　学制期の知識偏重教育に対する危機感は宮中内においても高まり，それが政権内部の教育政策路線をめぐる対立に発展する（いわゆる「教学聖旨論争」）。その発端となったのは，宮中側が作成した「教学聖旨」(1879年)であった。これは，天皇の教育に関する意見を侍補の元田永孚が書き留めた形式をとっているが，実際には元田が書いたものとされている。「教学聖旨」では，儒教主義的な教育理解をもとに，教育の根本を「仁義忠孝」に求め，「知識才芸」はその次であることを強調する。そのため，明治維新以来の知識才芸を根本としてきた教育政策を見直し，道徳教育を中心とするべきだと主張されていた。

　この「教学聖旨」に対して，政権側の伊藤博文は「教育議」(1879年)を上奏し反論する（その起草者は井上毅だったとされている）。その中で，伊藤らは，現在の秩序の混乱は明治維新以後の社会変革によるものではないので，今までの教育改革を継続していく必要があると述べ，元田の主張を退ける。

　つまり，元田が徳治主義的な観点から教育政策の変更を求めたのに対して，伊藤は従来通りの開明的・啓蒙的な教育政策の必要性を主張したのであった。これに対して元田は「教育議附議」を上奏したが論争はそのまま終結した。両者の対立は，政治的な対立を契機としたものであり，政権内部で大きなインパクトを与えたものでは無かったが，教育政策の基本方針をめぐる確執があったことを物語っている（この論争については，久木 1980, pp.41-64，佐藤 2004, pp.141-143 を参照）。

　しかし，自由民権運動に対処するために政府側は，元田ら宮中派が求めた儒教主義的な方策を一部取り入れていった。1880年に「教育令」が改正されると，小学校の教科を「修身読書習字算術地理歴史等ノ初歩」と定めた。修身を最初に挙げることによって筆頭科目としての位置を与えたのである。以後，修身科は，小学校教育における筆頭科目であり続けた。加えて「教育議」では，教科書を規制する必要性を認めていたため，教科書の内容に儒教主義的なものが導入されていく。文部省は，1880年から教科書として不適当と認めたものを使用禁止にして，新しく教科書を編纂・出版していった。その一つ，西村茂

樹による『小学修身訓』（1880年）は，儒教主義をもとにした内容となっていることに特徴がある（海後・仲・寺崎 1999, pp.57-58）。

　1880年代後半になると，徳育の基準を何に求めるのか，徳育の具体的な方法をどうするかなどの課題が，知識人の中で論じられるようになる。この論争は「徳育論争」と呼ばれ，80年代後半になっても，教育における道徳の位置づけが曖昧だったことを物語る論争として位置づけられる（久木 1980, pp.65-85）。しかし，注目したいのは，この「論争」で，ほとんどの論者たちが道徳の基準を国家や天皇に求めていなかったという点である（高瀬 2018, p.25）。

③森文政期における徳育の構想

　「明治十四年の政変」（1881年）により，政府内の実権を握った伊藤は，プロイセン流の立憲主義をもとにした近代国家の形成を目指す。1885年には，内閣制度が創設され，初代文部大臣に就任したのが森有礼であった。森は，イギリスへの留学経験をもち，駐米国公使，駐清公使，駐英公使を歴任した人物であり，国内では福澤諭吉らとともに学術結社の明六社を結成した啓蒙的な知識人であった。

　森が教育に期待していたのは，近代国家における主体としての国民の形成である。そのため森は，国民教育の基盤となる義務教育制度の確立による国民の知識向上と，天皇を媒介にした愛国心の形成を強調する。森にとっては，愛国心を通じた国民意識の形成が教育における課題であり，そのために天皇（制）を利用することを述べるのであって，元田ら儒教主義者とは根本的に異なっていた（森有礼の評価は，林 1986，佐藤 2004, pp.219-280，佐藤 2005a, pp.12-21を参照）。

　森が文部大臣に就任した後の1886年に，学校種別の法令が立て続けに公布される。「帝国大学令」「小学校令」「中学校令」「師範学校令」および「諸学校通則」である。同年の「小学校ノ学科及其程度」で修身科は，内外古今の人の善良の言動を子どもたちに談話し，日常の作法を教え教員自らが模範となることが求められた。そのため，検定教科書制が導入されていたにもかかわらず，森文政期の修身科では教科書の使用が禁止され，修身科教科書の検定が実施されることはなかった（小野 2018, pp.49-50）。

森文政期における道徳教育のあり方は，中学校と師範学校で従来の修身科から改称された倫理科と，その倫理の教科書として編纂された『倫理書』（1888年）に特徴があらわれている。『倫理書』の内容は，倫理と道徳を区別したうえで「正邪善悪ヲ判断」するべき「標準」を示すために，西洋の哲学・倫理学を参照した理論的な記述に徹している。『倫理書』は，倫理をめぐる判断の主体としての個人を明確に想定する内容となっていたのである（林 2013）。

　森は，1889年2月11日，大日本帝国憲法の発布の日に右翼青年の襲撃にあい，治療のかいなく翌日に亡くなった。森の死は，明治維新以降の啓蒙主義的な教育政策の終わりを意味するのであった（佐藤 2005a, p.21）。

（2）教育勅語の成立から「皇国ノ道」へ

①教育勅語の成立

　森の死後，教育政策は，天皇（制）を基にした公教育制度の確立に歩を進めていく。その中心となったのが1890年10月30日に発布された「教育ニ関スル勅語」（以下，「教育勅語」とする）である。教育勅語制定の直接的契機となったのは，1890年2月の地方長官会議で出された「徳育涵養ノ義ニ付建議」であった。この建議は，森文政期の教育方針を批判しながら，徳育を重視するためにも「徳育ノ主義」を定めることを政府に求めた。これを受けて政府内では「徳育に関する箴言（しんげん）」の編纂が始まる。

　教育勅語は，法制局長官の井上毅が，近代の立憲体制に反しないように配慮して作成した草案に，元田永孚の意見を取り入れて作成された。結果，完成した教育勅語は，あくまでも明治天皇個人の意思表明を示した著作物という性格を与えられただけであり，法的位置づけは非常に弱いものに過ぎなかった（教育勅語の成立過程については，海後 1965（1981），稲田 1971，山住 1980，佐藤 1994，森川 2011，高橋 2019a などを参照）。

　では，「朕惟フニ」から始まり「御名御璽」で終わる，この天皇の個人的な著作物に何が書かれていたのか。ここでは，教育勅語の核心的な部分のみを解説したい（教育勅語の逐条的解説は，教育史学会編 2017, pp.7-27，高橋 2019a,

朕惟フニ我カ皇祖皇宗國ヲ肇ムルコト宏遠ニ德ヲ樹ツルコト深厚ナリ我カ臣民克ク忠ニ克ク孝ニ億兆心ヲ一ニシテ世々厥ノ美ヲ濟セルハ此レ我カ國體ノ精華ニシテ教育ノ淵源亦實ニ此ニ存ス爾臣民父母ニ孝ニ兄弟ニ友ニ夫婦相和シ朋友相信シ恭儉己レヲ持シ博愛衆ニ及ホシ學ヲ修メ業ヲ習ヒ以テ智能ヲ啓發シ德器ヲ成就シ進テ公益ヲ廣メ世務ヲ開キ常ニ國憲ヲ重シ國法ニ遵ヒ一旦緩急アレハ義勇公ニ奉シ以テ天壤無窮ノ皇運ヲ扶翼スヘシ是ノ如キハ獨リ朕カ忠良ノ臣民タルノミナラス又以テ爾祖先ノ遺風ヲ顯彰スルニ足ラン

斯ノ道ハ實ニ我カ皇祖皇宗ノ遺訓ニシテ子孫臣民ノ倶ニ遵守スヘキ所之ヲ古今ニ通シテ謬ラス之ヲ中外ニ施シテ悖ラス朕爾臣民ト倶ニ拳々服膺シテ咸其德ヲ一ニセンコトヲ庶幾フ

明治二十三年十月三十日

御名御璽

図2.1 「教育ニ関スル勅語」(『尋常小学修身書』巻四)

pp.8-100を参照)。

　はじめに，第一文の「朕惟フニ」から「深厚ナリ」までに注目する。この文では，主語の「皇祖皇宗」が，「国ヲ肇ムル」こと，「徳ヲ樹ツル」ことが述べられている。ここでいう「皇祖皇宗」という言葉が含意しているのは，天照大神から連なる天皇家の一連の祖先のことである。つまり，教育勅語全体の論理構造の前提として，『古事記』『日本書紀』の神話を根拠に「皇祖皇宗」が，日本を建国し道徳の基準を打ち立てたことを事実とみなしているのであった。

　次に，第二文の「我カ臣民」から「此ニ存ス」までに注目したい。この文では，臣民が過去から現在に至るまで天皇に忠孝をつくし「億兆心ヲ一ニシテ」きたことが強調され，それが「国体ノ精華」であり「教育ノ淵源」でもあるという構造となっている。「国体ノ精華」＝「教育ノ淵源」とすることによって，次に掲げられている徳目も，国家的なものであり教育的なものとなる。

　つづく，第三文では，「父母ニ孝ニ」から「天壌無窮ノ皇運ヲ扶翼スヘシ」までに，徳目が列挙されている。この徳目自体は，儒教的なものもあれば，近

代市民的な徳目もある。しかし，第三文で掲げられている徳目は，すべて「以テ」という言葉でうけられ，「天壌無窮ノ皇運ヲ扶翼スヘシ」という一文に収斂する構造となっていることに気がつく必要がある。「天壌無窮ノ皇運」という表現は，『日本書紀』の神代巻に出てくる「天壌無窮の神勅」に由来するものであり，神によって永遠に続くことが約束された皇室の運命という意味になる。つまり，第三文で列挙されている徳目は，現在から未来にわたって続く天皇・皇室の運命を助けるためのものとして挙げられているのである。

　教育勅語の発布によって，小学校教育の目的は道徳にあることが強調され，その道徳の中心を担った修身科の教育内容は教育勅語が規定することになった。教育勅語が発布される直前の1890年10月に「小学校令」が改正され，小学校教育の目的が「道徳教育及国民教育」にあることが明記された。これをうけて翌年に制定された「小学校教則大綱」では，全教科を通じた「道徳教育国民教育」に留意することが求められ，特に修身科は「教育ニ関スル勅語ノ旨趣」に基づくことが求められた。

　教育勅語の発布をうけて文部省は，修身科の教科書作成と使用を求めるようになった。1891年12月の「小学校修身教科用図書検定標準」で，教科書の検定基準が教育勅語の趣旨にあることが示される。この結果1893年ごろから修身科の検定教科書が発行されるようになり，その内容は教育勅語の徳目を繰り返す「徳目主義」の方法が取られることが多かった（海後・仲・寺崎 1999, pp. 81-82，小野 2018, pp.50-51）。

②国定教科書制度の成立から大正新教育運動へ

　教科書制度の大きな転換点となったのは，1903年の教科書国定制の導入である（国定教科書の使用開始は1904年から）。これによって，国が教育内容からその教材までを独占的に決定することができる体制が確立した。この後，1945年まで小学校では国定教科書が用いられることとなり，計5回にわたり国定教科書が編纂された（以下，国定教科書における修身科の内容については，海後・仲・寺崎 1999, pp.89-178，小野 2018, pp.51-64を参照）。

　第一期国定教科書（1904〜09年）は，全体として教育勅語の趣旨に基づきな

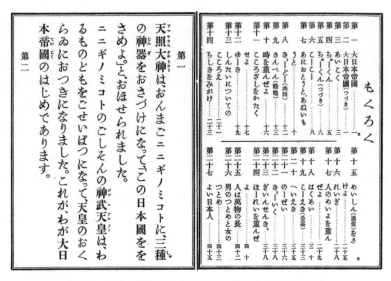

図2.2 『尋常小学修身書』第四学年児童用（第一期国定教科書）

がら，それらの徳目を人物の例話などを用いて子どもたちが親しみやすくなるように配慮して編纂されている。例えば，第4学年用（当時の最終学年）『尋常小学修身書』の目次を見てみると，掲げられている徳目が教育勅語の内容と関連している一方で，近代市民社会の道徳も配置されていることに気がつく。また，「第一　大日本帝国」という最初の教材では，教育勅語の論理的基盤となっていた建国神話の内容が記述されていることに気がつく。このように，教育勅語の趣旨を超えない範囲で何を重視するのかは時期によって特色が出るのであった。

　1906年，義務教育が6年間に延長されたことを受けて（実施は1907年），国定教科書も全面改定される。第二期国定教科書（1910～17年）の修身科教科書は，人物主義の徹底，国家観念・家族道徳の重視といった方針で編纂されている。例えば，第2学年用の教科書では，「オヤノオン」「カウカウ」「キョウダイナカヨクセヨ」「シゴトニハゲメ」「シンルヰ」「ガクモン」「キンケン（勤倹）」と家族道徳が続き，この徳目すべてで二宮金次郎を取り扱うことによっ

て，人物主義の徹底が図られている。また，第4学年では「靖国神社」「国旗」「祝日・大祭日」という内容を適宜配置することによって，国家観念を強調する工夫がされていた。かわって，第一期国定教科書で強調された，近代市民社会の道徳に関する内容が影を潜めることとなった。

また，第二期国定教科書以降では，教育勅語そのものを教材として用いるようになる。文部省は，教育勅語の趣旨に基づいた内容だけでなく，教育勅語の全文を習得させることを求めたのである。そのため，第4学年の教科書冒頭で，カタカナのふりがなが付けられた教育勅語が掲載されるようになった（前掲，図2.1の教育勅語がこれに当たる）。これは，第4学年で教育勅語を暗唱できるようになることを目指した配慮である。続いて，第5学年では教育勅語の語句の理解が目指され，第6学年になると教育勅語の解説となっている。

第二期国定教科書が編纂・使用される時期になると，教育勅語の内容は実社会に対応できなくなっていた。日本は，日清・日露戦争を経て東アジアにおける権益と植民地を獲得し，本格的な帝国主義政策を進めていく時代にあった。実際に，日露戦争以前には，政府中央において教育勅語の改正・廃止が議論されていた。このような改正・廃止論は日露戦争後に無くなっていく。かわって，あらたな状況に対応するために，そのつど教育勅語を補足する詔勅を出す方式がとられるようになった（佐藤 2004, pp.163-171）[2]。

1910年代後半には，第一次世界大戦を契機とした国際的な自由主義的・民主主義的な潮流が，日本社会全体にわたる変化をもたらした。いわゆる大正デモクラシーの時代である。このような社会情勢の中において，教育も世界的な新教育運動の影響を受ける。日本では，主に大正期に一部の師範学校，私立学校などが中心となって，子どもの活動・経験を重視する教育方法が展開していったので，大正新教育（運動）と呼ばれている。

このような時代背景は，第三期国定教科書（1918〜32年）の内容に影響をあたえる。第三期の修身科教科書では，第二期の国家観念・家族道徳を強調するといった点は引き継がれつつも，公民的・国際協調的な内容が多く盛り込まれた。例えば，第6学年用『尋常小学修身書』では，「国交」という内容が盛り

込まれ，「国民の務（其の三）」という内容では，政治参加の大切さが説かれている。

　大正新教育の影響をうけて，教科書を使わず子どもたちの活動を重視するような修身科の実践が，一部であらわれてきた。例えば，大正新教育の代表的な実践家の及川平治（明石女子師範学校附属小学校）は，第三学年の修身「病友を見舞ふ」という内容で，「汝等は病気に罹りたることありや」という発問から授業を始め，病気で学校を休んでいる同級生の話に展開し，「汝等は如何に思ふか」という発問で授業を構成している。この後，子どもたちは，病気で休んでいる同級生のために見舞品を作成し，子どもたちに見舞いに行かせるという授業展開となる。

　子どもの活動などを重視する大正新教育の風潮は，次第に国定教科書との軋轢を生じさせる。例えば，長野県では松本女子師範学校附属小学校の訓導 川井清一郎が，修身科の授業で国定教科書を使用しなかったことから辞職に追い込まれた（川井訓導事件，1924 年）。この事件に際して，帝国教育会会長の澤柳政太郎は，教科書は「一つの教具」であり，「教科書に使われてはならぬ，教科書を自由自在に活用しなくてはならぬ」と指摘し，川井を「教科書の奴隷ではない」と評価する。大正新教育の風潮は，国定教科書すら教材の一つとして相対化したのであった。

③「皇国ノ道」の道徳

　1920 年代後半以降，教育において教育勅語と結び付いた「国体」が強調されるようになる。その背景には，1920 年代の慢性的な不況と，政党内閣への不信が招いた，軍部の影響力拡大があった。1931 年には満州事変がおき，日本は戦争の時代に突き進んでいく。このような中，国家「革新」の気運が高まり，その理念とされたのが，「国体」という考え方であった。

　この社会情勢をうけ，「国体観念ヲ明徴ナラシムル」ことを基本方針として，第四期国定教科書（1933〜40 年）が編纂される。第四期の修身科教科書の内容は，国家主義的な徳目が多くなり，近代市民的な道徳の内容が少なくなるだけでなく，「国体観念ヲ明徴」にするための工夫が加えられた。例えば，第 6 学

年用修身科教科書の「祖先と家」という項目で，祖先をあがめることを「我が国古来の美風」とすることによって忠君愛国につなげる工夫がなされている。ちなみに，第三期の国定教科書では，祖先をあがめることは「人の道」とされていた。

　天皇機関説事件（1935年）とその対応として政府が出した2回にわたる「国体明徴声明」を受けて，文部省は教育勅語の道徳体系と「国体」観念を統合させるために，『国体の本義』（1937年）と『臣民の道』（1941年）を出版する。『国体の本義』では，「天壌無窮の神勅」を根拠として，万世一系の天皇が日本を永遠に統治することこそが，「国体」であると定義された。また，教育の目的は，教育勅語の精神に則ることであり，個人の人格の成長を「個人主義的」だとして退け，「国体」の精神を体現する国民を育成することにあることを強調するのであった。

　1937年以降のアジア・太平洋戦争は，日本が初めて経験した総力戦だった。国内では，戦争遂行のための総動員体制がしかれ，銃後の生活も戦時下体制に組み込まれていく。そのため，教育でも戦時下体制に合わせた改革が行われた。1941年の「国民学校令」公布は，初等教育に抜本的な変革をもたらした。従来の小学校は，その名称を国民学校に変え，国民学校の目的は「皇国ノ道ニ則リテ初等普通教育ヲ施シ国民ノ基礎的錬成ヲ為スヲ以テ目的トス」と変更された。ここでは，教育という言葉が「錬成」という言葉に変わり，学校教育全体が「皇国ノ道」に則ることが求められたのである。ここでいう「皇国ノ道」の意味を文部省は，教育勅語における「斯ノ道」であると説明していた。「皇国ノ道」＝「斯ノ道」という論理を持ってくることによって，教育勅語が初等教育全体を直接支配することになったのである（高橋 2019b, pp.261-289）。

　そして，従来の修身，国語，国史（歴史），地理は，国民科に統合され，修身科はその一科目となった。この国民科は，「国体ノ精華ヲ明ニシテ国民精神ヲ涵養シ皇国ノ使命ヲ自覚セシムル」ことを要旨としており，修身科の目的は「教育ニ関スル勅語ノ旨趣ニ基キテ国民道徳ノ実践ヲ指導シ児童ノ徳性ヲ養ヒ皇国ノ道義的使命ヲ自覚セシムルモノ」となった。このような表現からも明ら

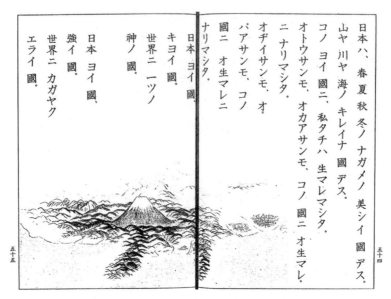

日本ハ、春夏秋冬ノ ナガメノ 美シイ 國 デス。
山ヤ 川ヤ 海ノ キレイナ 國 デス。
コノ ヨイ 國ニ、私タチハ 生マレマシタ。
オトウサンモ、オカアサンモ、コノ 國ニ オ生マレ・
ニ ナリマシタ。
オヂイサンモ、オ゛
バアサンモ、コノ
國ニ オ生マレニ
ナリマシタ。

日本ハ ヨイ 國。
キヨイ 國。
世界ニ 一ツノ
神ノ 國。

日本ハ ヨイ 國。
強イ 國。
世界ニ カガヤク
エライ 國。

五十四

五十五

図2.3　『ヨイコドモ』下（第五期国定教科書）

かなように，ここでも教育勅語が教育内容を直接支配したのである。

　このような新たな学校制度への対応から第五期国定教科書（1941〜45年）が編纂された。修身科の教科書は，第1・2学年用が『ヨイコドモ』（上・下）に，第3学年以上は『初等科修身』（一・二・三・四）と名称が変更される。内容をみると，戦時下体制の影響をうけ戦争を題材にした内容が増え，「皇国ノ道」を強調するものとなっている。例えば，第2学年用の「日本ノ国」という内容は，「日本 ヨイ国 キヨイ国 世界ニ一ツノ 神ノ国」と記述されていた。

　ここに，建国神話を根拠とした天皇制イデオロギーと軍国主義が，教育勅語を結節点として学校の道徳教育を支配する体制が確立した。しかし，「大東亜共栄圏」の樹立を理念とした戦時下ですら，教育勅語が示した道徳観が普遍的なものとなり得るはずがない。だが，そこはもはや問題ではなかった。教育勅語の精神を奉体すること，そのものが普遍的な道徳の価値観となったのである。

（3）戦前の道徳（修身）教育をどう評価するか

　戦前日本の道徳（修身）教育は，教育勅語を中心とした「天皇制イデオロギー」の教え込みを一貫して担っていたと批判されることがある（例えば，山住　1980）。しかし，そのような認識は，教育史研究の成果によって通説ではなくなっている。本節でも確認したように，近代的な学校制度の開始当初から「天皇制イデオロギー」の教え込みが目的とされたわけではないし，教育勅語の発布当初から「天皇制イデオロギー」の教え込みが確固として行われたわけではなかった。教育勅語が発布された後であっても，教育勅語と道徳（修身）教育は，当時の社会・政治・国際情勢の中で揺れ動いていたのである。

　しかし，それは戦前の教育勅語体制とそれをもとにした道徳（修身）教育を肯定することを意味しない。なぜなら，第一に，教育勅語が『古事記』『日本書紀』の神話を論理的根拠としているからである。神話は神話であり事実とはなり得ないため，根拠としては破綻している（佐藤　2005b, p.65, 教育史学会編2017, p.69, 建国神話の事実化については，古川　2020を参照）。

　第二に，教育勅語が制定されたことによって，学校での道徳（修身）教育で教えられる内容が「教育ニ関スル勅語ノ旨趣」に基づくことに限定されたからである。言い換えれば，教育勅語の発布と教科書国定制の確立によって，教育勅語以外の世界観を教える機会が全く奪われてしまったのである。国定教科書であっても時期によって何を重視するかは変わっており，「個人」や「家庭」などの教材が多く扱われる時期があったが，それは教育勅語の範囲内で認められたものでしかなかったことを忘れてはならない。

　最後に，戦前の道徳（修身）教育の評価をめぐる残された課題を指摘しておきたい。それは，道徳（修身）教育がどの程度内面化したのかという点である。この論点で重要なのは，「内面化した」のか「内面化しなかった」のかではない。「天皇制イデオロギー」の内面化問題を研究した広田が指摘するように，「戦前期の天皇制は，内面化なしでも十分作動しうるシステムをなしていた」のである（広田　1997（2021），p.416（下 pp.269-270））。この指摘を踏まえたうえで，単純な内面化図式でとらえられない構造を明らかにする必要がある。

（1）修身科の停止と公民教育構想

1945 年 8 月 15 日にポツダム宣言を受諾した日本は，1952 年 4 月に主権を回復するまで，およそ 6 年半にわたって連合国軍最高司令官総司令部（GHQ）の占領の下におかれることになる。敗戦直後の 9 月，日本政府は独自に「新日本建設ノ教育方針」を発表し，従来の国体を護持しながら新たに平和国家を建設することを目指したが，しかし日本の軍国主義を危惧した GHQ はこれを認めず，教育の抜本的な改革に着手する。

戦後の道徳教育をまず方向づけたのは，1945 年 12 月 31 日に占領軍から出された「修身，日本歴史及び地理停止に関する件」である。この指令によって，学制以来わが国の道徳教育を担ってきた修身は「直ちに停止」され，新たなスタートを余儀なくされる。停止の理由としては，当該教科の教科書が「軍国主義及び極端な国家主義的観念」を含んでいることが主であり，そのため教科書や教師用参考書はすべて GHQ に回収され，全面的に改訂することを求められた（海後・清水編 1966，p.5）。

こうした中で文部省は，公民教育という新たな道徳教育のあり方に関して独自に検討を進めている。文部省内に設置された公民教育刷新委員会は，従前の修身が「道義心の昂揚」に終始した点を反省し，非合理的で感情的な態度を排除するとともに，個人の能動性を尊重し，社会生活に関する具体的な認識と行為を育てる公民教育の実施を提唱したのである。1946 年 5 月 7 日に出された文部省の通達「公民教育実施に関する件」では，道徳が本来「個人の道義心」の問題であるとともに「社会に於ける個人の在り方」の問題であることが明示され，新公民科が「人間の社会に於ける「在り方」という行為的な形態に於てこの両者を一本に統合」するものであることが示された（同上，p.124）。

しかしながら GHQ の民間情報教育局（CIE）は，文部省による公民教育構想が先の「停止命令」に反するものであるとしてこれを認めず，代わりに当時アメリカで実施されていた「ソーシャル・スタディーズ」（社会科）の設置を提案する。公民科の設置を目指した文部省は CIE と議論を重ねるが，結果と

して歴史と地理を含めた広域総合教科としての社会科が設置され，道徳教育は
その中で行うことに決定された（詳しくは，貝塚 2001, pp.121-151）。

1947 年 3 月に発行された学習指導要領社会科編（試案）を見てみると，社会
科の任務は，「青少年に社会生活を理解させ，その進展に力を致す態度や能力
を養成すること」にあること，そうした態度や能力が「将来の社会生活の準備
として考えられた抽象的なものではなく，現在の青少年の社会生活を進展させ
るためのものであって，教師にとっても生徒にとっても，具体的なよくわかる
もの」であることが記述されており，そのことはわが国の道徳教育を大きく転
換させるものであったと言える（学習指導要領データベース）。戦後の道徳教育
は，道義心の育成を任務としてきた従来のあり方とは異なって，具体的な社会
生活の理解とその発展を目指すものとして出発したのである。

（2）講和独立と道徳教育問題の再浮上

1947 年 3 月に教育基本法が制定されると，1948 年 6 月には国会で教育勅語
の排除および失効確認が議決され，わが国の教育はいよいよ新しい一歩を踏み
出すことになる。その後，道徳教育のあり方が再び議論に上がるのは，1950
年 8 月にアメリカ合衆国から来日した第二次教育使節団の調査報告を通してで
あった。1951 年 9 月 22 日に出された報告に「道徳および精神教育」の項目が
掲げられ，社会科における道徳教育という先の決定が早くも改善を求められた
のである。それによれば，「道徳的または精神的価値は，われわれの周囲のい
たるところにある」ため，道徳教育は「全教育課程を通じて，力説され」なけ
ればならず，それが「ただ社会科だけからくるものだと考えるのはまったく無
意味である」とのことであった（宮田編 1959, p.418）。

この使節団報告の一方で，1950 年代に入ると，文部省の側からも道徳教育
政策の見直しが積極的に提案されてくる。立役者となったのは，1950 年 5 月
に第三次吉田茂内閣の文部大臣に就任した倫理学者の天野貞祐であった。文相
就任後，全国教育長協議会の場にて修身の復活を示唆するなど，道徳教育の重
要性を主張した天野は，同年 12 月，教育課程審議会に「道徳教育の振興につ

いて」を諮問する。翌 1951 年 1 月に出された答申は,「道徳教育を主体とする教科あるいは科目を設けることは望ましくない」との慎重な態度を示したが,一方で「社会科その他現在の教育課程に再検討を加え,これを正しく運営する」とともに,道徳教育が「学校全体の責任である」ことを新たに明示する結果となった (同上, pp.29-30)。答申を受けて文部省が作成した『道徳教育のための手引書要綱』には,社会科に限らないすべての教科において「道徳的理解や態度の育成に寄与すること」が課題として提示され,道徳教育が「学校教育全体」で行われるものであることがあらためて確認された (同上, p.423)。

修身の復興を示唆した天野の意に反して,この時点で道徳教育のための特別な科目を設置することはなかったが,その後 1951 年 7 月に改訂された学習指導要領では社会科における道徳教育という当初の原則が早くも否定され,「道徳教育は,その性質上,教育のある部分でなく,教育の全面において計画的に実施される必要がある」ことが明示される (学習指導要領データベース)。教育課程審議会より 1953 年 8 月 7 日に出された「社会科の改善に関する答申」においてもまた,道徳教育は「社会科だけが行うもののように考えることは誤りであって,これは学校全体の責任である」と記載され,こうして教育課程全体を通しての道徳教育という考え方がしばらくのあいだ維持されることとなった (海後・清水編 1966, p.148)。

(3)「道徳の時間」の設置と特設論争

それでは,その後どのような経緯で「道徳の時間」は設置されたのか。転機となったのは,1957 年 7 月に文部大臣に就任した松永東が,「道徳教育を独立教科にしなければならない」との方針を強く打ち出したことであった (教育記者の会・道徳教育研究会 1958, pp. 9 -10)。会見にて「来年からでも実施したい」との強い意向を表明した松永は,同年 9 月,教育課程審議会に「小学校中学校教育課程ならびに高等学校通信教育の改善について」を諮問する。審議会はこれまで道徳の独立教科化を否定してきたが,大臣の意向を受けて道徳教育のための時間を設置することで合意を形成し,翌 1958 年 3 月の答申「小学校・中

学校教育課程の改善について」では，「新たに「道徳」の時間を設け，毎学年，毎週継続して，まとまった指導を行うこと」が示された（宮田 1959, p.42）。こうして8月に学校教育法施行規則が一部改正され，各教科，特別教育活動，学校行事と並ぶ新たな領域に「道徳の時間」が位置づけられるとともに，同年9月より毎週1時間以上の実施が義務づけられることになったのである。

　あわせて改訂された学習指導要領には新たに「道徳編」が追記され，道徳教育の目標として「人間尊重の精神を一貫して失わず，この精神を，家庭，学校その他各自がその一員であるそれぞれの社会の具体的な生活の中に生かし，個性豊かな文化の創造と民主的な国家および社会の発展に努め，進んで平和的な国際社会に貢献できる日本人を育成すること」との文言が掲げられるとともに，①「日常生活の基本的な行動様式を理解し，これを身につけるように導く」，②「道徳的心情を高め，正邪善悪を判断する能力を養うように導く」，③「個性の伸長を助け，創造的な生活態度を確立するように導く」，④「民主的な国家・社会の成員として必要な道徳的態度と実践的意欲を高めるように導く」という4つの具体的目標が示された（学習指導要領データベース）。

　「道徳の時間」の設置にともない，文部省は全国各地で指導者講習会を開催し，学習指導要領とは別に『道徳指導書』を編纂するなど熱心であったが，しかし道徳教育をめぐる早急な審議はかえって政治的な不信を増長し，日本教職員組合をはじめとした教育現場との激しい対立を生むことになった。とりわけ問題となったのは，子どもの内心に関わる道徳教育のための時間を公教育の課程に設置することが，戦争の惨禍をまねいた軍国主義教育に逆戻りするのではないかという強力な危惧である（船山 1981a, pp.281-291）。

　しかし，一方で文部省が戦前のような「道義心の昂揚」を目指したかといえばそうではなくて，特に中学校の学習指導要領には，道徳教育の内容が「教師も生徒もいっしょになって理想的な人間のあり方を追求しながら，われわれはいかに生きるべきかを，ともに考え，ともに語り合い，その実行に努めるための共通の課題である」ことが強調して示された（学習指導要領データベース）。勝部真長や大島康正など倫理学者の協力によって構想された特設道徳は，子ど

もたちの内心の操作を意図するものではなかったが，しかし教育科学研究会や全国生活指導研究会などの民間教育団体はこの政策に根強く反対し，社会科をはじめとした知識を通した道徳教育のあり方や，日常の生活指導を通した道徳教育の実践を引き続き模索した。文部省の意向に反して，実際の教育現場で「道徳の時間」が十分に機能することはなかったのである。

（4）高度経済成長と人的能力政策

　1960年代を迎え，いわゆる高度経済成長期に突入すると，教育政策は経済発展のための人的能力開発という新たな役割を背負わされ，教育の目的は将来の経済発展を担う労働力（＝人的資本）の開発におかれることになる。こうした動向を加速させたのは，1960年7月に成立した池田勇人内閣の「国民所得倍増計画」である。内閣の方針を踏まえて，1962年11月には文部省より『日本の成長と教育』が，翌1963年1月には経済審議会の人的能力部会より答申「経済発展における人的能力開発の課題と対策」がそれぞれ提示され，「最もすぐれた労働力」の養成に寄与するための科学技術教育の振興やハイタレントの養成，体格の向上などが今後の教育課題として示された（文部省1962，経済審議会編1963）。

　こうした人的能力の開発を進める一方で，池田内閣が掲げた「人づくり」の第二の柱とされたのが，情操豊かな日本人の育成や愛国心の育成をめざす道徳教育の推進策である。1963年7月に出された教育課程審議会の答申「学校における道徳教育の充実方策について」では，道徳教育の基本が「人間尊重の精神」にあることがあらためて強調されるとともに，今後の方針が，①「個人の価値をたっとぶとともに国家社会のよき形成者たる日本国民の育成をめざすこと」，②「日常生活の中から生きた教材を選ぶとともに，特にわが国の文化伝統に根ざしたすぐれたものをじゅうぶんに生かして，内容的に充実していくこと」，③「国民としての自覚を高め，公正な愛国心を培うように一層努力すること」，④「人間としての豊かな情操を培い人間性を高めるために，宗教的あるいは芸術的な面からの情操教育が一層徹底するよう配慮すること」の4点に

おいて示された（海後・清水編 1966, pp.173-174）。

　答申の後，1964 年から 1966 年にかけて文部省は『道徳の指導資料』を学年別に編纂し，全国の小中学校に配布する。当時の指導資料には「かぼちゃのつる」や「泣いた赤おに」「金色の魚」などの読み物資料が複数掲載され，それぞれの資料には「ねらい」や「指導上の留意点」を示した指導案の例が添えられた（文部省 1964-1966）。引き続き反対の声は根強く上がったが，学習指導要領や指導資料を参考に民間の各教科書会社が道徳の副読本を発行し，またNHK が道徳に関する番組を制作しはじめるなど，この頃から教師たちの研究活動も少しずつ充実していった。

　また直接に道徳教育のあり方を審議したわけではないが，1966 年 10 月 31日には，教育目標としての理想的人間像をまとめた「期待される人間像」が中央教育審議会から発表される。答申「後期中等教育の拡充整備について」の「別記」として出された同文書には，「個人として」「家庭人として」「社会人として」「国民として」の 4 つの側面から日本人に必要な徳目が並べられ，文字通り「人間形成の目標としての期待される人間像」が示された（文部省 1966）。文書はあくまで参考資料として全国の学校に配布されたが，政府が国民に人間像を提示したことは戦前の教育勅語を想起させ，特に「国民として」の項目に掲げられた「愛国心」や「天皇への敬愛」の文言は，国家主義や天皇制の復活であるとの激しい批判と論争を巻き起こした（船山 1981b, pp.244-258）。

（5）「教育荒廃」の広がりと臨時教育審議会

　高度経済成長が終わりを迎える 1970 年代のわが国は，沖縄の復帰や日中国交正常化といった重要な政治的局面を経験するが，全国の小中学校では「教育荒廃」と呼ばれる深刻な現象が新たに問題となってくる。人的能力政策にともなう詰め込み教育や受験競争の過熱が子どもたちを疲弊させ，多数の落ちこぼれを生みだすとともに，教育現場では陰湿ないじめや校内暴力，登校拒否や非行などの問題行動が多発したのである。その対応のため，1970 年代後半より教育課程は「ゆとり」路線へと転換していくことになる。1976 年 12 月に出さ

れた教育課程審議会の答申「小学校，中学校及び高等学校の教育課程の基準の改善について」では，詰め込みの弊害を改善するために教育内容を削減し，学校生活全体をゆとりあるものに転換していく必要が示される（文部省 1977，pp. 62-70）。答申を受けて 1977 年には学習指導要領が全面的に改訂され，各教科等の授業時数が大幅に削減されることとなった。

　しかしながら「教育荒廃」現象は収まるところを知らず，1980 年代前半には校内暴力が第二のピークを迎えるなど，問題はますます深刻化してしまう。こうした中で教育のさらなる改革に着手したのが，1982 年 11 月に内閣総理大臣に就任した中曽根康弘であった。「戦後政治の総決算」を掲げて内閣レベルでの教育改革を意図した中曽根は，1984 年 8 月に自身の諮問機関として臨時教育審議会（以下，臨教審と略記する）を設置し，同年 9 月 5 日に「我が国における社会の変化及び文化の発展に対応する教育の実現を期して各般にわたる施策に関し必要な改革を図るための基本的方策について」を諮問する。四次にわたる答申の提案は多岐にわたるが，道徳教育に関して注目されるのは，教育現場にはびこる教育荒廃現象を「子どもの心の荒廃」であるとして，教育目標に「ひろい心，すこやかな体，ゆたかな創造力」の育成を掲げた点である。そのため初等中等教育改革に関する第一項目には「徳育の充実」が掲げられ，「ひろい心」を育てるための道徳教育の方針が提案された（臨教審 1988，p.63）。

　具体的に提案されたのは，第一に「自己を他との好ましい人間関係の中でとらえ，自己実現を図ることができる」ように，初等教育段階では「基本的な生活習慣のしつけ，自己抑制力や基本的な行動様式の形成・定着，公衆道徳など日常の社会規範を守る態度，郷土や国を愛する心，人間愛や自然愛の芽を育てる豊かな情操などの育成」を，中等教育段階では「自己探求」や「人間としての「生き方」の教育」をそれぞれ重視することであり，第二に「集団における自己の役割，社会や他人に対する責任と協同などについての自覚や認識を深めさせる」ために，体験学習や集団生活の機会を拡充していくことであった（同上，pp.85-87）。また「人間の力を越えるものを畏敬する心」を培うために自然体験活動が重視されたことや，指導力向上のために教師にカウンセリングの

知識が求められたことなどは，心の育成を目指した教育の新たな方針を象徴するものでもあった。

（6）体験活動の拡充と「生きる力」の提案

　臨教審の答申を受けて，1989年に改訂された学習指導要領には，「豊かな体験」を通した道徳教育の実現や，子ども自身が「生き方についての自覚を深め」ることなどが明記され，臨教審の提案が全面的に反映されることとなった。具体的な文言としては，小学校では「道徳教育を進めるに当たっては，教師と児童及び児童相互の人間関係を深めるとともに，豊かな体験を通して児童の内面に根ざした道徳性の育成が図られるよう配慮しなければならない」ことが，中学校では「教師と生徒及び生徒相互の人間関係を深めるとともに，生徒が人間としての生き方についての自覚を深め，豊かな体験を通して内面に根ざした道徳性の育成が図られるよう配慮しなければならない」ことが示された（学習指導要領データベース）。自然体験活動を通して「生命に対する畏敬の念」を育てることを掲げた点も，同改訂の特徴であった。

　さらに，その後1996年7月に出された中央教育審議会の答申「21世紀を展望した我が国の教育の在り方について」では，心や体験を重視するこうした傾向が「生きる力」という用語を通してあらためて提案されることになる。答申によれば，「生きる力」とは，「理性的な判断力や合理的な精神」だけではない「他人を思いやる心」や「人権を尊重する心」「美しいものや自然に感動する心」などの「柔らかな感性」を意味するものであり，「いかに社会が変化しようと，自ら課題を見つけ，自ら学び，自ら考え，主体的に判断し，行動し，よりよく問題を解決する資質や能力，自らを律しつつ，他人とともに協調し，他人を思いやる心や感動する心などの豊かな人間性，たくましく生きるための健康や体力」を意味するものとして提案された。1998年の改訂学習指導要領では，問題解決や探究活動を通して主体性を育てるために，新たに「総合的な学習の時間」が設けられ，それと「道徳の時間」との連携が道徳教育の新たな課題となった。

（7）「心の教育」のための「心のノート」

　「生きる力」の提唱にともなって強調されたのが，子どもたちの心を育てる「心の教育」という視点である。1998 年 6 月 30 日に出された中央教育審議会の答申「新しい時代を拓く心を育てるために——次世代を育てる心を失う危機」では，心を育てる道徳教育の実現が全面的に掲げられ，「教材等を工夫して，子どもの心に響き，感動を与える授業を行うこと」や，「子どもと共に考え，悩み，感動を共有していく」授業の展開が推奨された。答申には「心に響く」という表現が多用され，「魅力的な生き方が描かれた資料」や「深い感動を与え，心を揺さぶるドラマ」を活用することや，地域の人材や特色を生かした体験活動の充実があらためて強調されたのである。

　こうした「心」への働きかけを重視した答申の提案を実現するために，文部科学省は新たに「心のノート」を作成し，2002 年度よりすべての小中学校に配布する。教科書でも副読本でもない「心のノート」には，イラストや写真が多用されるとともに，心に響いた言葉や自分の思いを書き込むスペースが確保され，「子どもの心の記録」や「学校と家庭との「心の架け橋」」として活用することが推奨された。作成の中心になった河合隼雄は心理療法の発展に貢献した心理学者であり，心理学の知見を全面的に取り入れたことは道徳教育にとって新たな試みでもあった。しかし，カウンセリングの手法を使った自己チェックシステムや，道徳を個人の心や心構えに還元する心理主義的な傾向は，教育現場を困惑させるとともに子どもの心を操作する危険を感じさせ，道徳教育に対してある種の危機意識を生む結果となった（江島 2016, pp.289-290）。

　心の教育が重視したのは人間の感性に関わる領域であったが，しかし例えばカント哲学に象徴されるように，一方で道徳とはどこまでも義務や規範に関わる人間理性の問題として語られてきたものである。天野貞祐や勝部真長ら倫理学者によって構築された戦後の道徳教育は理性や知性の領域を前提にしてきたが，そうした思想史を十分に吟味することなく「心の教育」に移行したこの時期の政策は，道徳教育の方針をさらに混乱させるものになった。「心のノート」以来，子どもに感動を与えることや「心に響く」道徳授業を推進する傾向が現

在においても見られるが，道徳教育の問題がいわゆる「心」の問題に還元され
うるかどうかということは，十分に省察する必要があると思われる[3]。

（8）教育基本法の改正と道徳教育の充実政策

　最後に 2000 年代の大きな改革として，2006 年の教育基本法改正に触れてお
きたい。契機になったのは，小渕恵三内閣総理大臣（当時）の諮問機関である
教育改革国民会議が 2000 年 12 月 22 日に発表した「教育を変える 17 の提案」
に，「新しい時代にふさわしい教育基本法」の検討が盛り込まれたことであっ
た。提案の背景には，いじめや不登校，学級崩壊など教育荒廃の現象がいまだ
見過ごせないことに加えて，青少年による凶悪な犯罪が続発し，日本の教育全
体が危機に瀕しているという深刻な問題意識があった。そのために報告は「人
間性豊かな日本人を育成する」ことを第一の課題として掲げ，「学校は道徳を
教えることをためらわない」「奉仕活動を全員が行うようにする」「問題を起こ
す子どもへの教育をあいまいにしない」「有害情報等から子どもを守る」と
いった課題を具体的に示したのである（教育開発研究所 2001，pp.91-100）。

　提言を受けて，2003 年 3 月 20 日に中央教育審議会より「新しい時代にふさ
わしい教育基本法と教育振興基本計画の在り方について」が答申され，改正の
基本的な方針が提示される。答申では，少子高齢化や経済の停滞がもたらす閉
塞感により社会全体が大きな危機に直面する中で，青少年が「夢や目標を持ち
にくくなり，規範意識や道徳心，自律心を低下させている」ことや，家庭や地
域社会の教育力が十分に発揮されず，「人との交流を通して豊かな人間性を育
むことが難しくなっている」こと，子どもたちの「学ぶ意欲の低下」が生じて
いることなどが述べられ，こうした危機的状況を打破するために，教育基本法
の改正が必要である旨が示された。

　具体的な方針としては，「社会生活を送る上で人間として持つべき最低限の
規範意識を青少年期に確実に身に付けさせるとともに，自律心，誠実さ，勤勉
さ，公正さ，責任感，倫理観，感謝や思いやりの心，他者の痛みを理解する優
しさ，礼儀，自然を愛する心，美しいものに感動する心，生命を大切にする心，

自然や崇高なものに対する畏敬の念などを学び身に付ける教育を実現する必要がある」ことが示されるとともに，グローバル化の中であらためて日本の伝統文化について理解を深めることが強調され，「日本人であることの自覚」や，「郷土や国を愛し，誇りに思う心をはぐくむ」ことも盛り込まれた。

こうした方針の下，2006 年 12 月 22 日に新たに公布された改正教育基本法では，第 2 条「教育の目標」に「豊かな情操と道徳心を培う」ことが明記されるとともに，「自主及び自律の精神」「勤労を重んずる態度」「正義と責任」「公共の精神」「生命を尊び，自然を大切に」すること，「伝統と文化を尊重し，それらをはぐくんできた我が国と郷土を愛する」ことなどの具体的徳目が示された。こうした徳目が並べられたことは賛否を含めて大きな議論を巻き起したが，しかし，教育基本法の改正をもってしても道徳教育の充実という積年の課題を解消することにはつながらず，2018 年よりついに道徳の「特別の教科」化が実現したことは第 1 章で学んだ通りである。

（9）歴史から何を学び，どのように生かしていくか

ここまで見てきたように，具体的な社会生活の理解にはじまった戦後の道徳教育は，いかに生きるかという内面の問題を含んで「道徳の時間」として実現し，その後，高度経済成長期の人的能力政策を経て，教育荒廃現象に対する「心の教育」として立案，実施されてきた。戦後の教育学において道徳教育の問題は絶えず議論の中心におかれてきたが，一方でさまざまな提言によるこうした理念の転換が，その都度十分な歴史的吟味の上に行われてきたかどうかということは疑問の残るところである。教育は広い意味で社会の形成を担うものであり，それが時代や社会の要請に柔軟でなければならないことは言うまでもないが，しかし歴史的に位置づけられない早急な改革は現場の混乱をいっそう強くするだけである。歴史を通して道徳教育の理念をあらためて問い直すとともに，戦前から戦後にかけての歴史をどのように受け止め，克服し，これから新たに刻んでいくかを考え続けることが，われわれに求められている。

1. 「近代教科書デジタルアーカイブ」（国立教育政策研究所教育図書館）にアクセスして，修身の国定教科書の内容を調べてみよう。国定教科書の内容が各時期でどのように変化しているのか，時代背景と合わせて考えてみよう。
   ※国立教育政策研究所教育図書館「近代教科書デジタルアーカイブ」https://www.nier.go.jp/library/textbooks/（2022年9月14日現在）
2. 2017年3月に，政府は，教育勅語を憲法や教育基本法に反しない形ならば，教材として使用することを認める答弁書を閣議決定した。しかし，教育学者や歴史学者の多くや専門学会は，現代の道徳教育において教育基本法に反しない形で教育勅語を教材として用いることは不可能であると主張している。その理由を本章末に示した参考文献等から調べてみよう。
3. 戦後の道徳教育がたどってきた理念の変遷を踏まえて，これからの道徳教育はどのようにあるべきと考えますか？考えをまとめて話し合ってみよう。
4. 特に気になった時期の学習指導要領をダウンロードして，現行のものと比較してみよう。

注
1）修身という言葉は儒教の経典『礼記』の「大学」編，「格物，致知，誠意，正心，修身，斉家，治国，平天下」に出典がある。これらは，はっきりとした順序階梯をもっているという特徴がある。
2）教育勅語を補足する詔勅として出されたのは，日露戦争後の社会状況に対応するために出された「戊申詔書」（1908年），関東大震災以後の社会不安から出された「国民精神作興ニ関スル詔書」（1923年），戦時下体制にともない出された「青少年学徒ニ賜リタル勅語」（1939年）がある。
3）こうした混乱を踏まえて，「特別の教科　道徳」の実現を議論した「道徳教育の充実に関する懇談会」の報告には，「心のノート」の全面改訂が課題としてあげられた。今回の教科化では「考え，議論する道徳」の実現が中心的課題となっており，そのことは同時に感動重視や心情主義からの脱却を意図するものでもあった。

引用・参考文献
稲田正次（1971）『教育勅語成立過程の研究』講談社
江島顕一（2016）『日本道徳教育の歴史——近代から現代まで』ミネルヴァ書房
小野雅章（2018）「教育勅語の内容と実施過程——教育勅語は学校教育に何をもたらしたのか」日本教育学会教育勅語問題ワーキンググループ編著『教育勅語と学校教育——教育勅語の教材使用問題をどう考えるか』世織書房，14-73頁
海後宗臣（1965）『教育勅語成立史研究』私家版（海後宗臣（1981）『海後宗臣著作集　第10巻　教育勅語成立の研究』東京書籍
海後宗臣・清水幾太郎編（1966）『資料戦後二十年史5』日本評論社
海後宗臣・仲新・寺崎昌男（1999）『教科書でみる近現代日本の教育』東京書籍
貝塚茂樹（2001）『戦後教育改革と道徳教育問題』日本図書センター
教育開発研究所（2001）『教職研修』342号

教育記者の会・道徳教育研究会（1958）『文部省発表　道徳実施要綱の解説』明治図書（貝塚茂樹監修（2004）『戦後道徳教育文献資料集』第Ⅱ期14，日本図書センター所収）

教育史学会編（2017）『教育勅語の何が問題か』岩波ブックレット

経済審議会編（1963）『経済発展における人的能力開発の課題と対策』大蔵省印刷局（寺崎昌男責任編集（2000）『日本現代教育基本文献叢書』戦後教育改革構想Ⅰ期8，日本図書センター所収）

佐藤秀夫（1994）『続・現代史資料8　教育　御真影と教育勅語Ⅰ』みすず書房

佐藤秀夫（2004）『教育の文化史1　学校の構造』阿吽社

佐藤秀夫（2005a）『教育の文化史3　史実の検証』阿吽社

佐藤秀夫（2005b）『教育の文化史4　現代の視座』阿吽社

高瀬幸恵（2018）「『徳育論争』の再検討——教育勅語発布直前の道徳教育をめぐる議論の検証から」『桜美林論考　心理・教育学研究』9巻，13-27頁

高橋陽一（2019a）『くわしすぎる教育勅語』太郎次郎社エディタス

高橋陽一（2019b）『共通教化と教育勅語』東京大学出版会

道徳教育の充実に関する懇談会（2013）「今後の道徳教育の改善・充実方策について（報告）」（2013年12月26日）

林竹二（1986）『林竹二著作集　2　森有礼——悲劇への序章』筑摩書房

久木幸男（1980）『日本教育論争史録・第1巻　近代編（上）』第一法規

広田照幸（1997）『陸軍将校の教育社会史——立身出世と天皇制』世織書房（広田照幸（2021）『陸軍将校教育社会史（上・下）——立身出世と天皇制』ちくま学芸文庫）

船山謙次（1981a）『戦後道徳教育論争史（上）』青木書店

船山謙次（1981b）『戦後道徳教育論争史（下）』青木書店

古川隆久（2020）『建国神話の社会史』中央公論新社

宮田丈夫編（1959）『道徳教育史料集成3』第一法規出版

森川輝紀（2011）『増補版　教育勅語への道——教育の政治史』三元社

文部省（1962）『日本の成長と教育—教育の展開と経済の発達』帝国地方行政学会

文部省（1964-1966）『小学校道徳の指導資料』各学年第1～3集

文部省（1966）『文部時報』1072号

文部省（1977）『文部時報』1197号

山住正巳（1980）『教育勅語』朝日選書

湯川文彦（2012）「明治初期教育事務の成立——田中不二麿と明治十二年教育令」『史学雑誌』第121編第6号，1-39頁

臨時教育審議会（1988）『教育改革に関する答申（第一次～第四次）』大蔵省印刷局

林子博（2013）「森文政期における「倫理」と「道徳」のあいだ——『倫理書』と『布氏道徳学』を手がかりに」『教育学研究』80巻4号，491-502頁

国立教育政策研究所「学習指導要領データベース」https://erid.nier.go.jp/guideline.html（2022年10月10日最終閲覧）

文部科学省ホームページ「過去の中央教育審議会答申」https://warp.ndl.go.jp/info: ndljp/pid/11293659/www.mext.go.jp/b_menu/shingi/toushin.htm#pageLink1311470（2022年10月10日最終閲覧）

第 3 章

道徳教育の目的・目標

1 道徳教育の目的・目標

　本章では，道徳教育の目的・目標について考えていこう。私たちは何のために（目的・目標）道徳教育をするのだろうか。この目的・目標に関して，まず教育基本法と学習指導要領の内容に即して確認しよう。次に，この教育基本法と学習指導要領の内容の基盤をなしているといえる個人の「自律」という考え方について，近代以前の道徳・倫理から近代以後の道徳・倫理へという時代の変化とともに，近代以後の道徳・倫理を基礎づけている「自律」について論じた代表者として，ドイツの哲学者イマヌエル・カントの考え方を紹介する。最後に，このカントの「自律」論に向けられた批判の内容も扱いつつ，その批判を乗り越えるような彼の「自律」論の現代的解釈を，ハンナ・アーレントとミシェル・フーコーという現代の2人の哲学者に即して見出しつつ，この2人のカント解釈を参考にしながら，現代日本に求められる「自律」，そして道徳教育の目的・目標のあり方を示したい。

（1）教育基本法

　はじめに，日本国憲法に則り，日本の教育の理念や基本的なあり方を規定した法律である教育基本法における「教育の目的」の記述から確認しよう。

　　教育は，人格の完成を目指し，平和で民主的な国家及び社会の形成者として必要な資質を備えた心身ともに健康な国民の育成を期して行われなければならない。　　　　　　　　　　　　　　　（教育基本法第1条（教育の目的））

教育基本法によれば、「教育の目的」とは、まずもって、個人の「人格の完成」にあり、こうした「人格」を備えた個人が「平和で民主的な国家及び社会の形成者」となる。「教育の目的」を個人の「人格の完成」という点に見出すこの教育基本法とともに、教育を制度面から支える学校のあり方を規定した学校教育法に基づいて、学校の教育課程の基準となる学習指導要領が公示されている。続けて学習指導要領の記述へ移り、道徳教育の目的・目標へさらに接近しよう。

（2）学習指導要領

　学習指導要領の「総則」に示された「道徳教育の目標」を確認しよう。そこには、次のように書かれている（以下、すべて中学校学習指導要領（平成29年告示）による）。

　　道徳教育は、教育基本法及び学校教育法に定められた教育の根本精神に基づき、人間としての生き方を考え、主体的な判断の下に行動し、自立した人間として他者と共によりよく生きるための基盤となる道徳性を養うことを目標とする　　　　　　　　　　　　　　　（第1章総則の第1の2の(2)）

　学習指導要領の「総則」によれば、「道徳教育の目標」は「道徳性を養うこと」にある。ここで言われている「道徳性」とは、『中学校学習指導要領（平成29年告示）解説　特別の教科 道徳編』（以下、「解説」とする）に従えば、「人間としてよりよく生きようとする人格的特性」を指すとされ（文部科学省2017, p.17, 強調は引用者）、「教育の目的」を「人格の完成」に見た先の教育基本法の記述とも符合する。「人格的特性」としての「道徳性」を養うことが「人格の完成」に資するのである。学校は、学校の教育活動全体を通して、生徒の「人格的特性」である「道徳性」を養うことを目標とする。

　なお、学校の教育活動全体を通じて行う道徳教育の「要」には「特別の教科 道徳（道徳科）」が置かれる。続けて、この「道徳科」における「目標」の箇

所へと読み進めよう。

> 第1章総則の第1の2の(2)に示す道徳教育の目標に基づき，よりよく生き
> るための基盤となる道徳性を養うため，道徳的諸価値についての理解を基
> に，自己を見つめ，物事を広い視野から多面的・多角的に考え，人間とし
> ての生き方についての考えを深める学習を通して，道徳的な判断力，心情，
> 実践意欲と態度を育てる。　　　　（第3章特別の教科　道徳，第1　目標）

　先ほど「総則」で示された「道徳性を養う」という「道徳教育の目標」を達
成するために，その道徳教育の「要」となる「道徳科」の「目標」が細分化さ
れて示されている。すなわち，「道徳性を構成する諸要素」として「道徳的な
判断力，心情，実践意欲と態度」が挙げられ，これらが「相互に深く関連しな
がら全体〔としての道徳性〕を構成している」とされる（文部科学省 2017, p.17）。

（3）道徳教育の目的・目標の基盤をなす「自律」
　学習指導要領「解説」では，「道徳科」の「目標」に関して，下記の注意も
喚起されている。

> 　道徳科の授業では，特定の価値観を生徒に押し付けたり，主体性をもたず
> に言われるままに行動するよう指導したりすることは，道徳教育の目指す
> 方向の対極にあるものと言わなければならない。多様な価値観の，時に対
> 立がある場合を含めて，自立した個人として，また，国家・社会の形成者
> としてよりよく生きるために道徳的価値に向き合い，いかに生きるべきか
> を自ら考え続ける姿勢こそ道徳教育が求めるものである。
>
> 　　　　　　　　　　　　　　　　　　　　　　　（文部科学省 2017, p.13）

　「道徳科」の授業では，「特定の価値観を生徒に押し付けたり，主体性をもた
ずに言われるままに行動するよう指導したりすること」は避けなければならな

い。むしろ「自立した個人」として「自ら考え続ける姿勢」が求められている
とされている。ここで強調された「自ら考え続ける姿勢」や「自立〔≒自律〕
した個人」[1]という視点は，実は，これまで見てきた現代日本の学習指導要領
の内容にとどまらず，より大きく「近代」という時代全体を規定するものであ
る。例えば，教育哲学者の山口匡は，学習指導要領の記述内容と近代ドイツの
哲学者イマヌエル・カントの哲学の内容を比較し，両者には違いがあるもの
の[2]，学習指導要領の中の「自律の重要性についての説明が，明らかにカン
ト倫理学の基礎概念や用語を援用している」と指摘する（山口 2013, p.72）。そ
こで以下では，これまで見てきた教育基本法や学習指導要領の基盤をなしてい
る思想の源流を辿りつつ，その源流が持つ現代的意義を探っていこう。そして，
その現代的意義と対応させながら，今日の日本において求められる「自律」像
や道徳教育の目的・目標について，考察を深めていこう。

2 「自律」とは何か

　前節で確認した教育基本法や学習指導要領の内容の基盤をなしている「自
律」とは，いったいどのような考え方なのだろうか。以下では，近代以前の道
徳・倫理から近代以後の道徳・倫理へという大きな歴史の変化をうけて，近代
以後の道徳・倫理を基礎づける「自律」の考え方が生まれてきた背景を確認す
る。さらに，近代的な「自律」について論じた代表者であるドイツの哲学者イ
マヌエル・カント（Immanuel Kant　1724-1804）の「自律」論の内容を見てい
こう。

（1）習俗・慣習としての道徳・倫理から，個人の「自律」としての道徳・倫理へ

　まず「道徳」や「倫理」という言葉の意味から考えてみよう。西洋における
「道徳的 moral」という言葉は，ラテン語で「習俗・慣習」を意味する「mores」
に由来し，さらに，私たちが日常的に「道徳的」と同じような意味で理解して
いる「倫理的 ethical」という言葉もまた，ギリシア語で「習俗・慣習」を意
味する「ethos」に由来している。こうした語義からも確認できるように，「道

徳」や「倫理」は，もともと，人々が所属している特定の共同体や身分集団の中で「習俗・慣習」として受け継がれてきた規範のことを意味していた。近代以前の社会は，流動性に乏しく，人々はみな家族共同体や親族共同体，血縁集団や地縁集団との深い関わりの中で暮らしており，そうした共同体や集団の内部で受け継がれてきた「習俗・慣習」を，その共同体や集団の規範として保持していた。加えて，近代以前の社会は身分制の社会でもあり，例えば，貴族は貴族らしく，商人は商人らしく，農民は農民らしくというように，それぞれの身分に応じた規範的な振る舞いが「習俗・慣習」として暗黙裡に決められていた（松下 2017, p.580）。

　ところが，近代以後の社会になると，こうした伝統的共同体や身分制の解体が進んで社会が流動化し，これにともなってそれまで共同体や身分集団の中で受け継がれてきた「習俗・慣習」としての規範もまた弱体化した。諸個人は共同体の保持してきた「習俗・慣習」から解放されて自由になり，身分制から解放されて平等になったが，他方で，それまで依拠してきた「習俗・慣習」としての道徳・倫理に代わる新しい道徳・倫理のあり方を模索する必要が出てきた。こうした歴史的変化の中で登場したのが，近代ドイツの哲学者であるイマヌエル・カントであった。

　カントは，近代社会の新しい道徳・倫理のあり方を，個々の人間が「自律 Autonomie【独】，autonomy【英】」するという考え方によって基礎づけようとした。この「自律」は，彼が法律用語から哲学用語へ転用した言葉であり，字義として「自己-立法 auto-nomos」を意味していた。すなわち，個々の人間が自ら法則を立て，さらに，自ら立てたその法則に自ら従おうとするということを意味していた。前近代社会では，法則を立てるのは個々の人間ではなかった。法則は，個々の人間が生まれる前から共同体や身分制度の中であらかじめ立てられており，伝統的に受け継がれていた。個々の人間は，自分が生まれ落ちた場にあらかじめ伝統として共有されていた法則にただ従うだけであり，これが前近代社会の道徳・倫理のあり方であった。しかし，カントはこうした前近代的な道徳・倫理のあり方を変更し，個々の人間が伝統的・封建的価値を

離れ，自ら法則を立て，自ら立てたその法則に自ら従おうとするという「自己立法」＝「自律」を道徳・倫理の根拠に据えた。このように「自己立法」＝「自律」をし，「自律」しているという意味での「道徳性」を有した人間のあり方に，近代という新しい時代を生きる人間の「尊厳」を見たのである（カント2012, pp.155-157）。哲学者の杉田聡は，その意義について端的に次のようにまとめている。

> より重要なことは，カントが人間の尊厳の根拠を，門地・身分といった伝統的・封建的な価値にではなく，自律もしくは自律によって導かれうる道徳性におくことで，あらゆる人格の尊厳と平等を基礎づけた点である。この点でカントの自律の原理は，近代的価値の倫理学的な基礎づけと解釈できる。
> 　　　　　　　　　　　　　　　　　　　　　　　　（杉田 1998, p.799）

（2）カントの「自律」論
——「自律」を促す「定言命法」／「他律」を促す「仮言命法」

カントが近代的な道徳・倫理の基盤に据えた「自律」について，より詳しく見ていこう。カントは，先述のように，個々の人間が，伝統的・封建的価値に拠らず，自らの意志で法則を立て，自らの意志でその法則に従おうとする「自律」（カントが用いるより正確な言葉としては「意志の自律」）に，近代という時代の「道徳性の原理」を見た。そして，この「道徳性の原理」は，下記の通り「定言命法」の形をとると考えた。

> 意志の自律は意志の特性であって，（…）この特性によって意志はみずからにたいする法則となる。（…）この自律の原理が道徳の唯一の原理であることは，道徳性の概念を分析するだけで十分に説明できる。というのも，この分析によって，道徳性の原理は定言命法でなければならず，この定言命法が命じるのはその自律そのものにほかならないことは明らかだからである。
> 　　　　　　　　　　　　　　　　　　　　　　（カント 2012, pp.170-171）

引用文中に登場する「命法」とは，「〜しなさい」と人間に道徳的命令を下すときの表現の方式を意味している（カント 2012, p.87）。そして，この「命法」には「定言命法」と「仮言命法」の二種類がある。後者の「仮言命法」から説明しよう。「仮言命法」では，「仮に…であるならば，〜しなさい」というように，「〜しなさい」という道徳的命令の前に「仮に…であるならば」という条件節がつく。これに対して「定言命法」では，条件節がつかず，端的に「〜しなさい」と道徳的命令を下す。カントは，「嘘をついてはならない」という命令を例にして，具体的に説明している。

> たとえば仮言命法は，「自分の名誉を損ないたくないならば，嘘をついてはならない」と命じる。しかし定言命法は，「たとえわたしの名誉がまったく損ねられないとしても，嘘をついてはならない」と命じるのである。
>
> （カント 2012, p.172）

「仮言命法」の場合には，「嘘をついてはならない」という命令の前に，例えば「自分の名誉を損ないたくないならば」という条件節がつく。したがって，自分の名誉を損ないたくない人間であれば，この命令に従って嘘をつかないが，名誉を損なってもかまわないと開き直った人間や，小細工をしたから実際に名誉が傷つく心配はないと高をくくった人間は，平気で嘘をつく。条件節があることで「嘘をついてはならない」という命令に抜け道が生じ，厳格なはずの道徳的命令がうやむやにされてしまった。それに，ここでの道徳的命令は，自分以外の他者から与えられた名誉という自分以外の外的条件に左右されている。その意味で，個々の人間が，自分以外の既存の価値に依拠せずに自らの法則を立て，その法則に自ら従おうとするという「自律」の意味には適っておらず，反対の「他律」に留まってしまっている。

　他方「定言命法」の場合には，「嘘をついてはならない」という命令の前に何も条件節がつかない。先述のカントの引用に補足をしつつ説明すれば，「たとえわたしの名誉がまったく損ねられないとしても〔あるいは損ねられたとし

ても，どちらの場合でも〕，嘘をついてはならない」のである。どちらの場合
でも嘘をついてはならないのだから，前段の文言は無いも同然であり，つまり
条件節なしに端的に「嘘をついてはならない」と述べているに等しい。ここで
は，「嘘をついてはならない」という道徳的命令が厳格さを保っている。それ
に，ここでの道徳的命令は，自分以外の他者から与えられた名誉などの自分以
外の条件に左右されてはおらず，「自律」している。カントは，「自律」を促す
「道徳性の原理」は，こうした「定言命法」の形をとると考えた。

3 現在を変革する「自律」の教育へ——カントの「自律」論の現代的解釈

（1）「意志の自律」への批判

　ところが，「定言命法」に基礎を置くカントのこうした「意志の自律」は，
発表当初から，その厳格さ（それは融通の利かなさにも通じる）が批判されもし
た。フランスの小説家・思想家バンジャマン・コンスタンは，特に先述したカ
ントの嘘禁止の論理に対して次のように批判した。すなわち，例えば人殺しが
私の友人を追いかけていて，その友人を私が家にかくまっているとする。もし
人殺しが私に対し「友人をかくまっていないか」と尋ねた場合，私は友人をか
ばって嘘をつくことができないのかと。この批判が自分へ直接向けられたもの
であると受け取ったカントは，「人間愛からの嘘」（1797 年）という小論を書い
て応戦した。この小論によれば，嘘をつかないことは「たとえその結果として
自分や他人にどんな大きな不利が生じようとも」万人が守らなければならない
義務であるとされた（カント 2002, p.254）。とはいえ，コンスタンの批判も
もっともだろう。このようにみると，カントの「意志の自律」論は，前近代的
な道徳・倫理から近代的な道徳・倫理への転換を図ったという意味で大きな功
績があったものの，その過度の厳格さ（や融通の利かなさ）ゆえに，個別事例
や個別的な他者への応答が難しいという欠点も抱えていた。（この嘘禁止の論理
については第 4 章でも再び考える。）

　しかし，ここでさらに注目したいのは，カントの「自律」概念が「意志の自
律」に限られず，実はもっと多義的であり，豊かな可能性を含んでいるという

もう一つの事実である（小山 2015）。本章では特に，既存の価値観にとらわれず，自分自身の理性で物事を考えて自ら法則を立て，自ら立てたその法則に自ら従おうとするという「自己立法」＝「自律」の原義に照らして理論を再構築しようとする，近年のカント解釈に注目してみたい。そこで，まずカントの「自律」論とも内容上の関連をもつ別の小論「啓蒙とは何か」に触れ，このカントの「啓蒙」論を介しつつ現代的なカント解釈を展開している二人の哲学者として，ハンナ・アーレントとミシェル・フーコーの論へと説き進めよう。

（2）カントの「啓蒙とは何か」

カントは，1784 年に，雑誌『ベルリン月報』に「啓蒙とは何か」という小論を寄稿した。ここで展開されている彼の「啓蒙」論は，彼の「自律」論にも通じる内容を含んでいる。まずは，その冒頭の有名な言葉に触れよう。

> 啓蒙とは何か。それは人間が，みずから招いた未成年の状態から抜けでることだ。未成年の状態とは，他人の指示を仰がなければ自分の理性を使うことができないということである。人間が未成年の状態にあるのは，理性がないからではなく，他人の指示を仰がないと，自分の理性を使う決意も勇気ももてないからなのだ。だから人間はみずからの責任において，未成年の状態にとどまっていることになる。こうして啓蒙の標語とでもいうものがあるとすれば，それは「知る勇気をもて」だ。すなわち「自分の理性を使う勇気をもて」ということだ。　　　　　　　　　　（カント 2006, p.10）

カントによると，「啓蒙」とは，人間が「他人の指示を仰がなければ自分の理性を使うことができない」ような「みずから招いた未成年の状態」から抜け出て「自分の理性を使う」ことである。人間はみな怠慢で臆病であり，自分の理性を使って「考えるという面倒な仕事」を「他人がひきうけてくれる」ような「未成年の状態」に留まっていたいと思いがちである（カント 2006, p.11）。彼は，このような「みずから招いた未成年の状態」から抜け出て「自分の理性

を使う勇気をもて」と，私たちを鼓舞する。ここで言われている内容は，自分で行うべき判断を他人に委ねてしまったり，ただやみくもに既存の秩序に従ってしまったりするのではなく，勇気をもって自分の理性で考え，自ら法則を立て，自ら立てたその法則に自ら従おうという「自律」の論理と重なり合うものであろう。「自律」の論理にも通じるカントのこの「啓蒙」論は，後の哲学者たちにも影響を与えた。

（3）アーレントのカント解釈

ドイツ出身のユダヤ人の哲学者であるハンナ・アーレント（Hannah Arendt 1906-1975）は，ナチスドイツのユダヤ人迫害を逃れ，始めはフランスへ，次いでアメリカへと亡命し，そこで終戦を迎えて晩年はアメリカで研究活動を行った。『人間の条件』や『全体主義の起源』などナチスドイツ等を糾弾する著作で知られる彼女であるが，実はカント研究者でもあり，カントの三番目の批判である『判断力批判』を「政治的判断力の批判」として読み換えた彼女の晩年（1970 年）の講義録は，死後，ロナルド・ベイナーによって編集され『カント政治哲学講義録』として刊行されている（アーレント 2009）。

さて，第二次世界大戦後の 1960 年に，元ヒトラー親衛隊（SS）の中佐でユダヤ人を収容所へ移送する責任者であったアドルフ・アイヒマンが，海外逃亡中にイスラエルの警察に拘束され，エルサレムに連行されて翌年裁判にかけられることになった。これを知ったアーレントは，志願して雑誌『ザ・ニューヨーカー』の特派員としてエルサレムに赴き，この裁判を傍聴して，その傍聴記録を『エルサレムのアイヒマン』という著作にまとめた（1963 年）。なお，この著作の副題は，「悪の陳腐さについての報告」となっている。アーレントは，ナチスドイツの悪行の中心人物と目されていたアイヒマンを悪の権化として描かず，どこにでもいるような「陳腐な banal」人物として描いた。つまり，アイヒマンは，上司から与えられた仕事を淡々とこなしていた平凡な人物にすぎなかったというのだ。ただし，彼の問題点は，「自分の理性を使って自ら考えること」を放棄し，上司の命令にただ従ってしまったことにあった。「自分

の理性を使って自ら考えること」＝「自律すること」を放棄した結果として，彼は「陳腐な悪」に陥ってしまったと言えるのである。

> 自分の昇進にはおそろしく熱心だったということのほかに彼〔アイヒマン〕には何らの動機もなかったのだ。（…）俗な表現をするなら，彼は自分のしていることがどういうことか全然わかっていなかった。（…）まったく思考していないこと（…）それが彼があの時代の最大の犯罪者の一人になる素因だったのだ。このことが〈陳腐〉であり，それのみか滑稽であるとしても（…）。このような現実離れや思考していないことは，人間のうちにおそらくは潜んでいる悪の本能のすべてを挙げてかかったよりも猛威を逞しくすることがあるということ──これが事実エルサレムにおいて学び得た教訓であった。　　　　　（アーレント 2017, pp.395-396, 強調は原文）

アイヒマンの事例を，私たちは他人事だとしてしまってよいのだろうか。状況次第で，私たち自身がアイヒマンのようになってしまう可能性はないのだろうか。そうした懸念を抱えたとき，ではどうすればアイヒマンのようにならずに済むかと問われるならば，それは端的に「自分の理性を使って自ら考えること」＝「自律すること」以外にはあり得ないことになる。この主張には，カントの「自律」論の変奏が見て取れる。

（4）フーコーのカント解釈

フランスの哲学者であるミシェル・フーコー（Michel Foucault　1926-1984）は，近代文明に反省的な視線を向け続けた哲学者であるが，若き彼が博士号取得のためソルボンヌ大学に提出した主論文『狂気の歴史』（1961 年）には，副論文としてカントの『実用的見地における人間学』に関する論文が添えられていた（邦訳『カントの人間学』）。この論文の中で，フーコーは，『純粋理性批判』『実践理性批判』『判断力批判』というカントが書いた有名な三つの『批判』の視点が，それまで日陰に追いやられてきたカント晩年の『実用的見地に

おける人間学』（1798 年）にも通底していると分析した（フーコー 2010）。この事実からもわかる通り，フーコーは若い頃から一貫してカントに注目し続け，カントとの対話の中で「知」の「系譜学」・「考古学」と称される自身の哲学的手法を磨き上げていった。

　加えて，フーコーは，1984 年に，先述のカントの小論「啓蒙とは何か」にも言及し，下記の通り，この小論とカントの三つの『批判』との「結びつき」も指摘している。

　　　私はこの短い論文〔「啓蒙とは何か」〕とカントの三大『批判』との間にある
　　結びつきを強調すべきだと考えている。じじつ，この論文は，啓蒙を，人
　　類が，いかなる権威にも服従することなく，自分自身の理性を使用しよう
　　とする時であると描いている。ところが，まさしくこの時こそ，〈批判〉が必
　　要な時なのである。(…) 理性の正当的な使用がその原理において明確に定
　　義されたとき，理性の自律性は確保される。　　　（フーコー 2006, pp.372-373）

　フーコーによれば，カントが三つの『批判』を書いた目的は「理性」を使用する際に用いられる「原理」を明確に定義づけることにあった。この「原理」が明確に定義されてこそ，カントが「啓蒙とは何か」で論じた「いかなる権威にも服従することなく，自分自身の理性を使用しようとする」という「理性の自律性」もまた確保されるというのである。

　さらに，フーコーは，「いかなる権威にも服従することなく，自分自身の理性を使用しようとする」ような「自律」した人間は，下記の通り「現代性の態度」を有しているとも述べる。

　　　〈現代性 modernité〔近代性〕〉の態度，と呼んでもよいかもしれないよう
　　なものの素描が，そこ〔「啓蒙とは何か」〕には見て取れるのだ。(…) 私は，
　　現代性を，歴史の一時期というよりは，むしろ一つの〈態度 attitude〉と
　　して考えることができないだろうかと考えるのだ。態度という語によって，

私が意味するのは，現在的現実<ruby>現在的現実<rt>アクチュアリテ</rt></ruby>に対する関わり方の様式のことなのだ。

（フーコー 2006, pp.374-375）

「自律」した人間がもつ「現代性の態度」とは，「現在的現実に対する関わり方の様式のこと」だと言われている。すなわち，現在自分の目の前にある現実を無批判に良しとするのではなく，自分自身の「理性」を働かせて問題点が見出された場合には「〈現在〉を変形しようとする熱情」（p.378）をもってその現実を変革しようとする。そうした「態度」が求められているのである。

　フーコーは，加えて，「現代的な人間とは，自分自身を自ら創出する人間のことなのだ」とも述べている（p.379）。すなわち，現在自分の目の前にある現実を変革するのみならず，現在の自分自身のあり方をも変革する人間。これこそが「現代性の態度」を有した「自律」した人間の姿であり，人間はそうした意味での「自分自身の自律的な主体としての構成」（p.380）を求められているのである。ここにも，カントの「自律」論を「現代性の態度」と関連づけるフーコーの優れた視点がある。

4 考え，議論し，変革する道徳教育へ

　さて，前節では，アーレントのカント解釈を経由しつつ，フーコーのカント解釈に依拠しながら，現在の自分の目の前にある現実を変革するのみならず，現在の自分自身のあり方も変革する「態度」を，「自律」した人間がもつ「現代性の態度」として理解した。他方で，同じ「態度」という言葉を用いながらも，現在の日本の学校教育全体は危惧すべき方向へ向かっているのではないかという懸念が，日本の教育社会学者である本田由紀から示されている。

　　学校における教育内容・方法のすべてを，国家への貢献という「資質」≒「態度」の満遍ない育成に向けて吸い上げる，「ハイパー教化」と呼ぶべき学校教育の構造が，ここ〔2017 年改訂の学習指導要領〕に姿を現したといえる。

（本田 2020, p.184）

本田の指摘に従えば，現在の日本の学校教育は，「資質」≒「態度」の育成という言葉を用いながら，「ハイパー教化」とも呼ぶべき，国家へ貢献させるための横並びの教育を推し進めようとしているとされる。そして，こうした教育の「重要な構成要素」になりうるのが「道徳科」である。

　　学習指導要領では「道徳」の授業では「考え」「議論する」ことを求めているが，実際には「指導の観点」に適合するような「態度」を示すことが，授業および評価というルートを通じて明示的・暗示的に強く求められているのである。これは，児童生徒の心のあり方を一様に規定する水平的画一化の最たるものと言える。　　　　　　　　　　　　（本田 2020, pp.188-189）

　日本の道徳教育の歴史を振り返れば明らかなように，道徳教育は，国家的な目的・目標に向けて生徒を動員するような方向でも機能し得た。道徳教育の目的・目標について考察する際に，この点は注意してもし過ぎることはない。では，この点を十分に注意したうえで，さらに道徳教育をよりポジティブな方向で構想し直すことはできないか。そこで提案したいのが，先述したフーコーによる「現代性の態度」を有した「自律」した人間という道徳教育の目的・目標である。「ハイパー教化」が懸念される現在の日本の道徳教育と同じ「態度」という言葉を用いながらも，フーコーは「態度」という言葉をむしろ現在の現実や現在の自分自身を変革するキーワードとして解釈していた。彼の解釈を参考にしながら，単に考え議論するのみならず，これらに加えて現在を変革するという要素も含み込むような道徳教育のあり方を構想し得るのではないだろうか。

深い学びのための課題
1．道徳教育の目的・目標について考えてみよう。
2．「自律」した自分の姿を想像してみよう。

注
1）「自立」という言葉は「主として経済的あるいはコミュニケーション的な局面」で使用され，「自律」という言葉は「主として道徳的，政治的，あるいは宗教的な価値判断や行為決定に関わる局面」で使用される傾向はあるが，両者の使い分けに関して教育学の中で明確な合意があるわけではない（関根・櫻井 2015, p.122）。本章では，こうした研究状況に鑑み，両者を，意味が重なり合う二つの概念として扱う。
2）山口によれば，「カントにとっての自律とは道徳的行為の究極的な根拠であって，習得すべき「内容項目」でもなければ，「発達の段階」でもなかった」（山口 2013, p.74）

引用・参考文献
アーレント，ハンナ（2009）ベイナー，ロナルド編・仲正昌樹訳『完訳 カント政治哲学講義録』明月堂書店（原著，1982 年）
アーレント，ハンナ（2017）大久保和郎訳『新版 エルサレムのアイヒマン――悪の陳腐さについての報告』みすず書房（原著，1963 年）
小山裕樹（2015）「「自律」観の転換に向けて――カントの反省的判断力論をめぐる諸解釈から」下司晶編『「甘え」と「自律」の教育学――ケア・道徳・関係性』世織書房，157-183 頁
カント，イマヌエル（2002）谷田信一訳「人間愛からの嘘」『カント全集 13 批判期論集』岩波書店，251-260 頁（原著，1797 年）
カント，イマヌエル（2006）中山元訳「啓蒙とは何か」『永遠平和のために／啓蒙とは何か 他 3 編』光文社古典新訳文庫，9-29 頁（原著，1784 年）
カント，イマヌエル（2012）中山元訳『道徳形而上学の基礎づけ』光文社古典新訳文庫（原著，1785 年）
杉田聡（1998）「自律」廣松渉ら編『岩波 哲学・思想事典』岩波書店，798-799 頁
関根宏朗・櫻井歓（2015）「「自律」の教育学のために――教育における「自律」論の現在」下司晶編『「甘え」と「自律」の教育学――ケア・道徳・関係性』世織書房，113-130 頁
フーコー，ミシェル（2006）石田英敬訳「啓蒙とは何か」『フーコー・コレクション 6 生政治・統治』ちくま学芸文庫，362-395 頁（原著，1984 年）
フーコー，ミシェル（2010）王寺賢太訳『カントの人間学』新潮社（原著，1961 年）
本田由紀（2020）『教育は何を評価してきたのか』岩波新書
松下良平（2017）「道徳」教育思想史学会編『教育思想事典 増補改訂版』勁草書房，580-584 頁
文部科学省（2017）『中学校学習指導要領（平成 29 年告示）解説 特別の教科 道徳編』
山口匡（2013）「道徳教育と自律の概念――カント道徳教育論の根本問題」『愛知教育大学教育創造開発機構紀要』第 3 号，71-78 頁

第4章

道徳性の発達理論からケアの視点へ

1 道徳性発達の基礎理論──フロイト，ピアジェ

（1）道徳性とはなにか

①道徳性という概念のとらえ難さ

　広く社会一般において道徳的とされる行為──例えば，「嘘をつかない」「困っている人がいれば助ける」「決まりを守る」等について考えるとき，そうした行為が成立するための心理的条件とは，どのようなものなのだろうか。本節では，道徳的な心情や行為が生起するための心理的条件，すなわち道徳を成立させるのに必要な人格の諸特性を道徳性（morality）と呼び，それがどのような経路をたどって発達していくのか見ていくことにしたい。

　そこで本題に入る前に，しばしば混同されがちな法と道徳の違いについて確認しておくことにしよう。以下に取り上げるのは，前章でも登場した哲学者カントの理論である。カントは『人倫の形而上学』（1797 年）の中で，道徳性を法の遵守／不遵守といった適法性と区別して論じている。いわく，罰をともなって外形的に個人を拘束するのが法だとすれば，道徳は行為や態度といった外形的な振る舞いだけではなく，意思や信条といった個人の主観的な内面をも拘束する規範である。そう整理したうえで，カントは個人の内面のあり様を重視し，行為の結果よりも，心の底から道徳規範を守ろうとする動機こそが，道徳性において最も重要な価値であると主張するのである（カント 1969, pp.39-42）。

　ここでカントによって提起された道徳における行為と動機の関係について，もう少し踏み込んで考えてみることにしたい。さしあたって検討材料とするのは，『小学校学習指導要領（平成 29 年告示）解説　特別の教科 道徳編』（以下「解説」）における道徳性の定義である[1]。学習指導要領には，「道徳性とは，

人間としてよりよく生きようとする人格的特性」とあり，それは大きく「道徳的判断力」「道徳的心情」「道徳的実践意欲と態度」の三つによって構成されるとしている（文部科学省 2017a, p.20, 2017b, p.17）。

　話をわかりやすくするために，道徳的判断力を「善悪の判断能力」，道徳的心情を「道徳的価値に対する尊敬の念」，道徳的実践意欲と態度を「道徳的な行動をとろうとする傾向性」と，筆者なりに「解説」をふまえて定義しておくことにする。そのうえで問題にしたいのは，これら三つの道徳性の諸相が，互いにどのような関係にあるのかということである。

　通常，私たちは，まずはじめに道徳的心情が生起して，それをもとに価値づけの判断を行い，道徳的な実践意欲に導かれて行為する，という一連のプロセスを考える。しかし，傍から見て道徳的に振る舞っているように見えても，その背後に道徳心に基づいた動機づけが存在しないこともあり得る。例えば，他者の行動を単に模倣しているだけといったケースや，親や教師に言われてしぶしぶといったケースである。もっとも後者の場合は，怒られたくないとか，良い子を演じたいといった動機（理由）が存在する可能性はある。ただその場合，行為それ自体の道徳的価値を自覚したうえでの行動かといえば，必ずしもそうであるとは言い難い。

　あるいは次のようなケースはどうだろうか。道徳的な心情と善悪を区別する判断能力が備わっているにもかかわらず，道徳的な行為に至らない場合である。

　駄目だとわかっているけど止められない――古代ギリシアの哲学者アリストテレスは，それを「アクラシア」（日本語に訳せば「意志の弱さ」）と呼んだ（アリストテレス 1977, pp.209ff.）。誰もが経験するように，道徳的な規範や規則を理解しているからといって，必ずしも適切に行動できるわけではない。偽善的あるいは偽悪的な振る舞いなどは，道徳的な心情・判断と行為とが乖離している好例だろう。あるいは，満員電車で自分が座っている目の前にお年寄りが立っているにもかかわらず，躊躇して座席を譲れないシチュエーションなどはどうだろうか。この場合，譲りたい気持ち（動機）はあっても，実際に席を譲ることができないわけだから，道徳的行為は成立していない。

このように，「動機」という観点から「道徳的判断力」「道徳的心情」「道徳的実践意欲と態度」の錯綜した関係を紐解いてみると，実際，道徳性というのは一筋縄ではいかない込み入った概念であることがわかる。とりわけ何をもって道徳性が獲得されたと判断するのか，その基準は至極曖昧なのである。

　②「嘘をついてはいけない」から考える

　ここでもう少し遠回りをし，例として「嘘をついてはいけない」という道徳命題について考えてみることにしたい。「嘘をついてはいけない」というのは，「正直であること」という道徳的価値と表裏の関係にある。私たちは生まれてこの方，「嘘はついてはいけない」と教えられてきた。しかしながら，常に正直であることは，例外なく推奨されるべき美徳なのだろうか。例えば，「嘘も方便」という言葉にもあるように，結果を考慮すれば，時に嘘が許されて然るべき状況もあるのではないか。

　こうした考え方は，従来，道徳哲学において「帰結主義」と呼ばれてきた。医者に末期がんと診断された患者に対し，親族が本人に病名を伏せることがある。これもまさしく帰結主義的な考え方で，告知がもたらす結果を先回りして予想し，本人に悪影響を及ぼすかもしれないがゆえに真実を告げないという判断を下しているのである。

　ここで再度，カントに登場してもらうことにしよう。嘘の是非について，第３章でもみたように，カントは次のように述べている。「いかなる事情があっても，本当のことを話すこと（正直）こそが，理性の神聖にして無条件な命令なのである」（カント 1966, p.220）。

　なんとも厳めしい主張ではあるが，カントの倫理学的なエッセンスに即していえば，嘘がいけないのはそれが相手の人格の尊厳を踏みにじる行為だからである。先の病名を告げないという温情的な嘘は，患者が正しい情報に基づいて自らの病を熟考する機会を奪うがゆえに，道徳にもとる行為とされるのだ。

　こうした主張は，現代の私たちの常識的な感覚からすれば，あまりに峻厳なものとして映るかもしれない。実際，カントの理論は，しばしば「厳格主義」と称されてきた。こうした厳格な道徳理論に対して，嘘をつかざるをえない状

況や文脈を考慮すれば，人の情として嘘も止むなしという人もいるだろう。あるいはこう疑問に思う人もいるかもしれない。相手をだますつもりはなく，ただ単に間違えたことを相手に伝えてしまった場合，それは嘘になるのだろうか。大人であれば，嘘と間違いは容易に区別できるが，子どもはそれをどの年齢段階で区別できるようになるのだろうか。またあるいは，一緒に遊ぶ約束をしていた友人が，急な用事で遊べなくなった場合はどうだろうか。発達という観点からみたとき，当初は友だちを嘘つき呼ばわりしていた子どもも，特別な事情ゆえに約束が守られないことが許されるということを理解する日がやってくるだろう。

　このように，道徳性が発達するとは，一見すると葛藤的な状況にあって，葛藤を葛藤として認識しつつ，認知能力をはじめとする人格の発達にしたがって，徐々にそれを克服していく過程を指すものとして理解されるのである。

（2）フロイトの道徳性発達論——道徳性の起源の探究

　ここではまずはじめに，道徳性の発達について先駆的な理論を提起したジークムント・フロイト（Sigmund Freud）の議論から見ていくことにしよう。精神分析学の創始者として知られるフロイトは，マルクスやダーウィンと並び称される 20 世紀以降の思想世界を形づくった知の巨人として，人間心理に関する独創的な理論を数多く提示したことで知られる。

　そのフロイトの論文に，「子供のついた二つの嘘」（1913 年）という小論がある。この中でフロイトは，子どもには嘘をつかざるを得ない「最も強い動機」があって，嘘をはじめとする「よくない行いから不道徳な性格が発達すると予想するなら，それは甚だしい誤りである」と指摘している（フロイト 2010，p. 190）。ここでいう「最も強い動機」とは，親に対して性愛的な感情を抱いたことに対する無意識の罪責感などを指している。

　フロイトは罪責感を，「『道徳的な』ファクター」（フロイト 2007a，p.49）と呼んでいる。周知のように，道徳というのは先述の「嘘をついてはいけない」という規範命題のように，往々にして「〜してはいけない」という否定ないし

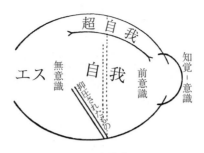

図4.1　フロイトの心的構造論（第二局所論）
出所：フロイト（2011）p.103 から抜粋

は禁止の形をとる。フロイト理論に独創的なのは，この禁止という命令，そして禁止の違反にともなう罪責感が，どのような心理的プロセスを経て生起するのかを明らかにした点にある。

　①心のメカニズム──エスと自我

　ここで図4.1を見てほしい。一般に心的構造論と呼ばれる本図は，フロイト理論の核心的アイデアを図式化したものである。フロイトは人間の精神構造を，エス・自我・超自我の三つの構造に分けて説明している。もっとも構造論とはあるが，実際に心がこのような構造をしているわけではなく，あくまでも仮説的な機能モデルとして理解してほしい。

　順を追って説明していこう。まず「エス」と呼ばれる心の機能である。フロイトはこれを「私たちのパーソナリティの暗く近寄ることのできない部分……カオスであり，煮えたぎる興奮のるつぼ」（フロイト 2011, p.96）と説明する。フロイトはエスをして，自らの欲望や欲求を満足させようとする「快原理」に従うと述べているが，ここでは話をわかりやすくするために，赤ん坊を例にとって考えてみよう。赤ん坊は自らの欲望に従順な存在である。空腹や排泄にともなう不快な感情を，泣き叫ぶという行為によって表出する。あるいは，両親によって抱きしめられ，食事を与えられれば，満面の笑みをもって喜びを表現する。こうした赤ん坊の身体表現の数々は，エスの自然的な現れであり，そこには善悪を判断する理性の働きはみられない。

しかしながら，いつまでも赤ん坊は自らの欲望にしたがって無分別に振る舞うわけにはいかなくなる。いずれ「現実」を知る時がやってくる。泣き叫んでも両親がやってこないなど，欲求が常に満たされるとは限らない事態を何度か経験するうちに，現実に適応して働く心の機能を獲得することになる。フロイトが「現実原理」と名づけたこの心のメカニズムは，自我の誕生にともなって徐々に精神の働きを制御するものとなっていく。

　「自我」とは，「激情をはらんだエスとは反対に，理性や分別と呼べるものの代理」（フロイト 2007a, p.20）である。フロイトは自我とエスの関係を，騎手と馬の関係になぞらえて説明する。「自我は，馬の圧倒的な力を制御しなければならない騎手にたとえられる」が，「騎手は，馬と離れたくなければ，往々にして，馬の行こうとするところへ馬を導いてゆくほかない」（同上書，p.20）。自我，とりわけ乳幼児期の形成途上におけるそれは，欲望の源泉であるエスに圧倒されるほどに脆弱であり，エスの魅惑的な力や誘惑に抗しきれない存在でもある。峻厳なる現実を前にしつつ，圧倒的なエスの力を制御するためにはどうすればよいのか。そこで登場するのが，自我の庇護者であり監視者でもある「超自我」である。

②道徳を体現するものとしての超自我

　上にも見たように，赤ん坊から始まる乳幼児の自我はきわめて脆弱である。したがって，エスが発する欲望衝動を十分に制御する力をもたない。この欲望衝動をコントロールするためには，その力を自己の外部——具体的には両親——から借りてくる必要がある。「のちに超自我が引き受けることになるこの役割は，最初は外的な力，両親の権威によって演じられる。この両親の力は，愛の証を与えること，および罰でもって脅かすことを通して子どもを支配するのである」（フロイト 2011, p.81）。

　この引用中で述べられている，両親の権威が超自我の起源であるとは，一体どういうことだろうか。フロイトは超自我が誕生する契機を，幼児が両親に対して抱くコンプレックスに見て取った。エディプス・コンプレックスと名づけられたこのメカニズムは，端的にいえば，幼児が両親に対して抱く愛憎の欲望

である。例えば幼い男児は，母親に対して性愛的に愛し愛されたいという近親相姦的な願望を抱くことがある。ところが，「父親がこの欲望に対する障害であることが感知されるようになると，ここにエディプス・コンプレックスが発生する」（フロイト 2007a, p.28）ことになる。もっとも，父親に敵わないことを悟った男児は，自らの欲望を成就したいという思いを父親の禁止によって断念させることになる。この父親の禁止を自らのうちに内面化させたものこそ，超自我に他ならない。「外的抑止力が内面化されて，超自我が両親という審級に取って代わり，そして今度はこの超自我が，かつて両親が子どもに対してしたように，自我を注察し，指導し，脅かすことになるのである」（フロイト 2011, p.81）。

　フロイトによれば，通常5歳程度で完成を迎える超自我の形成プロセスは，自我がそうなりたいと願う自我理想の形成過程とも重なり合うという。というのも，憎しみの対象であった父親は，いまや羨望の対象となることで，自ら権威ある者を志向するべく，父親への同一化が促進されるからである。ここに至って，父親に対して抱いていた嫉妬心や敵対心は解消され，逆にそのような感情を抱いていたことに対する罪責感が芽生えることになる。フロイトは超自我の特徴を，カントの用語を用いて「定言命法」（フロイト 2007a, p.31）と表現している。超自我は，自我それ自体がそうなりたいと願う崇高な理想（自我理想）であると同時に，自我に一切の妥協や弁明を許さないほどに峻厳な道徳的命令を課すものなのだ。

　ここで道徳性という観点から，これまでの議論を整理すれば次のようになろう。「欲動制限，すなわち道徳性という見地から言うなら，エスはまったくの無道徳であり，自我は道徳的であろうと努めているのに対して，超自我は過度に道徳的であって，しかもその際，エスにしか見られないほどの残酷性を発揮しうる」（フロイト 2007a, p.56）。

　フロイトが診た患者の中には，「無意識的な罪責意識に支配されているかのように振る舞っている」（フロイト 2007b, p.208）者たちが多くいた。超自我の過酷さは，時として個人の自我を破滅に追いやるほどの強い罪責感をもたらす

のである。先述した子どもの嘘に対し，フロイトがそれを不道徳な性格形成の問題と切り離して論じていたのは，超自我の圧力により嘘をつかざるを得ない心的状況に対する深い洞察と理解ゆえのことであった。自我は時に「嘘つきになりたいという気持ちに駆られる」（フロイト 2007a, p.59）が，ここにおいてそれは超自我に対する一種の防衛機制として理解されることになる。フロイトが発見したのは，内面化された道徳規範のもつ二面性，すなわち道徳が個人の目指すべき模範であると同時に，そうした道徳的な模範なり規範なりが，過度に自我を拘束することによって，個人に葛藤と苦悩をもたらすという両価的な側面にあったといえよう。

（3）ピアジェの道徳性発達論──民主的意識の目覚め

　これまで見てきたフロイトの道徳性発達論は，成人を対象とした臨床事実から帰納的に構築された理論であった。それに対し，フロイト同様に独創的な道徳性発達論を提唱したことで知られる心理学者ジャン・ピアジェ（Jean Piaget）のそれは，実際の子どもの直接観察から導かれた理論という点で，より科学的な実証性に裏打ちされたものであるといえる。

　以下，その理論を彼の道徳性発達論に関する著書『子どもの道徳判断の発達』（1930 年）から見ていくことにしよう²⁾。本書の冒頭において，ピアジェは次のように述べている。「すべての道徳は規則の体系から成り立っており，すべての道徳の本質は当人がその規則に対して，どれだけの尊敬を払っているかというところに求められるべきである」（ピアジェ 1955, p.4）。

　この言明は，これまで繰り返し登場してきたカントの主張と，ほぼ同型である。カントによれば，道徳的行為が成立するためには，さまざまな道徳的価値に内在する道徳法則への「尊敬」が前提としてなければならない。「道徳的法則に対する尊敬は唯一の，同時に確かな道徳的動機である」（カント 1965, p.248）。

　カントによれば，「尊敬」とはいかなる条件もなしに人を道徳的行為へと駆り立てる（定言命法）ための主観的な動機を成すものである。ピアジェ理論の独自性は，カントのこの「尊敬」を発達心理学的な観点から明らかにしたこと

にある。加えて，義務や善の観念，応報的・分配的な正義など，古代ギリシア
の時代から今日の道徳哲学に至るまで連綿と議論され続けてきた道徳の諸相を，
認識論的かつ発達論的な観点から検討するものでもあった。

①マーブル・ゲームにみる規則実行の発達

　ピアジェの道徳性発達論を紹介するにあたり，ここではまず彼が行ったマー
ブル・ゲームと呼ばれる実験から，道徳性がどのように発達していくのか見て
いくことにしたい。

　マーブル・ゲームとは，古くからあるスイスの子どもたちの遊びで，実際の
ルールはやや複雑なものの，日本でいうビー玉遊びのようなものだと考えて構
わない。ゲームには規則（ルール）がつきものである。一見すると規則のない
状況から，どのようにして子どもは規則を編み出し，他者との協同過程を経て，
時々の状況に合わせた規則の改変を行うのか，ピアジェはそれを四段階に分け
て説明している（ピアジェ 1955, pp.22-48）。

　第一段階目は，2歳から5歳程度の子どもに見られる「運動的・個人的段
階」である。これはピアジェの認知発達段階論でいうところの感覚運動期から
前操作期の初期（ピアジェはこれを「前概念的思考の段階」と呼ぶ）に相当する
段階である。そこでは，私たちが通常考えるゲームの規則は見られず，子ども
は幾何学的にマーブルを並べたり，ピラミッド型に積み重ねたりする。それは
一種の儀式とでもいうべきものである。さらにマーブルを，料理されるべき食
べ物や巣の中の卵に見立てるなど，それらを何かの象徴としてとらえ，想像力
豊かに遊びの中に取り入れる段階である。

　続く第二段階目は，「自己中心性の段階」（2ないし5〜7，8歳）である。
自己中心性とは，自己と外的世界（さらには現実と空想）をはっきりと区別す
ることができず，他者を始めとする外的世界の事物を自己の延長上にあるもの
として認識してしまう自他未分の心性のことである。マーブル・ゲーム遊びに
ついていえば，友だち同士で遊んでいるように見えて，その実，一人遊びに
耽っている段階である。各々が自分の規則に基づいて遊びに興じており，共通
の規則やルールを制定しようとせず，したがってそこには勝ち負けを競い合う

といったようなこともない。

　第三段階目は，「初期協同の段階」（7，8〜10，11歳）である。この段階にもなると，ゲームも徐々に社会性を帯びたものとなる。遊び相手に勝つために，マーブルの獲得に躍起になっていく。もっとも，単にマーブルを多く獲得するのが嬉しいのではなく，あくまでも正々堂々と勝負した結果として得られるマーブルにこそ真の価値を見出すのである。勝負を公正に決するためには，自分だけではなく相手の不正も防止しなければならない。したがって公平な条件のもとでゲームを行うべく，相手と協同して規則の統一を図ろうと試みるが，それは時に失敗に終わることもある。

　最後の第四段階目は，「規則制定化の段階」（11，12〜14，15歳）である。この段階になると，子どもたちは真に規則を尊敬（尊重）するようになり，勝負におけるあらゆる手続きが詳細に規定されるだけでなく，規則それ自体を最大限に尊重するようになる。次第に，勝ち負けを賭した遊びよりも，規則の適用

表 4.1　認知発達と規則実行および規則意識の発達

年齢	認知発達	規則実行の発達	規則意識の発達
0 1 2 3	感覚運動期 （0〜2歳）	運動的・個人的段階 （？〜2ないし5歳）	道徳以前の段階 （？〜5，6歳）
4 5 6 7	前操作期 （2〜7歳）	自己中心性の段階 （2ないし5〜7，8歳）	
8 9 10	具体的操作期 （7，8〜11歳）	初期協同の段階 （7，8〜10，11歳）	他律の道徳／拘束の道徳 （5，6歳〜9，10歳）
11 12 13 14 15	形式的操作期 （11，12〜15歳）	規則制定化の段階 （11，12〜14，15歳）	自律の道徳／協同の道徳 （9，10歳〜？歳）

出所：関口（2009）p.67 から抜粋（一部改変）

それ自体や紛争処理（喧嘩の仲裁など）に興味をもつようになっていく。遊び仲間と討論や反省を重ねながら，合理的かつ民主的にゲームを実行しようと試みる段階である。

②マーブル・ゲームと子どもの嘘にみる道徳意識の発達——他律から自律へ

以上，規則のない状態から，他者との協同を経て規則がどのようにして編み出され実行に移されるのか，「規則実行の発達」を年齢段階順に見てきた。しかしながら道徳性の発達において重要なのは，そうした規則を子どもがどう意識化するかという点にこそあるとピアジェはいう。彼はそれを「規則についての意識」と呼び，規則意識は規則実行に遅れて獲得されると述べている（ピアジェ 1955, p.69）。

規則意識の発達は，大きく三段階に分けて説明される（ピアジェ 1955, pp. 48-87）。その第一段階は，「道徳以前の段階」とも呼ぶべき段階である。先の「運動的・個人的段階」から「自己中心性の段階」にかかる過程を経て見られるのは，社会性の欠如した独我的な規則意識である。この時期の子どものゲーム遊びには遊びを拘束する何らかの義務が発生していないという意味で，それは無道徳な段階であるといってよい。

続く第二段階は，「他律の道徳」の段階である。規則実行における「自己中心性の段階」（ピアジェはこの段階を，「自己中心性をともないつつ大人を模倣する段階」とも言い換えている）の途中から，子どもは規則を大人から与えられる絶対不可侵なものとして認識するようになるという。これはすなわち，規則が自己の外部にそれ自体として厳然と存在するということである（道徳的実在論）。子どもは一方的尊敬の対象である大人の規則に純粋に付き従うという意味で，それは「拘束の道徳」でもある。

第三段階は，「自律の道徳」あるいは「協同の道徳」の段階である。友人との合意に基づいて自発的に規則を制定し，時には遊び集団の諸事情に応じてそれらを作り変えたりもする。自己の外部に厳然と存在していた規則を，徐々に自ら操作可能なものとして内面化していく段階であると理解してよい。

このように，規則意識は無道徳から他律の道徳を経て自律の道徳へと至るが，

この最終段階において，「規則」は「合意の結果として尊重」され，「自分を拘束する合意に対して，自律的な仕方で受け入れる限りで，規則は義務を課し」，「相互的尊敬は今まで知らなかった一連の道徳的感情を生じさせる」ことになる（ピアジェ 1999, p.128）。ゲーム本来の醍醐味を味わうためには，規則の意味を皆できちんと理解し，自律的かつ合理的にそれを操作できなければならない。その前提として必要なのは，規則そのものに対する尊敬に加えて，仲間同士が互いに尊敬の念を抱きあう民主的な協同意識である。この自己と他者の相互的尊敬に基づいて，子どもたちは種々の道徳的感情——友情，フェアプレイ（公平性），義務，正義，善など——を育んでいく。その際，規則はそれ自体が絶対不可侵な「目的」ではなく，自分たちの協同的な関係性を維持するための「手段」として受容されることになる。

　ところで，この『子どもの道徳判断の発達』では，以上に見たマーブル・ゲームの実験の他に，より具体的な道徳規範に関する三つの事例——「過失」「盗み」「嘘」——が取り上げられている。三つのテーマについて，それぞれ一対のたとえ話を小学生の子どもに話して聞かせ，質問するという形で実施されたその調査は，道徳的な判断様式がどのように発達するのか，マーブル・ゲームとは別の角度から立証するものである。

　表4.2は三つの事例のうち，「嘘」に関する調査結果をまとめたものである。この結果からも明らかなように，道徳的判断の重心は年齢を追うごとに，他律から自律へと変化していくことがわかる。子どもは，嘘に対する責任と義務を内化し，調整する過程を経て，徐々に自律的な道徳的主体となっていく。この過程は，自己中心性の脱中心化プロセスでもある。嘘と自己中心性の関係について，ピアジェは心理学者シュテルンの研究を引きつつ，子どもは「真の客観性を考慮せずに，……現実を歪めたり，自分の願望に現実を従わせたりするようになる。……これは子どもの『にせの嘘』（シュテルンの『見せかけの嘘』）と呼ばれるものである」（ピアジェ 1999, p.52）と述べている。先述のように，自己中心性の段階にある子どもは外的現実と自身の空想をはっきりと区別することが難しい。その意味で，この時期の子どもの嘘は意図的で作為的ではない，

表 4.2　年齢段階別にみる嘘に関する道徳的判断の発達

項目＼年齢	6	7	8	9	10	11
①嘘の定義	「悪い言葉／単なる間違い」と嘘を混同		「意図的な間違い」を悪いと判断			
	未分化な嘘概念─────────────────────→分化された嘘概念					
②嘘の意図性	「騙されにくい嘘」を悪いと判断		「信じやすい嘘」を悪いと判断			
	誤謬性の高い嘘────────────────────────→意図的な嘘					
③嘘の意図と結果の比較	「単なる誤りが重大な結果をもたらした」を悪いと判断		意図的に騙したが悪い結果を招かなかった」を悪いと判断			
	結果を重視（客観的責任）────────→動機を重視（主観的責任）					
④嘘をつく理由	叱られるから悪い	叱られなくても嘘それ自体が悪い			相手を騙すから悪い	
	他律的──────────────────────────→自律的					
⑤子どもへの嘘	大人に嘘をつくのは悪い				子どもに嘘をつくのは悪い	
	大人への一方的尊敬──────────→子ども同士の相互的尊敬					

出所：ピアジェ（1955）pp.174-240 および関口（2013）pp.22-27 から筆者作成

願望をともなった空想の一表現として理解できよう。もっとも，こうした「にせの嘘」は，思考の脱中心化とともに退潮していき，徐々に嘘は自律的に操作されることになる。

　最終的に，マーブル・ゲームと子どもの嘘をめぐるピアジェの所論は，道徳性の発達にともなって醸成される民主的な協同性のあるべき姿へと行き着くことになる。ピアジェにとって，個々人の道徳性は民主社会の成否を決するほどに重要なファクターである。その実現においては，「拘束の規則に代わる協同の規則」を打ち立て，「権威の一方的尊敬を自律的意思の相互的尊敬へと置き換えること」が不可欠となる（ピアジェ 1955, p.520）。

　その意味では，他律から自律へ，結果重視から動機重視へ，大人への一方的尊敬から子ども同士の相互的尊敬へという，ピアジェが示した一連の道徳性発

達のプロセスは，畢竟するに民主的な共同体規範と民主的主体の成立過程を
示すものとして理解することもできよう。

（4）おわりに

　以上，フロイトとピアジェの道徳性発達論について見てきた。フロイトとピ
アジェの理論はともに，人間精神の「自然状態」から道徳がどのようにして立
ち上がってくるのかを探究するものであったが，両理論が志向するところは
「嘘」一つとってみても，学問的なバックグラウンドの違いゆえに理論的な力
点も大きく異なっている。フロイトは心理臨床の立場から，超自我が司る道徳
性の両価的で病理的な性格を指摘したのに対し，ピアジェはそれを来るべき民
主主義の実現を可能にする条件として肯定的にとらえた。特にピアジェが示し
たその理論は，のちに次節でも触れる心理学者コールバーグへと継承され，
「ジャスト・コミュニティ」概念へと昇華されて学問的に深化されることにな
る。

　とはいえ，両者の理論には異同こそあるものの，道徳性の個体発達に留まら
ず，人類社会の誕生と発展をも含みこんだ個人と社会の相互連関的な発達史
──ピアジェはこれを「平行関係」と呼んだ──をも構想していたという点で，
理論的関心を一にしているのもまた事実である（cf. グールド 1987 および下司
2016, p.74）。

　人間精神と人類社会の原初状態（自然状態）を探究することで，個人と社会
に道徳が立ち現れる，まさにその原初的な姿をとらえようとするフロイトとピ
アジェの理論は，道徳を通時的に不変なものではなく，発達の相においてとら
えるという視点に貫かれていた。

　この視点こそ，道徳性の発達論が主眼とするところであり，したがって道徳
教育は一律かつ教条主義的なものであってはならず，その時々の社会における
規範意識の変化や個々の子どもの発達状況を常に考慮しながら行われることが
求められるのである。

2 発達からケアへ──コールバーグ，ギリガン

（1）道徳性の発達段階論がもつ特徴（意義）

①学校教育におけるコールバーグ

子どもが大人へ成長するプロセスにおいて，身体や認識能力はある時点まではほぼ年齢に比例する形で向上していく。教育においては，この段階的に向上する過程を「発達」（development）と呼び，それぞれの「発達段階」に応じた「発達課題」の適切な設定が重要であるとされる。これは，人間の個の特性に応じる教育的働きかけの，いわば基礎や土台となる科学的な手法の一つとして，日本においては戦後教育以降の指針の一つとなっている[3]。この「発達」の概念を人間の「道徳性」[4]に適用した理論が道徳性の発達段階論である。

道徳性の発達段階論は，現在の日本における道徳教育実践において，最も普及し活用されている理論の一つである。道徳性の発達段階論と聞いてピンとこない場合でも，道徳教材としての「手品師」「二通の手紙（元さんと二通の手紙）」「トロッコ問題」などは耳にしたことがあるのではないだろうか[5]。こうした道徳教育実践（授業）のベースとなる理論が，ローレンス・コールバーグ（Lawrence Kohlberg）の提唱した道徳性の発達理論としての3水準6段階説である。

コールバーグの3水準6段階説はジャン・ピアジェ（Jean Piaget）による個体発生としての認知発達理論と関連し，人間の認知的能力の発達と道徳性の発達との関連性を踏まえている[6]。実のところ，コールバーグの3水準6段階説は，学校教育における授業（教室）における知性と道徳性のとらえ方の双方に関わる。カリキュラム研究者の浅沼茂は，日本の系統主義カリキュラムにおける「教科の構造」の観点から道徳教育のあり方に着目し，コールバーグが道徳的判断とIQで表わされる知能とは相関をもつことを前提としている点を指摘している（浅沼 1988, pp.35-36）。

②コールバーグの3水準6段階説の概要

それでは，コールバーグが提唱した3水準6段階の概要をみてみよう（コールバーグ 1987）。3水準とは，①前・慣習的，②慣習的，③脱・慣習的（また

はメタ慣習的）と呼ばれる。①前・慣習的水準における子どもの道徳的判断は，自分自身の行為と結果に基づく。②慣習的水準は，子どもの判断に，自分自身が所属する家庭や友だちなどの集団（共同体）における規則や評価（≒慣習）が関わってくる。自分自身の行為と結果はなお判断に影響を与えながらも，基本的には自分が属する集団（共同体）における規則や評価（≒慣習）を優先させる。③脱・慣習的（またはメタ慣習的）水準においては，子どもは自分自身が属する集団（共同体）における規則や評価（≒慣習）そのものを相対的にとらえたうえで比較・検証を行う。そのうえで，自分自身が属する集団（共同体）の範囲を超えて共通するような「社会契約」や「普遍的原理」に基づいて道徳的判断を行うようになる。

　次に，6段階は，上記の3水準をより具体的な思考・行動の基準に分けて説明したものである。3水準のそれぞれが二つの段階に分けられる。

　①前・慣習的水準は，第1段階「罰と服従」と第2段階「道具主義」に分けられる。第1段階では自分自身が行った行為の結果として物理的な報酬や他者からの賞賛（すなわち個人的な快）がもたらされることが道徳的な善と同義として判断される。第2段階では，他者との取引を通して自分自身が利益を得られることが道徳的善であり，自身の損得勘定と道徳的判断とがほぼ同じプロセスをたどる。

　②慣習的水準は，第3段階「対人関係志向」と第4段階「法・秩序志向」に分けられている。第3段階では，自分自身の属する集団（共同体）の中でも身近な他者（家族・友達・先生等）の期待に応えることが道徳的な善とされ，そうした他者を喜ばせたり助けたりすることが志向される。第4段階では，自分自身の属する集団（共同体）の全体を貫く権威や規則を守ることが道徳的な善とみなされる。それは，自分自身の属する集団（共同体）そのものを維持する法や秩序への敬意であり，「自己」と自らが属する集団（共同体）とが道徳的判断において有機的に結びつく。

　③脱・慣習的（またはメタ慣習的）水準は，第5段階「社会契約」と第6段階「普遍的原理」に分けられる。第5段階では，第一に，特定の集団（共同

表 4.3 コールバーグの 3 水準 6 段階説

水準	段階	従う基準	「よい」行動や判断のとらえ方
脱・慣習的	6	普遍的な倫理的諸原理	普遍的原理に基づいて行動する 正しさの基準は「人間の尊厳の尊重」
脱・慣習的	5	社会契約 効用・個人の権利	規則は普遍的な「正義の原理」に従属する 社会的利益を合理的に判断し法律は可変的
慣習的	4	社会システム 法・良心	人間関係は規則に従属する。個人の権利や個人の良心は組織全体の円滑な機能遂行より下位
慣習的	3	対人関係 同調・期待	他人を助けたり喜ばせたりすることが善 他者の期待に応えることを優先
前・慣習的	2	個人主義 道具的意図・交換	功利的な場面で他者と利害を分かち合う 正しさの基準は「他律的」
前・慣習的	1	快・不快 賞罰	自分自身が得られる快楽や物理的な賞罰を追求するように振る舞うことが善

出所：コールバーグ，1987 より筆者作成（尾崎（2017）一部改）

体）がもつ法・秩序は「個人の権利と社会との間の健全な関係性」に基づいているかという点から吟味される。そして，そこに健全性が保証される限りにおいて「社会契約」が成立し，それが道徳的な善として判断される。つまり第5段階においては，ある集団（共同体）で正しいとされる法・秩序も「社会契約」の面からみれば悪（不善）とみなされることがありうる。そして第6段階では，一定の集団（共同体）がもつ法・秩序，また「個人の権利と社会との間の健全な関係性」自体が「普遍的原理」に即しているかどうかが吟味される。ここで重視されるのは論理性，包括性，一貫性といった性質によって論証される「普遍的原理」であり，それゆえにこの道徳的判断は，あらゆる時代，文化，社会の枠組みを超えて共通であるとみなされる。これらをまとめると，表4.3のようになる。

③コールバーグの 3 水準 6 段階説の特徴

コールバーグの3水準6段階説がもつ第一の特徴は，その段階性と方向性の明確さである。学校教育のカリキュラムの構成要素としてスコープ（領域）と

シークエンス（順序）があることは周知のとおりだが，前・慣習的，慣習的，脱・慣習的と進む3水準と第1段階から第6段階へと至る道筋は，そのまま教育計画を示すかのようである。「普遍的原理」に基づく道徳的判断を行いうることを道徳性の頂点（目的）に据え，そこに至る個々の道筋（目標・ねらい）を提示した，スモール・ステップ型の成長計画であるとさえいえよう。また，当の過程における基準は明らかであり（評価），前述のようにこれが認知的能力（≒IQ）の発達とも比例しているとされるのであるから，カリキュラム内の統一性も保証されることになる。

　第二の特徴は，コールバーグが設定する水準や段階における個人から集団（共同体）への移行という方向性である。表4.3の通り，3水準の中心には子ども自身が属する集団（共同体）がある。単純化すれば，コールバーグが描く道徳性の発達段階は，子どもの道徳的判断における，個人と集団（共同体）との関わり方が変化する過程である。これは同時に，子どもが「自己」を形成する過程における集団（共同体）の影響力の大きさを示している。それゆえに，コールバーグの道徳性発達論は，それを子ども一人ひとりの性質に還元するのではなく，子どもが属する集団（共同体）がもつ性質へとその視野を拡大する。子どもたち一人ひとりの道徳性が十全に発達することによって，形成される集団（共同体）は「ジャスト・コミュニティ」と呼ばれ，そこにおいて，子どもたち一人ひとりの道徳性の発達も可能となるとみなされる（cf. 佐野・吉田 1993）。

　第三の特徴は，発達段階を進める方法にある。コールバーグによれば，道徳性の発達段階が進むのは，先天的な要因でもなければ身体や精神に直接的に与えられる刺激でもなく，子ども自身と「他者」との相互作用（討議）の結果であるという。それゆえに，コールバーグの道徳性発達論に基づく「モラルジレンマ」授業は，予め用意された答えを与えることではなく，オープンエンドな答えに至る過程を共有する授業となる。つまり，至った答えそのものよりも，その答えにいかにして至ったか（どのような相互作用がありえたか）が重視されるのである（第10章参照）。

（2）道徳性の発達段階論の課題

　道徳性の発達段階論は，学校での道徳教育に対する明確な目的，目標・ねらい，評価・方向性を想定するうえで，極めて明瞭な指針となりうる。その一方，コールバーグの3水準6段階説にはさまざまな課題があることも事実である。

①道徳性における「個人」偏重の課題

　コールバーグの3水準6段階説の第一の課題は，この理論が道徳性の発達を個人の内部における過程として前提する点である。公共性の理論研究で著名なユルゲン・ハーバーマス（Jürgen Habermas）は，コールバーグの3水準6段階説を論じるうえで，その過程が他者との対話（ダイアローグ）ではなく，個人の独話（モノローグ）になる危険性を指摘している（ハーバーマス 1991）。確かに，コールバーグは道徳性の発達段階を進める過程における「オープンエンドな他者との対話」（討議）を重視している。しかし，3水準6段階説の最も高い段階にある第6段階が「普遍的原理」に基づいて想定される限り，すべての発達段階においてあくまでも重視されるのは「自己」（個人）と普遍的原理との間の距離（関わり方）となる。その結果として，それを働きかける教師の意識も「いかにして一人ひとりを普遍的原理へ至らせるか」という点に向けられることになる。

　ここに，「普遍的原理」（論理性，包括性，一貫性をもつとされる命題）を志向する「自己」へ至る成長過程と，「他者」との関係性を構築する成長過程とを有機的に結び付ける説明が必要となる。つまり，「正しさ（正当性）」という基準と「他者への配慮」という基準とを結びつけることが，コールバーグの3水準6段階説には求められるのである（ブルクハルト 2002, p.123）。この点は，先にあげたコールバーグが援用するピアジェの理論についても共通する。すなわち，人間の認知の発達（IQ）を個人の内部における成長過程として説明する限りにおいて，「正しさ（正当性）」という基準と「他者への配慮」という基準は常に分断され，ときには対立する危機に直面する。日常生活において，しばしば「それは正論だけど現実には通用しないよ」「キレイごとを言っても始まらない」といった論理的な正当性に対するネガティブな言説が起こりうる遠因は，

道徳性（および認知）の発達理論がそもそも「個人」偏重の視点から構築されている点にあるといえよう。

②道徳性が「普遍的」なものとして提示されることの課題

　コールバーグの3水準6段階説に対して，より根本的な批判を投げかけたのが，本節の後半で取り上げる「ケア」論を提示したキャロル・ギリガン（Carol Gilligan）である[7]。歴史的にギリガンのコールバーグ批判はフェミニズム研究の文脈で取り上げられることが多いが，現代の教育学の文脈においては，既存の「教育」や「人間の成長」を説明するための多様な視点の一つとしてとらえられる。ギリガンの主著 *In a Different Voice*（邦題『もうひとつの声』）のタイトルが明示する通り，道徳教育における「理論」はさまざまな声（視点）から論じられていく必要がある（ギリガン 1986）。

　ギリガンの批判は，コールバーグの3水準6段階説がもつ「偏り」に向けられる。コールバーグは道徳性の発達理論としての3水準6段階説を構築するうえで，心理学的な実験を行っている。その実験の治験者は「白人」「男の子」「中産階級」を中心としており，結果としてそこから導き出された3水準6段階説にも，「白人」「男の子」「中産階級」がもつ傾向性や特徴が反映されたものとなったという。もちろん，現代の学術研究において，こうした人種・ジェンダー・階級といった項目は，むしろ諸々の分析における重要な「変数」として注視される。それゆえにギリガンの指摘がもつ意義は，コールバーグの実験における人種・ジェンダー・階級の偏りそのものよりも，むしろその「偏り」を内包する「ものさし」がすべての人々にとって適用される普遍性・包括性・中立性をもつとして提示される点にある。これは，3水準6段階説という「ものさし」そのものの妥当性への疑義であるというよりは，それを「教育」という具体的な営みの中で唯一の，または主要な評価基準とすること自体の問題点の指摘である。

③3水準6段階説の課題が示唆すること

　コールバーグの3水準6段階説に対するハーバーマスやギリガンの批判は，道徳教育を論じるうえでは共通する視点を提供している。

その第一の視点は，道徳教育における人間の「主体」性のとらえ方である。コールバーグの3水準6段階説は「子どもの他者との相互作用」（討議）を重視するにもかかわらず，「個人」偏重・モノローグ的という課題が指摘されている。その理由は，この「相互」作用の中で子どもたち一人ひとりを「主体」としていかにとらえるか，という想定自体にある。つまり，コールバーグの3水準6段階説における子どもの「主体」性は，一人の子どもの内部で思考や判断が一貫して完結することや，そうした個人で完結した思考や判断から発するものとしてとらえられている。それゆえ，コールバーグのいう「相互」作用は，必然的に完結した個人同士の対峙という極めて狭義の「相互」性または作用となる。換言すれば，コールバーグの3水準6段階説がもつ課題は，道徳教育がその育成を目指すところの，子ども自身の「主体」性・「相互」性のとらえ方を拡大するよう求めている（野平 2005）。

　コールバーグの3水準6段階説がもつ課題が提示する第二の視点は，道徳教育における「普遍」性のとらえ方である。前述のように狭義の「主体」性は一人の子どもの論理的帰結を前提する。しかし，その帰結を導く最終目的地として想定されている「普遍的原理」は，なぜ万人にとって共通であるといえるのだろうか。より根本的にいえば，万人にとって共通であるような「普遍」性を想定することは妥当なのだろうか。こうした問いを喚起させる視点は，近代の教育が前提としてきた「中立」「普遍」な見方をよりさまざまな視点からとらえなおす必要性を示している。重要なことは，従来の「道徳性」の想定がもつ偏りの指摘そのものではなく，偏りを偏りとして，すなわち個々の「差異」として丁寧に認識したうえで，異なる立場の複雑性の中での共有可能性を実現させる，それぞれの視点からの理論構築である。

　この意味において，次に説明する「ケア」論もまた，「主体」性や「普遍」性を批判（否定）する理論としてではなく，「主体」性や「普遍」性を新しく説明し直す理論の一つとして論じてみてほしい。

（3）道徳性をとらえなおす視座としての「ケア」論

前述のようにギリガンは，コールバーグの3水準6段階説がもつ「偏り」を批判し，「ケアの倫理」を理論化した。ここではギリガンの「ケアの倫理」をいわゆる「女性─男性」「普遍─個別」といった二項対立の枠組み内でとらえるのではなく，道徳教育における新たな「道徳性」（「主体」性・「相互」性）を提示する理論として見てみたい。

①ギリガンの「ケアの倫理」の概要と特徴

ギリガンの「ケアの倫理」がもつ特徴の第一は，人間の「道徳性」が成長する過程を「自己」と「他者」との関係性の変容として説明する点である。ギリガンの「ケアの倫理」においても，「発達」や「段階」という言葉が用いられるが，それは次の三つの段階で説明される。

第1段階「自己中心的」は，生存を確保するために自己に思いやりを示すことに焦点がおかれる。他者の存在は認識されているが，自己の生存を保証するうえで必要なものが道徳的な善として判断される。第2段階「他者への責任優先」では，他者を気遣ったり思いやったりすること，あるいは他者を傷つけないことに重点がおかれ，他者に思いやりを示すことと道徳的な善とが同一視される。第3段階「人間関係の力学の理解」では，自己と他者の間を単に対立するものとしてとらえるのではなく，その間に生じる力学を理解し，交渉することが可能となる。道徳的な善は，自己と他者の関係性に基づき，双方にとっての現実的な解決をもたらす判断としてなされる。この三段階をまとめると表4.4のようになる。

コールバーグの3水準6段階説と比較すれば，ギリガンの「ケアの倫理」にとって個々の段階やそれを満たす条件を詳細に整えることはさほど重要ではない。むしろここには，人間の成長する過程をスモール・ステップ型の「段階」として厳密に分けて固定化する見方への警鐘が示される。それゆえに，道徳教育の文脈においてギリガンの「ケアの倫理」がもつ特徴は以下の2点から説明できる。

第一の特徴は，ギリガンが三つの段階のそれぞれに「移行期」を想定する点

表 4.4　ギリガンの「ケア」の倫理の発達

	段階	善の判断や行動，自身のとらえ方の変化
3	人間関係の力学の理解	他人と自己との相互の結びつきに対する新しいとらえ方をすることによって，自己中心性と責任とのあいだの緊張はほぐれていく 行動決定をする際に他人へ配慮するためには「自分自身を関与させること」の重要性を認識
	（移行期）	「思いやり」と「従属・自己犠牲」が混同されている状況を整理しようとする 他人への思いやりの中で自分の要求を生かすことの道徳性を問い始める ⇒段階2を「自己犠牲的」と認識
2	他者への責任優先	善さは「他人に思いやりを示すこと」としてとらえられる 「人を傷つける」ということに葛藤が生じる
	（移行期）	社会に参加し，自分自身の要求より他人の要求を配慮するようになる ⇒段階1を「自己中心的」と認識
1	自己中心的	関心は自己に思いやりを示すことにあてられる 他人は臣下としてみなされる

出所：ギリガン 1986 より著者作成（尾崎（2017）一部改）

である。このことは，ギリガンの「ケアの倫理」における三つの段階それ自体が固定されたものではなく，「移行期」においては自分の過去・現在の状況のとらえなおし（振り返り）が起こり，その時点で過去・現在の自己のあり方が自己にとっても意味を変えることを意味している。例えば，上記の説明では第1段階を「自己中心的」と表記したが，実際に第1段階の自己（と他者）のとらえ方を「自己中心的」と認識できるのは，子ども自身が移行期や次の段階に至ってからである。逆にいえば，まさに「自己中心的」段階にいる子どもは，自己を「自己中心的」とみなすことはできない。この意味において，ギリガンの「ケアの倫理」における発達段階は，子どもを外側からみる評定者のような存在からの視点ではなく，子ども自身が自己（と他者）をとらえる視点の説明となりうることがわかる。

　第二の特徴は，ギリガンの「ケアの倫理」が常に具体的な立場や関係性に基づいて理解されたり進行したりすると想定される点である。例えばギリガンは，第1段階「自己中心的」から第2段階「他者への責任優先」への移行は「社会

参加への動き」を意味するという（ギリガン 1987, p.138）。言い換えれば，ギリガンの「ケアの倫理」における「道徳性」の発達は，子ども自身が所属する集団（共同体）の中で自己がいかなる存在であるか，という点に影響を受けると想定されている。ギリガンの「ケアの倫理」で想定される子どもにとって，集団（共同体）は具体的な役割や責任をともなうものであり，そこでの「他者」もまた同様に具体的な役割や関係性をもつ「名前のある他者」である。それゆえに，ギリガンの「ケアの倫理」における「相互」作用は，単なる「やりとりとしての対話」ではなく，自己のあり方（存在）や他者との関係性そのものに実質的な影響を与える「力学」（the dynamics）として想定されるのである。

② 「ケアの倫理」の課題と可能性

　道徳教育の文脈でギリガンの「ケアの倫理」を論じるうえで注意が必要な点は，「普遍―個別」「客観―主観」といった二項対立を前提にした自己―他者関係をとらえないということである。すでに本節（2）で述べたように，コールバーグの3水準6段階説の課題は「普遍」性の想定をとらえなおすことにある。ゆえに，もしも教師が「普遍―個別」の二項対立の枠組みの中でギリガンの「ケアの倫理」をとらえようとすれば，それは単に身近な人間関係の中でしか自分をとらえられない主観本位の道徳教育になる危険性がある。

　そこで，ギリガンの「ケアの倫理」における「真実」や「主体」のとらえ方を確認しておきたい。ギリガンの「ケアの倫理」は自己と他者の関係性の変化として描出できるが，それは単に人間関係を潤滑にするといった表面上のやりとりを意味しているのではない。そうではなく，「ケアの倫理」が示唆するのは，子どもの「善」の基準の獲得や「真実」への接近それ自体が，現実の他者とのやり取りを通して達成されるということである。「ケアの倫理」の見方に立てば，いかなる判断基準（「普遍的原理」）であろうと，現実の吟味を経ずして「真実」へと移行することはできない（ギリガン 1986, p.145）。言い換えればそれは，いかなる「普遍的原理」もすべての立場の視点から吟味が可能であり，その結果として「普遍的原理」が「自己」と関わるものへ，「自己」が「普遍的原理」と関わるものへと変容する可能性を示している。そして，ギリ

表 4.5　コールバーグ，ギリガンの道徳性の発達段階

コールバーグ ３水準６段階説			ギリガン ケアの倫理
脱・慣習的	⑥	普遍的な倫理的諸原理	人間関係の力学を理解する段階
脱・慣習的	⑤	社会契約 効用・個人の権利	自己と他者の状況・判断・理解の間で交渉するための材料
慣習的	④	社会システム 法・良心	自己と他者の状況・判断・理解の間で交渉するための材料
慣習的	③	対人関係 同調・期待	（移行期） 他者への責任を優先する段階
前・慣習的	②	個人主義 道具的意図・交換	（移行期）
前・慣習的	①	快・不快 賞罰	自己中心的段階

※両者の「段階」の想定は異なるため，横軸の対応関係はない

ガンの「ケアの倫理」における「自己」が常に「他者」との関わりの中で想定されるために，この「普遍的原理」と「自己」との関わりは，「自己」「他者」関係の中でなされるのである。

　ギリガンの「ケアの倫理」を一つの視点として「普遍的原理」の獲得や「道徳性」の発達を上記のように説明するとき，道徳教育における道徳性の発達段階説は表4.5のように提示することが可能となる。コールバーグが第４段階以降に置いた「法や秩序」「社会契約」「普遍的原理」といった項目は，ギリガンの「ケアの倫理」において棄却されるのではなく，むしろ自己—他者の力学を理解するうえでの手掛かりとして新たな意義を得る。このとき，コールバーグが自明とした道徳性の発達と認知能力（IQ）との間の比例関係もまた，「自己」と「他者」の具体的な関係性に基づいて再定義されるのである。

（4）道徳教育における「道徳性」の成長を問うために

　本章では，人間が成長する過程を説明する理論としての道徳性の発達理論を，

コールバーグ，ギリガンの提唱する理論をもとにみてきた。最後に改めて，道徳教育における「道徳性」とは何か，それが成長するとはどういうことかを問うための視点を提示しておきたい。

すでに述べた「普遍」性や「主体」性という視点を踏まえると，より道徳教育（または学校教育）に近接する言葉として「自律」が挙げられる（第3章参照）。コールバーグの3水準6段階説に従えば，「自律」とは「普遍的原理」に基づいて自ら判断・行動できる状態を意味するだろう。しかし，3水準6段階説の課題は，こうした「自律」の想定が現実との接点をもたず，他者とぶつかり合う危険性を示唆している。端的にいえば，「普遍的原理」と無批判に向き合う「自己」という想定は，その「自己」自身の立場・役割を問わないがゆえに「自己」のあり方を見えなくする。それはあたかも，人生における傍観者の立場に子どもを導くことになりかねない（尾崎 2016）。

そこで，3水準6段階説がもつ課題を踏まえ，「ケア」の視点から示唆される「自律」のあり方を見てみよう。「ケアの倫理」は現在さらに発展を見せ，ネル・ノディングズ（Nel Noddings）に代表される「ケアリング」論が提唱されている（cf. 川本 2005）。ここで，3水準6段階説に基づく「自律」と，「ケア」論に基づく「自律」とを比較すると，図4.2，図4.3のようになる。

この比較において特徴的なのは，「ケア」論に基づく「自律」が，他者からの動機を受容すること（「動機の転移」）を始点とする点である（ノディングズ 1997, p.25）。これは，3水準6段階説のみに基づけば「他者に気を使う」と

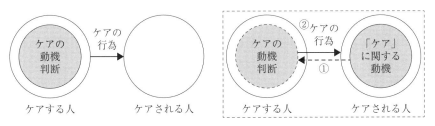

図4.2　3水準6段階説に基づく「自律」　　　図4.3　「ケア」論に基づく「自律」
出所：ノディングズ（1997）より作成（尾崎（2017）一部改，尾崎（2016, 2021）も参照）

いったネガティブな「他律」と同義になりかねない。しかし「ケア」論においては，「自己」と「他者」の関係性において自己の判断や行為の「自律」性を定義する。このとき，「道徳性」が成長するうえで，「他者を受容すること」は一つの能力（スキルまたはコンピテンシー）としてみなされ，道徳教育を通して育成する対象の一つとして提示されるのである。

　教育を「人間が成長する過程」の促進ととらえるとき，まず「一人としての個人」を育成してから「他者」との関係を育てる，という図式はすでに瓦解している。それは，人間と向き合う道徳性のみならず，物体や観念を対象とした場合でも同様である。子どもたちが，学校で出遭う人，物，事柄といったものは，具体・抽象を問わず，現実の関係性の中でその意味を生じさせる。いかなる道徳教育の実践（あるいは，それ以外の教科科目の学び）も，実際の教室（クラス・学校）がいかなるものか，という点に立脚する。そのためにはまず，教師一人ひとりが，世界の中の人，物，事柄に対して多様な出遭い方をする必要がある。この世界との出遭いの技法こそが「教養」であり，それによって教師は，学びを創出する関係性に満ちた教室（クラス・学校）の担い手となりうるのである。

深い学びのための課題

1. 教育実習などで子どもの遊びに触れる機会があったとき，子どもたちがどのような規則に基づいて遊びを展開しているのか観察してみよう。
2. 結果重視（帰結主義）の倫理学説である功利主義（ベンサムやミルなど）と，動機重視の倫理学説であるカントの動機論について調べてみよう。
3. 現代の子どもたちを取り巻く環境（生活様式，価値観，人間関係など）を想定したうえで，「道徳性」の成長に影響を与えていると思われる要因を具体的に挙げてみよう。
4. 「自分とは異なる他者」への向き合い方，「自分にとって意味ある他者」との出遭い方について，学校の中で提供しうる機会を考えてみよう。

注

1）以下にみる道徳性の定義は，『中学校学習指導要領（平成 29 年告示）解説　特別の教科 道徳編』においても同様である。

2）本書の邦訳タイトルは『児童道徳判断の発達』（原文は *Le jugement moral chez l'enfant*）となっているが，本書ではいわゆる児童だけではなく幼児も考察対象とされていることから，ここでは一貫して『子どもの道徳判断の発達』と訳出することにする。

3）日本の戦後教育における発達理論については，例えば以下を参照。下司晶（2013）「発達――戦後教育学のピアジェ受容」森田尚人・森田伸子編著『教育思想で読む現代教育』勁草書房，307-329頁。赤木和重（2019）「発達研究――教育学における発達論の衰退のさなかで」下司晶他編『教育学年報 11 教育研究の新章』世織書房，161-183 頁。赤木は，現代の「教育学，教育実践双方における「発達」の衰退ないし軽視」がある一方で，しかしながら「発達研究自体は衰退しているわけではな」く，「以前より盛んに研究がおこなわれている」状況の奇妙さを指摘している（162 頁）。また，本シリーズの第 3 巻『発達と学習』を参照。

4）本章においては，「道徳性」と「倫理性」の言葉はほぼ同義として扱う。英語における moral, ethics のそれぞれをいかに日本語に翻訳するかについても一つの手がかりとなることを知っておいてほしい。

5）「モラルジレンマ」授業については，本書の第 8 章第 1 節を参照されたい。

6）ピアジェについては，「1．道徳性発達の基礎理論――フロイト，ピアジェ」を参照。コールバーグに対するピアジェの影響力の大きさから，コールバーグ＝ピアジェの道徳性発達段階説と称されることもある。

7）ギリガンの"ethics of care"については「ケアの倫理」「思いやりの倫理」といったいくつかの邦訳が見られるが，本章では「ケア」で統一する。

引用・参考文献

浅沼茂（1988）「価値観発達と教育――コールバーグからハーバーマスへ」『聖路加看護大学紀要』第 14 号，35-44 頁

浅沼茂（2018）『思考力を育む道徳教育の理論と実践――コールバーグからハーバーマスへ』黎明書房

アリストテレス（1977）加藤信朗訳「ニコマコス倫理学」『アリストテレス全集 第 13 巻』（旧版）岩波書店，1-454 頁（原著，BC335 年から 322 年頃）

尾崎博美（2015）「「ケア」は「自律」を超えるか？――「教育目的」論からの検討」下司晶編『「甘え」と「自律」の教育学』世織書房，184-208 頁

尾崎博美（2016）「本当に「優しい」とはどういうことか？――「ケア」と「共感」にもとづく倫理性と知性」井藤元編著『ワークで学ぶ道徳教育』ナカニシヤ出版，84-98 頁

尾崎博美（2017）「ケアリングと共感――自己と世界をつなげる学習とは？」羽野ゆつ子他編『あなたと創る教育心理学』ナカニシヤ出版，171-182 頁

尾崎博美（2021）「「教育目的」を「関係性」から問うことの意義――「ケアリング」論と進歩主義教育が示唆する 2 つの系譜の検討（フォーラム 1 報告）」『近代教育フォーラム』教育思想史学会，第 30 号，1-12 頁

川本隆史（2005）『ケアの社会倫理学――医療・看護・介護・教育をつなぐ』有斐閣

カント，イマニュエル（1965）深作守文訳「実践理性批判」『カント全集 第 7 巻』理想社，129-371 頁（原著，1788 年）

カント，イマニュエル（1966）尾渡達雄訳「人間愛からの虚言」『カント全集 第 16 巻』理想社，215-224 頁（原著，1797 年）

カント，イマニュエル（1969）吉澤傳三郎ほか訳「人倫の形而上学」『カント全集 第 11 巻』理想社，

1-512 頁（原著，1797 年）

ギリガン，キャロル（1986）岩男寿美子監訳『もうひとつの声——男女の道徳観のちがいと女性のアイデンティティ』川島書店

グールド，スティーヴン・ジェイ（1987）仁木帝都ほか訳『個体発生と系統発生』工作舎（原著，1977 年）

下司晶（2020）「道徳性の発達理論とその臨界——フロイト，ピアジェ，コールバーグ」井ノ口淳三編『道徳教育 改訂版』学文社，51-78 頁

コールバーグ，ローレンス（1987）永野重史監訳『道徳性の形成——認知発達的アプローチ』新曜社

佐野安仁・吉田健二（1993）『コールバーグ理論の基底』世界思想社

関口昌秀（2009）「ピアジェは道徳性の発達段階をどのように考えたか？——『子どもの道徳判断』を読む（2）」『神奈川大学心理・教育研究論集』第 28 号，神奈川大学教職課程研究室，63-77 頁

関口昌秀（2013）「子どもの道徳性の発達（4）——大人の強制と道徳実在論（下）」『神奈川大学心理・教育研究論集』第 33 号，神奈川大学教職課程研究室，17-30 頁

ノディングズ，ネル（1997）立山善康他訳『ケアリング：倫理と道徳の教育——女性の観点から』晃洋書房

野平慎二（2005）「道徳授業における公共性意識の形成——J. ハーバーマスと L. コールバーグの比較から」『富山大学教育実践総合センター紀要』第 6 号，1-11 頁

ハーバーマス，ユルゲン（1983）三島憲一他訳『道徳意識とコミュニケーション行為』岩波書店

ピアジェ，ジャン（1955）大伴茂訳『臨床児童心理学III　児童道徳判断の発達』同文書院（原著，1932 年）

ピアジェ，ジャン（1999）滝沢武久訳『思考の心理学——発達心理学の研究（新装版）』みすず書房（原著，1964 年）

ブルクハルト，ホルガー（2002）金光秀和，西村慶人訳「共責任の開発としての，討議における教養形成」『哲学・哲学史論集 I』北海道大学大学院文学研究科哲学・倫理学研究室，103-136 頁

フロイト，ジークムント（2007a）道籏泰三訳「自我とエス」本間直樹ほか編『フロイト全集 第 18 巻』岩波書店，1-62 頁（原著，1923 年）

フロイト，ジークムント（2007b）道籏泰三訳「強迫行為と宗教儀礼」道籏泰三ほか編『フロイト全集 第 9 巻』岩波書店，201-212 頁（原著，1907 年）

フロイト，ジークムント（2010）福田覚訳「子供のついた二つの嘘」道籏泰三ほか編『フロイト全集 第 13 巻』岩波書店，185-190 頁（原著，1913 年）

フロイト，ジークムント（2011）道籏泰三訳「続・精神分析入門講義」道籏泰三ほか編『フロイト全集 第 21 巻』岩波書店，1-240 頁（原著，1932 年）

マーティン，ジェーン・ローランド（2007）生田久美子監訳『スクールホーム——〈ケア〉する学校』東京大学出版会

メイヤロフ，ミルトン（2005）田村真他訳『ケアの本質——生きることの意味』ゆみる出版

文部科学省（2017a）『小学校学習指導要領（平成 29 年告示）解説　特別の教科 道徳編』

文部科学省（2017b）『中学校学習指導要領（平成 29 年告示）解説　特別の教科 道徳編』

第5章

いじめ・問題行動へのアプローチ

1 発達心理学からみたいじめ・問題行動

（1）発達という視点から問題をとらえるとは？

　通常，発達という視点から子どもの問題をとらえるとき，子どもの発達がう
まくいっていないから問題が起きると考えられることが多い。例えば，問題を
起こす生徒に何らかの障害を疑い，専門機関へとつなごうとするアプローチな
どがその典型である。つまり，その子どもの発達に何らかの遅れやアンバラン
スがあり，その結果，学校にうまく適応できないから，問題が起きるというよ
うな見方である。

　しかし，発達という視点から子どもの問題をとらえるということには，別の
見方もある。それは発達しているからこそ問題が起きるという見方である。例
えば，図5.1に年齢別の10万人あたりの自殺者数を示した。少し説明をする
と，20-24歳のところをみると21.8となっているが，これはこの年齢段階で

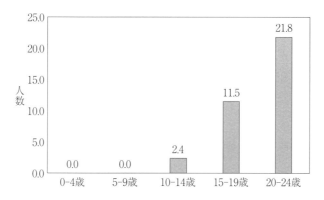

図5.1　年齢階級別10万人あたりの自殺者数（人口動態調査，2021年度）

は 10 万人あたり 21.8 人の自殺者が発生していることを意味している。同様に15-19 歳では 11.5 人，10-14 歳では 2.4 人，それ以下では 0 人である。そして，このことからわかることは，人間は 10 歳前後にならないと自殺することができないということであり，発達することで人間は自殺が可能になるということである。つまり，発達するとは良いことばかりではないし，また発達しているからこそ，問題が起きるということである。

（2）発達という視点からみたいじめ

　自殺が可能になる 10 歳前後とは，教育現場では「9・10 歳の節」と呼ばれる時期であり，さまざまな問題が顕著になる一方で，発達が飛躍的に進む時期でもある。それではこの時期，子どもたちにはどんな発達が起きるのだろうか。専門的には，この時期，子どもたちは二次的信念という新たな力を獲得する。二次的信念とは，簡単にいえば，相手の気持ちをより深く考えられる力であり，正確には「『私があなたのことをどう思っている』と，あなたはどう思っているか？」ということが考えられるようになる。例えば，日常場面で考えると，恋愛における駆け引きが該当し，「私があなたのことを好きだってことが，あなたにバレてないかしら」ということが考えられるようになる。

　相手の気持ちを深く考えられるようになるということは，一見すると，相手のためを思った行動につながり，良いことのように思われるかもしれない。しかし，これは逆に考えると，どんなふうにすれば，相手がよりダメージを受けるのかということもより深く考えられるようになることも意味しており，いじめを深刻化させる力にもなりえる。またこの力を教師との関係に用いれば，「加害者である私が被害者であるあの子のことをどう思っているか，先生はどう思っているか」も考えられるようになるため，巧妙にいじめを隠すことも可能になる。

　このとき，教師をはじめとした周りの大人がまったく当てにならず，誰かをいじめなければ，いつ自分が被害を受けるかわからないような状況であれば，その力を悪い方向に使う者も増えるだろう。逆に教師が頼りになり，困ったと

きには必ず助けてくれる，また相手の気持ちを考えて，相手のためになるような行動をすれば，周りもそれを積極的に認めてくれるような状況であれば，その力を良い方向で使おうとする者も増えるだろう。

ここにはポイントが二つある。一つは，発達とはそもそも良いものでも，悪いものでもなく，状況との関係によって良くも悪くもなり得るということである。そして二つは，いじめという問題も，発達という視点からみると，そこに何か問題があるから起きるというよりも，子どもが発達しているからこそ起き，かつ深刻化する問題であるということである。

（3）いじめへの心理教育的アプローチと問題点

しかし，これまでのいじめへの心理教育的アプローチには，上記の発達的なアプローチとは異なり，いじめが起きる，あるいは深刻化するのは，子どもの発達に何か問題があるから，あるいは未熟だからという視点から考えられているものも多い。例えば，現在，学校現場でいじめ対応としてとられる心理教育のひとつに援助要請スキルを高めるアプローチがある。すなわち，多くの子どもはいじめ被害にあったときに「助けて」と援助を求められない，したがって，いじめ問題を解決するためには，援助要請を適切に出せるスキルを育てる必要があるというアプローチである。実際，東京都教職員研修センター（2014）が行った調査でも，いじめ被害に遭いながらも，教師に相談しなかった者が小学生で約4割，中学生で約5割いることがわかっている。したがって，援助要請スキルを上げ，子どもの「助けて」を引き出し，教師がそれを受け止めることは，いじめの解決にとって重要なことであると思われる。

しかし，このアプローチにはいくつか問題がある。一つは，このアプローチでは子どもが助けを求めれば，教師はいじめに有効に対応できるということが前提になっているが，はたしてそうだろうか。例えば，先の東京都教職員研修センター（2014）の調査でも，いじめ被害に遭いながら，教師に相談しなかった者の75.4%が，その理由として「被害が悪化するから」と答え，54.3%が「誰かに言ってもいじめは解決しないから」と答えている。つまり，多くのい

じめ被害に遭った子どもたちが，教師の問題解決スキルに疑問をもっているのである。

　関連して二つめは，教師がいじめを認知しながら，それに有効な対応ができなければ，それは直ちに自殺を含むいじめの深刻化のリスクに転ずる可能性があるからである。例えば，松本（2016）は，教師がいじめを認知しながらそれに対処できない場合，それが自殺につながるリスクがあることを指摘している。というのも，「教師が（いじめに）気づきながらも何らかの対応策をとらないのは，加害者に対して『お墨付き』を与えることにつながる」からであり，また「いじめ被害者の絶望も教師が気づいてからのほうが深刻ではなかろうか。なぜなら，気づいても助けてもらえないことが明確になるからである」。さらに加藤・太田・藤井（2018）も，小中学生約3万9千人を対象に，いじめの深刻化を被害・加害の発生頻度の観点から検討し，いじめ深刻化のリスク要因として六つの要因を明らかにしている（表5.1）。そして，その中の3番目の要因として，「教師がいじめの事実を認知していながら，問題が解決に向かっていないとき」を指摘している。つまり，被害者が教師に相談したとしても，教師が有効に対応することができなければ，被害を受ける頻度が上がり，よりいじめが深刻化する可能性があるということである。

　最後は，発達の問題である。深刻ないじめが生じる思春期には，反省的思考やメタ認知が発達し，「自分が考えていることを考えられる」ようになる。こ

表5.1　いじめを深刻化させるリスク要因

1．加害者にいじめの被害経験があるとき

2．学級崩壊や学級の荒れが起きているとき

3．教師がいじめの事実を認知していながら問題が解決に向かっていないとき

4．被害者にいじめの加害経験があるとき

5．加害者が教師との関係が良くないとき

6．被害者が教師との関係が良くないとき

※深刻化とはいじめの被害・加害の発生頻度が高まることを意味している。
出所：加藤・太田・藤井（2018）

のことは深い認識を可能にする一方で，「悩むことに悩む」という形で悩みをより深くさせることも知られている（加藤・岡田 2019）。いじめとの関連でいえば，「こんなことに悩んでいる自分に悩む」（例えば，「いじめなんかで悩む自分を見せたくない」）という形で，援助要請を抑制する方向で働く。つまり，思春期の発達が順調に進んでいればいるほど，いじめの被害に遭った際に，それを誰かに相談することが難しくなるということである。

　以上をまとめると，発達的にみて被害者は相談しにくくなる一方で，相談したとしても教師がうまく対応できない場合，被害者の援助要請スキルを高めることは逆に被害の深刻化を招くリスクすらあるということである。したがって，いじめ問題を考えるためには，被害者を変えようとするよりも前に，まずは教師のいじめ対応スキルの実態を把握し，その向上を目指すことが重要になる。そこで以下では，まず被害者が教師に援助要請を出した場合，どの程度いじめが解決しているのか，その実態をみていく。そしてそのうえで，解決が難しい場合，どのような対応の工夫が必要になるのかを検討する。

（4）教師への援助要請の効果

　以下では，小学校 17 校の 5・6 年生，中学校 7 校の 1 〜 3 年生，約 4 千人を対象とした調査の結果をもとに（加藤 2019），教師への援助要請と，その効果についてみていく。この調査では，いじめの被害の様態について「仲間はずれや無視された」「ものを取られたり，かくされたりした」「かげで悪口をいわれた」「殴られたり，蹴られたりした」「直接，悪口やイヤなことをいわれた」「パソコンや携帯電話，スマホを使って嫌なことをされた」「遊ぶふりをして軽く叩いたり，押されたりした」「服を脱がされたり，性的な嫌がらせを受けたりした」の計 8 項目について，過去 3 ヶ月以内にどれくらい経験したか，「まったくない―1 度くらいある―月に 1 度くらいある―週に 1 度くらいある―週に何度もある」の 5 段階で回答を求めている。そして，そのうえで被害を受けた際に教師，保護者，あるいは友だちに相談したか，特に何もしなかったかについてもたずねている。その結果，教師へ相談した者と特に何もしなかっ

表 5.2　いじめ被害と援助要請

	先生に知らせた	特に何もしない
小 5	31.1（31.5）%	25.6（27.2）%
小 6	23.1（36.4）%	38.5（31.8）%
中 1	16.5（25.7）%	38.8（35.7）%
中 2	15.2（22.4）%	45.3（40.3）%
中 3	16.5　（9.5）%	47.3（59.5）%

（　）内は深刻事例
出所：加藤（2019）より作成

た者の割合を示したものが表 5.2 である。

　①いじめ被害と援助要請

　表 5.2 の数値は過去 3 ヶ月に上記 8 項目のいじめについて一つでも「1 度くらいある」以上を回答した者の中で教師に相談した者，特に何もしなかった者の割合を学年別に示している。また（　）内の数値は，上記 8 項目のいじめについて，一つでも「週に何度もある」を回答した者の割合を示している。したがって，（　）がついていない数値は，いじめ被害を受けた者全体，（　）内の数値は，特に深刻ないじめを受けた者，すなわち深刻事例の値を示している。

　表 5.2 からわかることは，援助要請には学年差があるということである。具体的には，学年が上がるにつれて，教師に助けを求める者の割合は減り，特に何もしない者の割合が増えることがわかる。また，深刻な事例でその傾向が顕著である。つまり，子どもたちがいじめの被害に遭いながらも，「助けて」と言えないことの背景には，単にスキルの未熟さの問題があるというよりも，先にも指摘したとおり，発達により援助要請行動が抑制されやすくなる可能性があるということである。

　②教師への援助要請と問題解決

　それではいじめの被害を教師に相談した場合，どれくらい解決されるのか，あるいは解決の方向に進んでいるのだろうか。それを調べるために，いじめ被

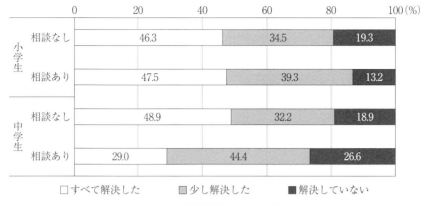

図5.2　教師への援助要請とその後の状況（全体）

出所：加藤（2019）より作成

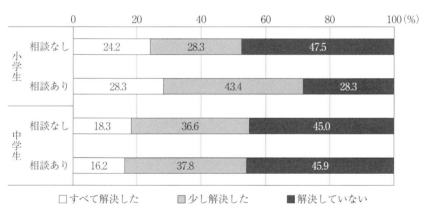

図5.3　教師への援助要請とその後の状況（深刻事例）

出所：図5.2に同じ

害に遭った者のうち，教師に相談した者（相談あり）としなかった者（相談なし）で，その後の状況を比較した。図5.2は過去3ヶ月で1度以上の何らかのいじめ被害に遭った者全体の結果であり，図5.3は「週に何度も」というより深刻ないじめ被害に遭った者に限った結果である。

　まず小学生では，全体をみると「解決していない」の割合が，相談なし群の

19.3%に比べ，相談あり群は13.2%と若干ではあるが少ない。また深刻な事例では，相談なし群の47.5%に比べると，相談あり群における「解決していない」の割合は28.3%と，顕著に（約20ポイント）少なかった。つまり，小学生では，教師に相談した方が，いじめが解決に向かう可能性が高く，より深刻な事例でその傾向が顕著にみられるということである。また教師に相談すれば，7割強から8割強のいじめが解決に向かって改善されていることもわかる。

　一方，中学生では，全体をみると相談なし群の18.9%に比べ，相談あり群のほうが26.6%と，「解決していない」割合が高い。また深刻な事例では，相談なし群と相談あり群では「解決していない」の割合はほぼ同等で，相談したとしても，「解決していない」割合は45.9%と事例の半数近くが改善に向かっていない。先にみた東京都の調査（東京都教職員研修センター 2014）における教師に相談しない理由，「被害が悪化するから」「誰かに言ってもいじめは解決しないから」というのは，このような事態を反映していると考えられる。

　以上をまとめると，小学生においては，児童の援助要請スキルを高め，教師への相談を促すことは一定程度，効果があると考えられる一方で，中学生では，その効果が期待できない，あるいは逆効果になる可能性すらあると考えられるということである。したがって，小学生では現状のままでも援助要請スキルを高めることで，ある程度いじめを解決していくことができると思われる。しかし中学生に関しては，生徒の援助要請スキルを高めるだけでは不十分であり，教師のいじめへの対応スキルの改善が求められるということである。

（5）いじめへの対応
　それではどのような対応スキルの改善が求められるだろうか。これまでの研究から教師にできることとしては，加害者との関わりを改善することと，いじめに対応する際の単位を上げることの二つが考えられる。

①関係の見直しと接触頻度の向上
　これまでのいじめ研究で繰り返し指摘されてきたことの一つに，加害者と教師との関係がよくないということがある（加藤 2011，大西 2015）。加えて，加

害児童生徒は，教師から話しかけられたり，挨拶されたりといった教師との接触の頻度が低いことも明らかになっている（加藤 2022）。つまり，いじめの加害者とは，いじめをすることができる時間がある者であり，その背景には教師との関係性の薄さや接触頻度の低さが関係していると思われる。したがって，いじめの被害状況をまず減らすためには，教師が接触頻度を上げることが考えられる。特に日本のいじめの場合，いじめが生じる時間帯は休み時間と放課後に集中していることが知られていることから（荻上 2018），その時間帯に加害者や被害者が，教師の目が届かない状況を作らないようにすることが肝要であると思われる。

　例えば，加害児童生徒がわかっているのであれば，長い休み時間に教師が彼らと一緒にいる時間を増やす。単に加害者の行動を制限するだけでなく，もし褒めることができるポジティブな場面での関わりを増やすことができれば，教師—生徒関係も改善され，それが中長期的にいじめの抑止効果を発揮することも期待できる。

　また，教育現場の多忙化を考えるなら，特定の児童生徒とじっくり関わることが難しいかもしれない。その場合は，学年の教師集団の方針として，加害児童生徒との関わりを増やすということを考える。例えば，加害児童生徒に挨拶をする回数を，1日1回でもよいので増やすということだけでも効果的があるかもしれない。というのも，加害児童生徒は，教師から目を掛けられていない，つまり，自分たちは見られていないと思っている可能性が高い。したがって，多くの教師が頻繁に声を掛けるようになることで，自分たちの行動は先生たちから見られているという意識が高まり，そのことによって加害行動が抑制されることが期待できるからである。これは万引き防止にも使われ，効果が確認されている方法でもあり（大久保・岡田・時田 2013），いじめに関しても同様の効果が得られる可能性は高いと思われる。

②対応の単位

　さらに深刻な事例への対応として，表5.1に示したようなリスク要因があるときには，対応の単位を見直すことである（加藤・太田・藤井 2018）。具体的

には，問題となっているケースにこのような要因がみられた場合，いじめが深刻化する可能性が高いため，それまでの対応方針の見直し，特に対応に当たる支援者の単位をあげるべきである。例えば，現在，いじめ防止対策推進法において，いじめへの対応は組織対応が原則であるが，上記のような要因がみられた場合には，その組織を学年を単位に学年全体の教師で対応に当たる，あるいは教師以外の専門職の支援を求めるといったように，対応する側の規模を大きくしていくことである。

　これまで教育現場では，いじめの深刻度の評価は，個々の教師の主観的な判断に委ねられることが多かった。表5.1に示したリスクアセスメント研究は，そうした状況に対して，なるべく客観的な指標で，対策を見直す必要性を提言するものである。現在，「どんなときに担任以外の教師も対応に当たるべきか」「第三者や外部機関の支援を求めるべきか」，あるいは「優先して早急に対応すべき事例か」等についての判断は，個々の教師や学校に任されている場合が多い。しかし，こうした状況は，子どもにとっても，教師にとっても不幸である。なぜなら，担任教師ひとりでは手に負えない場合であっても，責任感の強い教師であればあるほど，自分で対応しなければと抱え込むことになり，他の教師や第三者に助けを求めにくくなるからである。その結果，教師が認知しているにもかかわらず，有効な対応がなされないという，いじめをさらに深刻化させる状況が形成される。しかし，客観的な指標があれば，それに基づき，リスク要因がみられる場合は「担任の先生には申し訳ありませんが，先生ひとりが頑張って何とかなる局面を超えている可能性が高いので，他の先生からの支援，あるいは他の支援策が必要です」と外部の支援を入れる判断がしやすくなる。そして，このことは教師を守ることにもつながるとも考えられる。というのも，現場の事例を見聞きしていると，担任教師が孤立無援の中で，児童生徒やその保護者からの非難の対象となり，休職に追い込まれるようなケースも少なからずあるからである。

（6）おわりに

　最後に，本節では，いじめに関して援助要請という被害児童・生徒のスキル
の向上を目指す従来の心理教育的アプローチよりも，まず教師のいじめへの対
応スキルこそを問題にすべきだと主張してきた。しかし，このことを通して，
現在の教師のいじめへの対応能力不足を批判したいわけではない。そうではな
く，現状の学校制度の中で，いじめに対応するとは，専門性を有した教師で
あったとしても，非常に難しい課題であるということを再度投げかけたいので
ある。なぜなら，いじめとは決して発達や能力が劣る子どもによって引き起こ
される問題ではなく，子どもが発達していく中で新たに獲得する力を十全に，
かつ集団的に使うことによって可能になっている現象だからである。したがっ
て，それは教師個々人の努力でどうにかなる範囲を超える場合もありえるとい
うことを想定したうえで対応すべき課題である。

　これまで私たち研究者も含め，多くの教育関係者は，教育実践を語る際に
「○○学級の実践」や「○○先生の生徒指導」という形で，教師個人を単位に
して語ることが多く，「あの先生が担任の場合はよかったが，別の先生が担任
の場合はよくなかった」と，その成否の原因も教師個人の力量に還元されて語
られることが多かった。しかし，それは子どもから見れば，教師次第で対応が
変わるということであり，不公平な状況である。特にいじめは子どもの命に関
わる問題である。そのため，その対応が担任次第という状況は避けなければな
らない。したがって，特定の教師だけが責任を負うのではなく，いじめ防止対
策推進法に明記されているように組織として対処することを基本として，対応
策を組んでいくべきである。このように考えるなら，子ども以上に教師が，周
囲に向けて「助けて」と言える援助要請スキルを身につけるとともに，そうい
う声を気軽に出せる同僚・管理職による職場の環境づくりが重要になると思わ
れる。

2 教育社会学からみたいじめ・問題行動

(1)「逸脱」の問い方——実体主義と構築主義

　教育社会学がいじめ・問題行動にどのように接近するのかを本格的に考えるには，理論としての逸脱の社会学を解説するところから始めるべきかもしれないが，ここでは具体的に考えてみたい。「逸脱」とは何か。この問いに対する向き合い方のひとつは，対象とする逸脱現象の性質・原因・対策を検討するものである。例えばいじめについて，現代は陰湿化しており，早期発見して未然防止するために教員の意識を高めよう，あるいは子どもの規範意識の低下が問題であるため道徳教育を強化しよう，といった具合である。なじみ深い発想ではあるが，それらの対策はいじめ問題を収束に向かわせてきただろうか。

　答えが否であるならば，まずは対策の実行が不十分なためと考えられるかもしれない。あるいは，「陰湿化」や「規範意識の低下」などの現状理解が曖昧で不十分であり，その解明が学術研究に期待されるのかもしれない。社会学ならではの視点としては，加害者と被害者の二者関係ではなく学級の「四層構造」（森田・清永 1986）にいじめの性質や原因さらには効果（被害の重さ）を見出した知見が，いまや広く知られる。また，皆がいじめに気づくほど学級は一枚岩でもなく，そもそも生徒集団は「スクールカースト」（森口 2007，鈴木 2012）によって分断されているとの知見も広く知られている。これらの知見に基づくならば，傍観者を含めた学級集団全体に対する指導や，人間関係に「カースト」を見出すような規範意識の低下に抗する道徳教育が必要であるなどと，社会学がいじめ対策に資することも可能である。しかしながら，いじめ問題が収束に向かわないのは，対策の実行や現状理解が不十分という理由からだけではなさそうなのである。

　「逸脱」の問い方は，対象とする逸脱現象が客観的に実在するものとして自明視する実体主義に限られるものではない。「逸脱」とは現象に対する評価の結果として存在するものであり，人々が相互行為を通じて構築するものであるとみなす構築主義の立場もこの20年でずいぶん知られるようになった。いじめについていえば，いじめ「一般」，例えば「現代のいじめ」について誰でも

語ることができそうであるが，その語られ方こそが「現代のいじめ」なるもの
を構築するのであり，語り方の詳細を問わずに一足飛びにその性質や原因や対
策を論じることはできない。あるいは個別のいじめについてもまた，関係当事
者間の相互行為を通じて「いじめ」であるという現実，そしてある人物が「い
じめ被害者」であるという事実が構築される。構築主義はそのような立場をと
る。

　このような構築主義の立場は，その理論的出自の一つであるラベリング論同
様に，いくつかの点で誤解されてきた。代表的なものとしては，問題の改善に
資するための実態調査に対して，構築主義は「批判はするがそれ止まりであ
る」というものである。本節を終えるまでにはこの誤解を解ければと思う。

（2）いじめ理解のパターナリズム
①定義問題と認知問題
　いじめ問題の何が問題かと大学生に尋ねると，「定義が曖昧である」という
意見が少なからず挙げられる。だが，詳細は省略するが，文部科学省が 2006
年度分調査（「児童生徒の問題行動等生徒指導上の諸問題に関する調査」）以降使用
する定義，ならびに 2013 年いじめ防止対策推進法（以下，「いじめ法」）の定義
それ自体は明確である（「被害者主権」（間山 2011）に関して議論の余地があるも
のの）。大学生の意見をよく聞くと，曖昧なのは定義ではなく，たいていは具
体的ないじめをいかに認知すべきかの方である。

　だが，この認知問題に対しても文部科学省は「対応済」である。じつは，2016
年は地味ながらいじめ施策が一つの到達点に至ったといえる年であった。「い
じめの正確な認知に向けた教職員間での共通理解の形成及び新年度に向けた取
組について（通知）」が文部科学省から全国小中高等学校に通知され，その主
旨に沿って多数の事例を示した「いじめの認知について」も文部科学省ホーム
ページに公開された。前者の通知・後者の資料は，ともに実際に学校現場に浸
透したとまでは言い難いが，これらが公的に示された事実は軽視できない。

　これら施策は例えば資料 5.1 に現れるように効果を及ぼしつつある。

資料 5.1　文部科学省によるいじめ認知の「手引き」の影響

神戸新聞 NEXT（2019 年 6 月 8 日配信）
　　教えて泣いたら「いじめ」県教委のチラシに保護者ら戸惑い

> 「A 子は算数の時間に，問題を一生懸命解いていた。しかしあと一歩のところで解けずにいた。隣の席の算数が得意な B 男は，A 子の困っている様子を見て，解き方と答えを教えた。A 子はくやしくて泣きだした」。

　兵庫県内の学校で今春，これを「いじめ」の一例とするチラシが配られた。保護者らからは「これがいじめ？」「むしろ良いことでは？」と戸惑いの声も。

（兵庫県教委へのインタビュー）
―なぜ，このチラシを？
　内容自体は兵庫県が独自に考えたのではなく，文部科学省が 2016 年に出したいじめ認知の手引きで，学校がいじめ事案として対応すべき事例として紹介されたものです。（―以下略）

兵庫県教委が作成したいじめ防止のチラシ

　続く記事の中で兵庫県教委は，「単純に『教えてあげる＝いじめ』ではありません。ですが，教えられた子がすごく嫌だと感じ，日常的に勉強ができないとからかわれるなど両者や集団内の関係性によっては，心の傷を負わせ，深刻な『いじめ』につながることもある」ため，「一見いじめと思えないことも『いじめの芽』として対処することが求められています」という。

　もっともなことだと共感できるだろうか。この姿勢は先に触れた「いじめの認知について」（文科省いじめ防止対策協議会 2016 年 10 月 12 日配布資料）に，より明確に表れている。この資料では，いじめ法におけるいじめ定義（（ア）一定の人的関係にある他の児童が，（イ）心理的又は物理的な影響を与える行為であり，（ウ）児童が心身の苦痛を感じているもの）を正確に解釈して認知を行えば，社会通念上のいじめとは乖離した，①「ごく初期段階のいじめ」や，②「好意から行ったが意図せず相手を傷つけた場合」等もいじめとして認知することと

なる，と解説されている。いくつか事例を紹介しておきたい。

「こんな問題もわからないの」と言ってショックを与える行為や滑り台の順番を抜かされて悲しい顔をする子どもがいる事態を上記①とみなし，「友達と積極的に話した方がいい」という「助言」で傷つけてしまった事例や「入試に合格するためにゲームを止めるよう繰り返し注意」した事例を②として位置づけている。「算数の問題の解き方と答えを教えて泣き出した」事例も，いじめ法の定義（ア）（イ）（ウ）に合致するためいじめとして認知すべきだが，「いじめという語を使用しないで指導すべき事例」であるという。

次の事例も示されている。クラス内の二つのグループが相互にネット上で悪口を言い，一方がいじめを受けていると主張し，もう一方も自分たちの方がひどいことを言われていると主張したが，同程度の悪口の言い合いだったため（教員は）「けんか」と判断したという事例である。この事例もやはりいじめの認知漏れの例である。「けんか」とは突発的に発生し短時間で終わるものであり，この事例は「双方向のいじめ」ととらえるべきだというのである。資料は，それぞれの事態を軽視せず重大な事案に発展するおそれがあるものとして取り組みなさい，と学校現場を指導している。

学校現場がこの種の指導を額面通りに受け取るわけがないとの指摘もあるかもしれないが，次のことを確認しておきたい。児童生徒に対して「いじめという語を使用しないで指導すべき事例」という表現に学校現場の柔軟な対応を認めるニュアンスがうかがえる一方，それでもやはりいじめとして認知せよという指導は，当事者である児童生徒を積極的に「加害−被害」関係としてとらえよという指導であるということである。この指導は，児童生徒を対等な関係のもとで自らトラブルを解決する主体としてまなざすのではなく，トラブル解決の客体としてまなざす姿勢を意味する。言い換えれば，児童生徒をいじめ対策の客体として位置づける姿勢を従来よりも強化するものである。いじめ施策の到達点はこのように理解することができる。

②実態調査結果の理解

いじめに関する実態調査結果の理解もまた，この到達点とパラレルのように

思える。それは例えば，「いじめがあった時『いじめる方が悪い』と考える子どもが中学，高校で半数にも満たないことが，民間団体の調査で分かった」（『毎日新聞』2006年11月7日）などという報道記事の表現などにしばらく前から現れていた。しかしながら，このように子どもの考えを否定する前に，まずはあらためて「子どもの声」に耳を傾けるべきではないか。

研究調査レベルでは，小学生が「いじめる理由」に関して，久保田（2003）が「相手に悪いところがあるから」という回答が6割を超えることを指摘し，酒井（2010）もまた「いじめられる人にも悪いところがある」という回答が6割に達することを指摘している。中学生が「いじめる理由」に関しても，石川（2010）が，「いやがらせをする人に問題がある」という回答（36.4%）の一方で，「いやがらせをされる人に問題がある」という回答結果（23.5%）を指摘している。

自治体が実施する近年の調査においても，同様の結果が報告されている。大津市が市立小中学校児童生徒を対象にした「平成28年度 いじめについてのアンケート【調査結果報告書】」（2016年）では，「どんな理由があっても，いじめは絶対にいけないことだ」に94.4%の小中学生が「そう思う」「ややそう思う」と回答する一方，「いじめられる人にも原因がある」に6割の小中学生が「そう思う」「ややそう思う」と回答している。いじめの「理由」や「原因」に対する子どもたちの認識の根強さを示しており注目に値する。

金沢市の調査（2017年）でもこの認識の根強さが示される。「『いじめられる人にも悪いところがある』との設問に，『思う』と答えた小学生は全体の29.1%。『思わない』34.1%，『分からない』36.8%だった。中学生では『思う』が35.5%と小学生に比べて多く，『思わない』は逆に18%と少数派。『分からない』は46.5%だった」（「毎日新聞」地方版／石川 2017年1月26日）。問題はこうした調査結果をどう理解するかである。記事には続きがある。市教委学校指導課長は「『どんな理由でもいじめは悪く，「思わない」が望ましい選択だ』と強調」（傍点引用者）したと記事は報じている。

再び大津市の調査（2016年）について，あるクロス集計の結果（図5.4，図

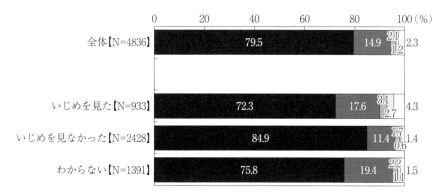

図 5.4 「いじめは絶対にいけないことだ」という認識

出所：大津市（2016）「平成 28 年度 いじめについてのアンケート【調査結果報告書】」

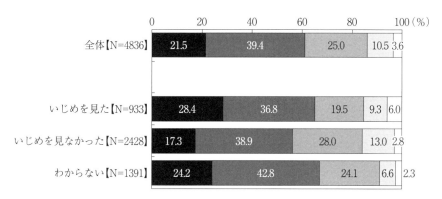

図 5.5 「いじめられる人にも原因がある」という認識

出所：図 5.4 に同じ

5.5）を参照してみよう。前年のいじめの目撃経験といじめの認識についてである。「いじめは絶対にいけない」「いじめられる人にも原因がある」と思うかどうかに関する回答は，ともに「いじめを見た」リアルな当事者としての児童生徒の方が「望ましい選択」を行っていない。大津市調査がそうしているわけではないが，こうした「声」を規範的に封じて，子どもを単に指導の客体とみ

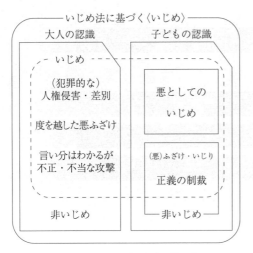

図5.6　いじめをめぐる現実認識の違い

なすパターナリスティックな姿勢には無理があるのではないか。

③現実認識の違い（リアリティ分離）に向き合う

以上から示唆されるのは，「大人」のいじめに関する認識と「子ども」のそれには「違い」があるということである。子どもの認識をはじめから未熟なものとみなして「指導」する発想に向かう前に，まずはいじめをめぐる現実認識の違い（リアリティ分離）を出発点としている議論がある。子ども社会独自の「掟」と「制裁」のありように目を向け，それを「子ども法」と呼んで検討する村瀬（2018）は，いじめがエスカレートする要因を理解するには，大人社会の規範意識や道徳観を押しつけるのではうまくいかないという。「そこのところを道徳観の欠如といった発想で理解しないことです。（略）道徳の欠如からそういう陰惨ないじめをしているのではなく，自分たちの掟に沿って違反者に罰＝制裁を加えているという『正義の意識』がある」（p.74）と指摘するのである。この現実認識の違いは図5.6のように図式化できよう。

この分類は，規範としての「大人」「子ども」を想定したあくまで便宜的な分類であるが，まず，子どもが「悪としてのいじめ」を「何があってもいけない」と考えるのは自然である。だが，実際のトラブルにおいて，大人が，「ふざけ・いじり」や「正義としての制裁」を含めて「いじめ」と括る事態（図の点線範囲）には，それが加害者とされる子どもや周囲，さらに場合によっては被害者のはずの子どもでさえ違和感を感じる，あるいは面従腹背の姿勢をとることがあり得る。この「ズレ」こそがいじめ指導の最大の課題ではないか。

この認識のズレが，子どもたちがアンケートに対してでさえわざわざ「望ま

しい選択」をしない結果に現れるのであり，また，実際のいじめ対応に教師が苦慮する点でもあろう。村瀬（2018）は，大人がいじめとみなす「正義の制裁」に直面するわれわれ社会が子どもに促すべきは，「子ども法」を「大人法」，つまりわれわれ社会の法へと変換していくことであるという。それは，単に「大人法」を子ども社会に適用することによってではなく，「法の人」を育てる営為の中で成し遂げられるというのである。いじめの現場にいるのは子どもであるという当たり前の事実から，いじめを「早期発見」できるのも，そして解決する力を身につけていくべきも，やはり子ども自身のはずであり，「大人」が「いじめをさせない」のではなく，子ども自身がいじめにならないように人間関係を築く力を身につける仕組みこそが必要だと論じるのである。

　この30年以上に及ぶいじめ施策の結果，「いじめダメ，ぜったい」などというスローガンは——ときにパロティー化されるほどに——言葉としては浸透したが，いざ具体的な出来事に直面すると，「いじめではなく当然の報い（正義の制裁）」などというかたちで「大人－子ども」間の認識のズレがあらわになる。だが，子どもに「相手が悪い」と考えさせないのは困難である。子どもは「悪いと考える相手」に向き合う際，単に「いじめはいけない」ではなくどうすればよいのかこそを学ばねばなるまい。少なくとも，子どもはいずれわれわれ社会の正義を具現化する「法」に基づいてふるまえるようにならねばならない。では，「いずれ」とはいつまでか。村瀬（2018）は，少年審判に携わる家裁調査官の言葉をひきながら，この社会では14歳になると刑事責任（に準ずる責任）が問われることを，前もって子どもに伝える責任があるという。13歳＝中学1年生を終えるまでにこの社会の法を教えねば，「大人の責任」が果たされているとはいえなさそうだ。

（3）いじめ指導の法教育的展開

　いじめ理解のパターナリズムを批判するだけでなく，いじめ指導の新展開をいかに構想できるだろうか。法を教えれば不法を働かないと素朴に言えるわけがないが，近年注目される法教育の分野が示唆的である。なかでも2019年夏

に出版され大ヒットした『こども六法』（山崎 2019）は注目に値する。中学 1 年で六法全書を開いた著者は，「これを小学生の頃に知っていれば，自分で自分の身を守れたかもしれない」と後悔したことをきっかけに同書を構想したという。

　いじめ被害者が法律を武器に自衛すべきなどと述べたいわけではない。同書の大ヒットは，いじめを，学校・教師が発見・解決「してあげる」ものとしてではなく，子どもが加害者にも被害者にもならないように人間関係を築くために，子どもが自ら法律に学ぶ可能性への期待の表れではないか。同書を手にとると，法律条文をコミカルに示すイラストがまず目に飛び込んでくる。動物を登場人物として描いて出来事を具体的に示し，該当する法律条文は小学生でも理解できるように「翻訳」されている。いくつか例示してみたい。

　① 『こども六法』から

　（a）刑法第 208 条　暴行（p.38）（資料 5.2）

資料 5.2

出所：山崎（2019）p.38

「ケガをさせなくても暴行になる」との見出しのもと，ライオンが，トイレの上からウサギにバケツの水をかける様子が描かれ，下部には条文がわかりやすく翻訳されている。「当たらないように石を投げつけたり，水をかけたりするだけでも暴行だよ」とのインコの解説もある。「暴行」は法律用語として幅広い行為に適用されることが示される。

　（b）刑法第 202 条　自殺関与及び同意殺人（p.36）

「気軽に『死ね』って言ってない？」との見出しのもと，「こいつムカつく！！」「死ねってみんなで送っちゃおうぜ」とのワニとライオンのやりとりに，インコが「そんなこと絶対だめ！」と注意。下部で「6 か月以上 7 年以下の懲役か

禁錮とします」と条文が翻訳される。一定年代が気軽に使用する「死ね！」という表現が，刑法に反するものとして示される。以上からだけでも授業イメージが湧いてくるかもしれないが，もう一つ紹介したい。

（c）憲法第 31 条　法定の手続の保障
（p.172）（資料 5.3）

資料 5.3

出所：山崎（2019）p.172

「悪いことした人は，みんなでいじめていいの？」という見出しのもと，置き引きしようとしたタヌキをキツネとネコが殴る蹴る様子。インコが「いじめちゃダメー！！」と登場。下部には「すべての人は，法律に決められている手続きによらなければ，生命や自由を奪われたり，その他の刑罰を科せられたりしません」と私的制裁が禁止されている旨が翻訳され，インコが「仕返しはしちゃダメ！お仕置きは，国しかできないよ」と補足している。

なお，憲法第 31 条は本節が関心を払ってきた「いじめられる側に（も）原因がある」に直接関連している。この見解に大人が向き合う際に，単に「いじめはいけない」では面従腹背に陥りかねないし，私的制裁は「法律が禁止しているから」と指導するだけでも同じである。では，「いじめ」ではなく「正義の制裁」であるという子どもの論理に向き合うために何ができるのだろうか。

②法教育的な道徳授業実践

法と教育学会第 4 回大会（2013）のパネルディスカッション「法教育と道徳教育の対話」で，（当時）公立中学校教諭の中平一義は，道徳授業一般が重視する心情主義に法的なエッセンスを組み込む意義を，"なぜ" いじめがいけないのかを時間をかけて生徒に考えさせる点に見出し，次のように述べている。

その"なぜ"という部分を心情的なものだけにするのではなくて，ルールとしての道徳と，誰もが共有して守らねばならないルールとしての法が存在することを生徒に考えさせたいと思っています。(略) ただ気をつけたいのは，単純に法律の条文でいじめが禁止されているからという押さえではなくて，そもそも法がなぜ存在するのか，そういうところにつなげなければいけないと思っています。(吉田ほか 2014, p.124, 傍点引用者)

　子どもたちの論理，あるいは「子ども法」は，心情主義だけでも，また法律を根拠とするだけでも，揺らぐものではない。「大人法」への変換は，いわば「外」から「上から」のパターナリスティックな指導ではなく，「内」から「下から」時間をかけて行わねばならなそうである。『こども六法』は，子どもの興味を引きにくくかつ短時間ではなしえない法律学習の壁を飛び越え——「教科書」の役割について一般的に言われることになぞらえるならば——，法律を学ぶのではなく，法律で学ぶことを可能にしてくれる教材として期待できるのではないか。

　「内」から時間をかけて「大人法」への変換を行う。このことを考えるうえでも中平 (2015) が実践例を与えてくれている。中学校の道徳の授業概要を簡潔に紹介したい。いじめに関する事例資料 (資料5.4) を読み，「いじめ」と「そうでないもの」との違いを議論する授業実践を紹介しよう。

資料5.4

　あなたのクラスメイトにAくん，Bくん，Cくんがいます。その3人は，いつも仲良く遊んでいました。あなたも，その3人とよく話をする仲でした。
　ある日，Aくんが，Bくん，Cくんと (a) 遊ぶ約束を2回ほど破って別の子と遊びました。Aくんは2人に謝りましたが，2回も約束を破られたことに腹を立てたBくんCくんは，Aくんと (b) 3日間ほど口をききませんでした。
　さらに，Bくんはクラスのみんなにも呼びかけて，その後，1週間にわたりクラスの全員でAくんを無視することにしました。Bくんは，あなたにもA君を無視しようと持ちかけてきました。

(中平 2015, p.64。下線と (a) (b) は引用者による加筆)

この資料5.4に対する生徒の実際の意見は多様である。下線（a）をいじめとする意見もあれば，下線（b）もいじめとけんかとで判断が分かれる。それらを受けて弁護士が，①手段の相当性，②平等性（公正さ），③手続きの公平性という法的判断のフレームを示し，それらに照らすとどう評価できるのかを生徒に再検討させた（「正解」は示されない）。①手段の相当性を問うことで，（b）「口をきかない」という「制裁」の手段は適切か，「3日間」という「量刑」は妥当かなどと具体的に検討するのである。最後に，授業で得たことのまとめに入っていく。これ以上は検討できないが，いじめに関する法教育的な授業実践が展開され始めていることは確認できよう（cf.中平編 2020）。

（4）子ども社会の規範の再構築へ向けて

　昨年筆者は，いじめ授業プログラムの試行に取り組む機会を得た（間山2022）。公立中学校1年生3クラスを対象とした道徳授業3時間を実質的に運営することとなったのである。『こども六法』の紹介を導入とし，上記を参考に作成した事例（p.112「深い学びのための課題」3．参照）を中学生と大学生とで議論する活動が目指したのは，「相手が悪いから」という「いじめ」の理由がなぜこの（大人）社会では認められないのか，言い換えれば「なぜ私的制裁が法律で禁止されているのか」という問いに対する答えを生徒たちが考え合うことである。もちろん，学校教育実践に対する大学教員の参与にはさまざまな限界があり，結果は残念ながら（そして当然ながら），試行の域を出ないものであったが，法教育を活用したいじめ授業実践に参与し観察することを目指し始めたところである。

　最後に，教育社会学者としてこのような関心を抱いた経緯について述べることで本稿冒頭の問題に応えて本稿を終えよう。いじめ・問題行動などの「逸脱」に対する構築主義的な研究は，現状理解に対する「批判のための批判」に留まるものではない。実体主義的発想から導かれる「逸脱」の性質・原因の解明と対策が「上手くいく」のであれば結構なことであるが，「逸脱」が構築されるありように関心を向ける理由のひとつは，いかなる意味で「上手くいって

いる」と評価される，またはされないのかを批判的に検討するためである。そしてより積極的には，「逸脱」をめぐる人々の規範を再構築する可能性を模索するためである。

　いじめ問題をめぐっては，世論に後押しされた教育行政が学校現場を「指導」し，学校は児童生徒を「指導」してきた。現在，いじめ防止対策推進法の改正に向けて教員の懲戒規定の追加が検討され，また，加害生徒に対する厳罰化も議論されている（2022年の参院選における与党公約等を想起されたい）。学校現場における取り組みや教員の意識の「低さ」，そして児童生徒の規範意識の「低下」を，「外から」「上から」自明視してなされる「指導」のパターナリズムは，いじめ現象に何をもたらすだろうか。

　学術研究としての教育社会学の使命のひとつはこうした問題の記述・分析にあるが，本稿後半で示そうとしたのは，学級・学校などの子ども社会の規範の再構築に向けて一歩踏み出すことも教育社会学的なアプローチとして可能であるということである。

深い学びのための課題

1．「先生に言ってもどうせ解決しないと思うけど」と言って，いじめ被害を訴えてきた児童生徒がいた場合，教師は何をすべきだろうか。少なくとも，被害者，加害者，周囲の児童生徒への対応という視点から何ができるのかを考えてみよう。またそれ以外に必要な視点があれば，何が必要か考えてみてほしい。
2．学校現場および児童生徒に対するパターナリズムの問題性について，「いじめ」指導を事例に考えるとともに，それに抗するにはどうすればよいかも考えてみてほしい。
3．絶対言わない約束で聞いたＡとＢの「好きな人」を，Ｃが結果的にクラス全体に広めてしまい，ＡとＢに加え，同情したクラスの多数がＣを無視した。教師には何ができるだろうか。詳細（年齢や無視の期間，Ｃはその後どうしたかなど）をさまざまに設定しながら考えてみてほしい。

引用・参考文献

石川義之（2010）「いじめ被害の実態——大阪府立中学校生徒を対象にした意識・実態調査から」『大阪樟蔭女子大学人間科学研究紀要』9，155-184頁

荻上チキ（2018）『いじめを生む教室——子どもを守るために知っておきたいデータと知識』PHP新書

大久保智生・岡田涼・時田晴美（2013）『万引き防止対策に関する調査と社会的実践——社会で取り組む万引き防止』ナカニシヤ出版

大西彩子（2015）『いじめ加害者の心理学——学級でいじめが起きるメカニズムの研究』ナカニシヤ出版

加藤弘通（2011）「ネットいじめと生徒指導」『現代のエスプリ』526, 118-126頁

加藤弘通（2019）「いじめを受けている子のSOSを捉えた先のこと」『教育と医学』No. 788, 28-34頁

加藤弘通（2022）「中学生期のいじめSOSとその対応：第3回 いじめについて学校ができること」『中学保健ニュース』第1839号，2 - 3頁

加藤弘通・太田正義・藤井基貴（2018）「いじめ深刻化の要因の検討とアセスメントツールの開発」社会安全研究財団　2017年度一般研究助成　研究報告書

加藤弘通・岡田智（2019）『子どもの発達が気になったらはじめに読む発達心理・発達相談の本』ナツメ社

久保田真功（2003）「いじめを正当化する子どもたち——いじめ行為の正当化に影響を及ぼす要因の検討」『子ども社会研究』9，29-41頁

酒井亮爾（2010）「小学校におけるいじめ（4）」『心身科学』2，95-103頁

鈴木翔（2012）『教室内（スクール）カースト』光文社新書

東京都教職員研修センター（2014）「いじめ問題に関する研究報告書」http://www.metro.tokyo.jp/INET/CHOUSA/2014/02/60o2d100.htm（2020年8月1日最終閲覧）

中平一義（2015）「いじめに対して考える足場を形成する法教育実践研究」法と教育学会『法と教育』6，61-69頁

中平一義編（2020）『法教育の理論と実践——自由で公正な社会の担い手のために』現代人文社

松本俊彦（2016）「「いじめ」はいつ自殺に転じるのか」『臨床心理学』16（6），643-650頁

間山広朗（2011）「いじめの定義問題再考——『被害者の立場に立つ』とは」北澤毅編『〈教育〉を社会学する』学文社，98-126頁

————（2022）「法教育を活用したいじめ授業プログラムの試行」『神奈川大学心理・教育研究論集』第51号，131-139頁

村瀬学（2018）『いじめの解決 教室に広場を——「法の人」を育てる具体的な提案』言視舎

森口朗（2007）『いじめの構造』新曜社

森田洋司・清永賢二（1986）『いじめ－教室の病』金子書房

山崎聡一郎（2019）『こども六法』弘文堂（私家版，2015）

吉田俊弘・橋本康弘・堺正之・吉村功太郎・三浦清孝・中平一義・網森史泰（2014）「法教育と道徳教育の対話」『法と教育』4，104-130頁

第 6 章

道徳教育の指導と評価

1 道徳科の指導

（1）道徳教育の目標と育成が目指される道徳性

　学校における道徳教育は，学習指導要領によって規定される。そこでまず，学習指導要領（平成29年告示）に示される道徳教育の目標を確認しよう。第1章総則の第1の2で次のように定められている（以下，小中学校の異同は括弧内に示す）。

> 　道徳教育は，教育基本法及び学校教育法に定められた教育の根本精神に基づき，自己の（人間としての）生き方を考え，主体的な判断の下に行動し，自立した人間として他者と共によりよく生きるための基盤となる道徳性を養うことを目標とすること。
> 　　　　　　　　　　　　　　　　　　　　（文部科学省 2017a, p.17, 2017d, p.19）

　これによれば，道徳教育の目標は，端的には「道徳性」を養うことにある。それでは，道徳性とは何だろうか。『（小学校／中学校）学習指導要領（平成29年告示）解説　特別の教科 道徳編』（以下，学習指導要領解説）では，第2章道徳教育の目標の第2節において，道徳性とは「人間としてよりよく生きようとする人格的特性」であるとされ，それを構成する諸様相として「道徳的判断力，道徳的心情，道徳的実践意欲と態度」が挙げられている。そして，道徳的判断力は「それぞれの場面において善悪を判断する能力」，道徳的心情は「道徳的価値の大切さを感じ取り，善を行うことを喜び，悪を憎む感情」，道徳的実践意欲と態度は「道徳的判断力や道徳的心情によって価値があるとされた行動をとろうとする傾向性」であると，それぞれ解説されている（文部科学省 2017c, p.20, 2017f, pp.17-18）[1]。したがって，学習指導案のねらいを検討する際も，いずれの様相の育成に焦点を当てるのかを明確にするとよい（本書第7

章を参照）。

　では，そもそも「よりよく生きる」とか「善悪」とは何だろうか。これこそが「特別の教科　道徳」（以下，道徳科）の授業を通じて，「考え，議論する」ことで追究されねばならない（判断力が諸様相の冒頭にある理由も，この点から理解できる）。それゆえ道徳科では，何が善い・正しいことなのか（判断力），どうして善い・正しいことを大事にしたいと思うのか（心情），善い・正しいと表面的にはわかっていてもなぜできないのか，どうしたらできるようになるのか（実践意欲と態度）を，積極的に考え議論することが望まれる。

（2）道徳教育の計画

　学校における道徳教育は，道徳科だけで行われるものではない。先の学習指導要領の第1章の第1の2では，次のように述べられている。

> 　学校における道徳教育は，……「道徳科」……を要として学校の教育活動全体を通じて行うものであり，道徳科はもとより，各教科，（外国語活動，）総合的な学習の時間及び特別活動のそれぞれの特質に応じて，児童（生徒）の発達の段階を考慮して，適切な指導を行うこと。　　　　（文部科学省 2017a, p.17, 2017d, p.19）

　例えば，国語科において思考力や想像力を養い，言語感覚を豊かにすることは道徳的心情や判断力を養う基本となるだろうし，理科において栽培や飼育などの体験活動を通じて自然に親しむこと，また自然の事物・現象を調べる活動を通じて自然と人間との関わりを認識することは，生命の尊重や自然環境の保存・保全に寄与する態度の育成につながりうるだろう。さらに特別活動における学級や学校生活の集団活動や体験的な活動は，日常生活における道徳的な実践の指導を行う重要な機会と場であり，道徳教育において果たす役割は大きいと考えられる（文部科学省 2017b, pp.136-138, 2017e, pp.136-141）。このようにして，学校における道徳教育は「学校の教育活動全体を通じて」行われる（これは「全面主義」と呼ばれる）。他方で，こうした各教科や教育活動は道徳性の育成のみを目的としているわけではない。そこで道徳科には「要として」，各教科等における道徳教育を補い，深め，相互に関連させ発展・統合させる役割

資料 6.1　中学校における道徳教育の全体計画の例

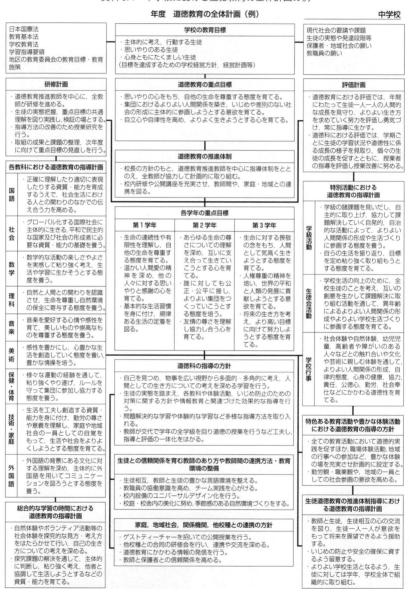

出所：教育出版「指導計画・評価関連資料——道徳教育の全体計画」（https://www.kyoiku-shuppan.co.jp/textbook/chuu/dotoku/document/ducu1/post-2018091892.html）より

資料6.2　中学校における道徳教育の全体計画の別葉の例

（第1学年）

道徳の時間	各教科等	数学	総合的な学習の時間	特別活動 学級活動	特別活動 生徒会活動	特別活動 学校行事
4月 (1) 1-(3) 自主自律『ネット将棋』(『私たちの道徳』P.22～31) (2) 2-(3) 真の友情『違うんだよ，健司』(『私たちの道徳』P.60～65) (3) 3-(3) 良心のめざめ『二人の弟子』(『私たちの道徳』P.120～131)	学習内容	「正の数・負の数」正，負の加法・減法の仕組みを理解する。	「郷土まち探検」自分たちが住む郷土について調べる探究的な学習を行う。	「1年生になって」目標の設定，学級組織づくりをして，中学校生活の充実を図る。	「生徒会オリエンテーション」生徒会の計画や運営について理解する。	始業式，入学式，身体測定，健康診断
	関連する道徳の内容項目	1-(4) 真理を愛する	4-(8) 郷土の発展に尽くした先人への尊敬と感謝の念	1-(2) 目標に向かう強い意志 4-(7) 学級・学校の一員としての自覚	4-(7) 学級・学校の一員としての自覚	1-(1) 基本的な生活習慣 1-(2) 目標に向かう強い意志
	『私たちの道徳』	P.32～37	P.200～205	P.16～21, P.194～199	P.194～199	P.10～15, P.16～21

（第3学年）

道徳の内容 ＼ 教科等	国語	社会	保健体育	総合的な学習の時間	特別活動	道徳の時間 資料	道徳の時間 『私たちの道徳』（活用ページ）
一 自分自身に関すること (1)望ましい生活習慣，健康，節度			運動，食生活，休養と睡眠，生活習慣病と健康（5月）		学級開き・組織づくり（4・10月），生徒総会議案審議（5・1月）	すてる思考の整理学	導入 P.10 終末 P.13
(2)希望，勇気，強い意志	故郷（9月）		喫煙，飲酒，薬物乱用と健康（6月）	総合発表会（12月）	目標づくり（4・10月），二学期に向けて（7月）	メッセージ〈松井秀喜〉（4月）	導入 P.16 終末 P.17
(3)自主・自律，誠実，責任		自由権，社会権，社会の変化と「新しい人権」（9月）	性感染症とその予防（9月）			ネット将棋（9月）	導入 P.22～23 終末 P.26
(4)真理愛，理想の実現		田中正造（4月）				『忘れ残りの記』より（7月）	導入 P.32 終末 P.35
(5)向上心，個性の伸長，充実した生き方			器械運動（10月）	生き方を考える（10-12月）	学校祭（9月）	メッセージ〈山中伸弥〉（10月）	導入 P.38～40 終末 P.41
二 他の人との関わり (1)礼儀	敬語（5月）		集団行動（4月）			Vサイン（4月）	導入 P.48～49 終末 P.53
(2)人間愛，思いやり		世界の平和のために（12月），よりよい地球社会のために（1月）				賢者の贈り物（12月）	導入 P.54～55 終末 P.56
(3)信頼，友情			ダンス（11月）			嵐の後に（11月）	導入 P.60～61 終末 P.62

注：文部科学省資料「私たちの道徳」の活用について示した全体計画の別葉の例。各教科における道徳教育に関わる内容及び時期を示している。グレー部分は「私たちの道徳」の活用に関する箇所。

出所：文部科学省「「私たちの道徳」活用のための指導資料（中学校）」（https://www.mext.go.jp/a_menu/shotou/doutoku/detail/1353662.htm）p.25

が与えられている（文部科学省 2017c, pp.10-11, 2017f, pp.8-9）。

　このことから各学校では，道徳教育の「全体計画」を作成し，校長の方針の下，道徳教育の推進を主に担当する「道徳教育推進教師」が中心となり，全教師が協力して道徳教育を展開することとされている[2]。全体計画は，学校における道徳教育の基本的な方針を示し，学校の教育活動全体を通じて道徳教育の目標を達成するための方策を総合的に示したものである。その役割は，学校の特色や実態および課題に即した道徳教育の展開を可能にすること，道徳教育の重点目標を明確化すること，要としての道徳科の位置づけや役割を明確化すること，全教師による一貫した道徳教育の組織的展開を可能にすること，家庭や地域社会との連携を深めること，などにある（文部科学省 2017b, pp.129-133, 2017e, pp.132-136）。資料6.1は中学校における道徳教育の全体計画の例である。

　また各学校では，全体計画に基づいて道徳科の「年間指導計画」を作成することとされている。年間指導計画は，道徳科の指導が児童生徒の発達の段階に即して計画的・発展的に行われるように組織された，全学年にわたる年間の指導計画である。その役割は，小学校6年間ないし中学校3年間を見通した計画的・発展的な指導を可能にすること，個々の学級において学習指導案を立案するためのよりどころ，学級相互・学年相互の教師間の研修などの手がかり，といった点にある。内容としては，各学年の基本方針，および各学年の年間にわたる指導の概要（指導の時期，主題名，ねらい，教材，主題構成の理由，学習指導過程と指導の方法，他の教育活動との関連など）が記される（文部科学省 2017c, pp.72-77, 2017f, pp.70-75）[3]。

　さらに他にも，各教科や他の教育活動などにおける道徳科の内容との関わりやその指導計画を一覧として示したものは，「全体計画別葉」と呼ばれる。資料6.2は中学校における道徳教育の全体計画の別葉の例である。

（3）道徳科の目標と内容項目

　先の道徳教育の目標をふまえて，道徳科の目標を確認しよう。学習指導要領

の第3章 特別の教科 道徳の第1において，次のように定められている。

> ……道徳教育の目標に基づき，よりよく生きるための基盤となる道徳性を養う
> ため，道徳的諸価値についての理解を基に，自己を見つめ，物事を（広い視野か
> ら）多面的・多角的に考え，自己の（人間としての）生き方についての考えを深
> める学習を通して，道徳的な判断力，心情，実践意欲と態度を育てる。
>
> （文部科学省 2017a, p.165，2017d, p.154）

　道徳性とその諸様相についてはすでに確認したので，ここでは「道徳的諸価
値についての理解を基に」という点に注目しよう。道徳科では，扱われる内容
が19〜22の項目として分類整理されており（これを「内容項目」と呼ぶ），それ
らを表すキーワードが付され，さらに四つの視点から分類されている。つまり
道徳科の授業では，こうした内容項目に含まれる諸々の道徳的価値を扱う。内
容項目の分類とキーワードは，表6.1の通りである。

　道徳科の年間の授業時数は35（小学校第1学年は34）であり，これらの内容
項目を各学年で一通り扱うことが求められている。また，教科書の各教材も，
内容項目との関わりから位置づけられている。

（4）道徳的価値と教材に向き合う

　道徳科の教科書については，「主たる教材として教科用図書を使用しなけれ
ばならないことは言うまでもないが，道徳教育の特性に鑑みれば，各地域に根
ざした地域教材（郷土資料）など，多様な教材を併せて活用することが重要」
（文部科学省 2017c, p.103，2017f, p.105）だとされている。つまり，主たる教材
としての教科書の使用とともに，多様な教材の開発と活用も推奨されている。
それゆえ，教師が「素材」を教育内容と結びつけて教材化する力量を形成する
こと，そして独自教材と教科書の使用を両立させることが求められる（荒木
2015）。

　また，教材が道徳的価値と出会うための手段であるならば，教師は，教材と
道徳的価値にじっくりと向き合い，「この教材で何を考えさせるのか」（文部科
学省 2017f, p.105）を明確にする必要がある。そこで最後に，小学校第5，6

表6.1　内容項目の分類とキーワード

	小学校			中学校	
	第1-2学年	第3-4学年	第5-6学年		
A　主として自分自身に関すること					
善悪の判断, 自律, 自由と責任	（1）	（1）	（1）	（1）	自主, 自律, 自由と責任
正直, 誠実	（2）	（2）	（2）		
節度, 節制	（3）	（3）	（3）	（2）	節度, 節制
個性の伸長	（4）	（4）	（4）	（3）	向上心, 個性の伸長
希望と勇気, 努力と強い意志	（5）	（5）	（5）	（4）	希望と勇気, 克己と強い意志
真理の探究			（6）	（5）	真理の探究, 創造
B　主として人との関わりに関すること					
親切, 思いやり	（6）	（6）	（7）	（6）	思いやり, 感謝
感謝	（7）	（7）	（8）		
礼儀	（8）	（8）	（9）	（7）	礼儀
友情, 信頼	（9）	（9）	（10）	（8）	友情, 信頼
相互理解, 寛容		（10）	（11）	（9）	相互理解, 寛容
C　主として集団や社会との関わりに関すること					
規則の尊重	（10）	（11）	（12）	（10）	遵法精神, 公徳心
公正, 公平, 社会正義	（11）	（12）	（13）	（11）	公正, 公平, 社会正義
勤労, 公共の精神	（12）	（13）	（14）	（12）	社会参画, 公共の精神
				（13）	勤労
家族愛, 家庭生活の充実	（13）	（14）	（15）	（14）	家族愛, 家庭生活の充実
よりよい学校生活, 集団生活の充実	（14）	（15）	（16）	（15）	よりよい学校生活, 集団生活の充実
伝統と文化の尊重, 国や郷土を愛する態度	（15）	（16）	（17）	（16）	郷土の伝統と文化の尊重, 郷土を愛する態度
				（17）	我が国の伝統と文化の尊重, 国を愛する態度
国際理解, 国際親善	（16）	（17）	（18）	（18）	国際理解, 国際貢献
D　主として生命や自然, 崇高なものとの関わりに関すること					
生命の尊さ	（17）	（18）	（19）	（19）	生命の尊さ
自然愛護	（18）	（19）	（20）	（20）	自然愛護
感動, 畏敬の念	（19）	（20）	（21）	（21）	感動, 畏敬の念
よりよく生きる喜び			（22）	（22）	よりよく生きる喜び

出所：文部科学省（2017c）pp. 26-27,（2017f）pp. 24-25 より作成。

学年の教科書に採用されている「手品師」を例にして，道徳的価値がもつ多様な側面を確認しつつ，その向き合い方について手短に考察しておこう[4]。

　「手品師」では，腕はいいが売れない手品師が，男の子に翌日手品を見せることを約束するものの，その晩に友人から大劇場への出演依頼を受ける。そこで手品師はどうするか迷うものの依頼を断り，翌日男の子に手品を見せる。この物語は多くの教科書で，「正直，誠実」を扱う教材として位置づけられている。ここでは特に「誠実」との関わりから考えてみよう。

　まず，道徳的価値には複数の理解がありうる。学習指導要領解説では，誠実はもっぱら「自分自身に対する真面目さ」として理解され，他者との関係は二次的に言及されている（文部科学省 2017c, p.30）[5]。この観点に立てば，手品師は友人の依頼に一度は迷うが，自分自身の気持ちに真面目に向き合った末に，依頼を断ったと解釈できる。この自分自身と向き合うことによる葛藤は，考え議論する論点の一つとなりうるだろう。他方で，誠実を他者に対する偽りのなさとしてとらえるならば，手品師は他ならぬ男の子との約束を遵守したとも解釈できる。このような複数の誠実の理解から，本当の誠実とは何か，誠実であるためにどうしたらよいかなどについて，迫ることができるだろう。

　次に，特に学年が上がると，一つの教材に複数の道徳的価値や葛藤が含まれることがある。「手品師」であれば，自己や他者に誠実であることと自らの夢や劇場・観客の利益との葛藤，あるいは，誠実と友人に対する友情や信頼との葛藤などが孕まれている。それゆえ授業では，どの葛藤においてどの道徳的価値を優先（または両立）すべきか，またそれはなぜなのか，発問次第でさまざまな意見を引き出す余地がある[6]。その際，物語や登場人物の心情の解釈だけでなく道徳的価値への考えや議論が深まるよう，注意せねばならない。

　このようにして，子どもの多様な意見を受け止め，またともに考える構えを作り，本書第8章以降で紹介される多様な方法を教材に有効に活かすためにも，教師自身が教材と道徳的価値に深く向き合うことが望ましい。

（1）道徳性の諸様相は評価できるのか

ここでは，道徳科（「特別の教科　道徳」）の評価について論じる。「道徳なんて評価できるの？」「道徳を評価すべきなの？」という疑問をもつ人もいるだろう。しかし，道徳科の授業が学習活動である限り，評価は不可欠だ。ここでは，このジレンマを踏まえつつ，道徳科の評価はどうあるべきなのかを考える。以下では，中学校の学習指導要領解説（文部科学省 2017f）をもとに示すが，小学校でも重要な点はほぼ同様である。

最初に，道徳科の目標は，表6.2のように設定されている。

表6.2　道徳科の目標

①道徳的諸価値についての理解を基に
②自己を見つめ，物事を広い視野から多面的・多角的に考え，人間としての生き方についての考えを深める学習を通して
③道徳的な判断力，心情，実践意欲と態度を育てる

各教科等では指導と評価とを一体化することが求められている。したがって道徳科でも，他教科と同様に指導したことを評価する必要があろう。道徳科の目標は，生徒の「③道徳的な判断力，心情，実践意欲と態度を育てる」ことである。では，道徳的な判断力，心情，実践意欲と態度は，それぞれ別のものとして評価できるのだろうか。

学習指導要領解説では，道徳性の諸様相すなわち道徳的な判断力，心情，実践意欲と態度のそれぞれを分節して観点別に評価することは適当でないとされている。

> 道徳性の諸様相である道徳的な判断力，心情，実践意欲と態度のそれぞれについて分節し，学習状況を分析的に捉える観点別評価を通じて見取ろうとすることは，生徒の人格そのものに働きかけ，道徳性を養うことを目標とする道徳科の評価としては妥当ではない。　　　　　　　　　　　　　　（文部科学省 2017f, pp.111-112）

他教科では「知識・技能」「思考・判断・表現」「主体的に学習に取り組む態

度」の3観点で評価を行う。それに対して道徳科では，「人格そのもの」に働きかけるため，そうした観点別評価はふさわしくない（文部科学省 2017f, p. 112）。道徳的な判断力，心情，実践意欲と態度はそれぞれ独立したものではなく，相互に関係し合っており，切り分けられないものだからだと考えられる。

　上述のように，道徳性の諸様相を分節することは難しい。それに加えて，道徳性の諸様相が全体として育っているかどうかについても，見取ることは難しい。学習指導要領解説にも「このような道徳性が養われたか否かは，容易に判断できるものではない」（文部科学省 2017f, p.111）と書かれている。そもそも，道徳教育は学校の教育活動全体で行うとされている。道徳性の諸様相も，道徳科の授業だけではなく，学校全体で行う道徳教育を通じて養われるものである。

　したがって道徳科では，道徳性の諸様相そのものを評価するわけではない。これについて西野真由美は子どもの内面や道徳性そのものを直接評価するわけではないとしている（西野 2017, p.147）。例えば，道徳科では通知表に「A さんはクラスの友達を思いやろうとする実践意欲をもつようになりました」などとは書かないということだ。

　道徳科における評価は，道徳科の授業を行った結果として見られた「学習状況や道徳性に係る成長の様子」（文部科学省 2017f, p.109）を見取るべきである。これについては（3）で論じる。

（2）価値理解をどのように評価すべきか

　表6.2の通り，道徳科の目標には「①道徳的諸価値についての理解を基に」とある。ならば，価値理解を評価してもよいのではないかと考える人もいるだろう。実際，道徳が教科化される際にも，道徳性を数値で評価するのか，という誤解が一部で生じた。しかし道徳科では，価値理解については数値で評価はせず，記述式で評価することになっている。

　また，「授業に対する評価」としては一定の価値理解を促す授業になっていたかを評価することは許されるとしても，「生徒に対する評価」としては，価値理解を到達目標としては評価すべきではないと筆者は考える。その理由は，

表6.3　価値理解を到達目標として評価すべきではない理由

①事実や知識から，直ちに道徳的判断を導き出すことはできない。それゆえ，価値理解と生徒本人の道徳的判断や納得解の間には必然的に隔たりがあること。
②道徳的判断や納得解は，個々人の体験・経験の違いや生得的資質の違いによって差が生じること。つまり価値観の多様性。
③上記①・②に基づき，価値理解と道徳的判断は，あくまで方向目標とすべきであり，到達目標とすべきではないこと。
④たしかに，道徳的価値についての単なる「観念的」（文部科学省 2017f, p.15）な理解は一定の読解力があれば達成できるので，評価できる。しかし，それをすると，生徒はワークシートなどに「観念的」な理解を記述するだけになり，いわゆる忖度道徳をもたらしうること。

表6.3に記した4点である。

　ここで①と④について補足しておこう。もし価値理解を評価しようとするとしても，価値理解の評価と生徒本人の道徳的判断の評価を区別しなければならないと筆者は考える。両者が曖昧であれば，教師が期待する発言や記述を子どもに暗黙に強制してしまう，いわゆる忖度道徳になりかねない。

　それゆえ，学習指導要領解説では，「個々の内容項目ごとではなく，大くくりなまとまりをふまえた評価とする」とされている。というのは，「内容項目について単に知識として観念的に理解させるだけの指導や，特定の考え方に無批判に従わせるような指導であってはならない」からだ（文部科学省 2017f, p.112）。

　「内容項目について単に知識として観念的に理解させるだけの指導」について言えば，たしかに一定の価値理解に指導は不可欠である。しかし，「本来実感を伴って理解すべき道徳的価値のよさや大切さ」を「知識として観念的に理解させるだけの指導」は教え込みにつながり，教育効果がない。一方，「特定の考え方に無批判に従わせるような指導であってはならない」というのは価値観の押し付けに対する批判である。仮に授業で一定の価値観の獲得をねらうとしても，それに「無批判に従わせる指導であってはならない」（文部科学省 2017f, p.112）。

それゆえ，もし価値理解そのものを評価するならば，「今日の授業であなたがわかったことは何か」という価値理解の評価と，「では，あなた自身は○○（道徳的価値）についてどのように考えるか」という生徒本人の道徳的判断や納得解の評価を，明確に分ける必要があると筆者は考える。そのうえで，生徒に対する評価としては，教師が生徒に到達してほしいとねらいを定めた一般的な価値理解ではなく，あくまで生徒一人ひとりが自分なりに到達した納得解を評価すべきではないだろうか。そうでなければ，その評価こそが価値観の押し付けとなる。それゆえ，数値によって価値理解の程度に序列をつけたり，「○○について理解できていません」としたりする評価は厳に慎むべきだ。この点では，学習指導要領で規定されているように，「生徒がいかに成長したかを積極的に受け止めて認め，励ます個人内評価」（文部科学省 2017f, p.112）でなければならない。個人内評価とは，生徒のよい点を褒めたり，さらなる改善が望まれる点を指摘したりするなど，生徒の発達の段階に応じ励ましていく評価だ。表6.4では，道徳科における「指導と評価の一体化」の要点をまとめた。

表6.4　道徳科における「指導と評価の一体化」

学習の基盤	道徳的諸価値についての理解を基に ⇒基礎的な価値理解を基盤として押さえる必要があるが，道徳的価値に関する知識を評価するのではない。道徳的価値について観念的に，「知識として観念的に理解させるだけの指導」ではなく，道徳的価値の理解を自分自身との関わりの中で深めている」こと（文科省 2017, p.112）。
学習活動	自己を見つめ，物事を広い視野から多面的・多角的に考え，人間としての生き方についての考えを深める学習を通して ⇒これらの「学習活動」を重視して評価する（文科省 2017f, p.112）。
目標	道徳的な判断力，心情，実践意欲と態度を育てる ⇒これらの道徳性の諸様相を直接評価するのではない。

（3）「学習状況」と「道徳性に係る成長の様子」の評価とは何か

　以上，表6.2の「③道徳的な判断力，心情，実践意欲と態度」と「①道徳的諸価値についての理解」を直接評価することが適切ではない理由を見てきた。

そうなると，適切な評価は，表6.2の「②自己を見つめ，物事を広い視野から多面的・多角的に考え，人間としての生き方についての考えを深める」学習活動を重視してなされるべきである。

中学校学習指導要領には，道徳科の評価について次のように記載されている。

> 生徒の学習状況や道徳性に係る成長の様子を継続的に把握し，指導に生かすよう努める必要がある。ただし，数値などによる評価は行わないものとする。（下線は筆者）
> （文部科学省 2017d, p.158）

ここでの「学習状況」とは，表6.2の「②自己を見つめ，物事を広い視野から多面的・多角的に考え，人間としての生き方についての考えを深める学習」の状況である。道徳科ではこれを重視して評価するのである。

では，もう一方の「道徳性に係る成長の様子」の評価とは何か[7]。ここでは，「道徳性に係る成長の様子」を，「学習活動」に関わる成長の様子ととらえる。そして，「その学習活動を行う方法知を身につけたかどうか」という意味での成長に関わる評価と見なす。なぜなら，これまで述べてきたように，道徳科の授業の中で道徳性の諸様相の成長を直接見取ることは難しいからである。「道徳性の成長の様子」ではなく「道徳性に係る成長の様子」であるのは，こうした理由からだと筆者は考える。それゆえ，「学習状況」と「道徳性に係る成長の様子」は，ともに表6.2の「②自己を見つめ，物事を広い視野から多面的・多角的に考え，人間としての生き方についての考えを深める」学習活動に関わる評価となる。

> 評価に当たっては，特に，学習活動において児童が道徳的価値やそれらに関わる諸事象について他者の考え方や議論に触れ，自律的に思考する中で，一面的な見方から多面的・多角的な見方へと発展しているか，道徳的価値の理解を自分自身との関わりの中で深めているかといった点を重視することが重要である。このことは道徳科の目標に明記された学習活動に着目して評価を行うということである。（下線は筆者）
> （文部科学省 2017f, p.112）

では，学習活動をどのような視点から評価するのか。学習指導要領解説では，「一面的な見方から多面的・多角的な見方へと発展しているか」「道徳的価値の

表 6.5 「学習状況」と「道徳性に係る成長の様子」を評価する際の七つの視点

A：生徒が一面的な見方から多面的・多角的な見方へと発展させているかどうか
①道徳的価値に関わる問題に対する判断の根拠やそのときの心情を様々な視点から捉え考えようとしていること ②自分と違う立場や感じ方，考え方を理解しようとしていること ③複数の道徳的価値の対立が生じる場面において取り得る行動を多面的・多角的に考えようとしていること
B：道徳的価値の理解を自分自身との関わりの中で深めているか
④読み物教材の登場人物を自分に置き換えて考え，自分なりに具体的にイメージして理解しようとしていること ⑤現在の自分自身を振り返り，自らの行動や考えを見直していることがうかがえる部分に着目したりするという視点 ⑥道徳的な問題に対して自己の取り得る行動を他者と議論する中で，道徳的価値の理解を更に深めているか ⑦道徳的価値を実現することの難しさを自分のこととして捉え，考えようとしているか

出所：文部科学省（2017f）p.113

理解を自分自身との関わりの中で深めているか」という二つの視点を重視して評価を行うとされている。前者は，「物事を広い視野から多面的・多角的に考え」る学習と対応しており，後者は，「自己を見つめ」「人間としての生き方についての考えを深める学習」と対応している。

　この二つの視点は，「学習状況」と「道徳性に係る成長の様子」の両方にまたがるものだ。つまり，自己を見つめ，物事を広い視野から多面的・多角的に考え，人間としての生き方についての考えを深める学習活動を授業中に行っているかどうかという「学習状況」に関わる評価と，そうした学習活動ができるようになったかという「成長」に関わる評価の二つだ。

　さらに学習指導要領解説では，上の二つの視点が，表 6.5 の通り七つの視点に分けられている。道徳科の評価では，計七つの方法知を，一方では「学習状況」として，もう一方では「成長」として見取ることが望まれる。

　表 6.6 では，これまで説明してきた道徳科の評価の要点をまとめた。

　道徳科の評価では，「一面的な見方から多面的・多角的な見方へと発展しているか」，「道徳的価値の理解を自分自身との関わりの中で深めているか」という 2 つの視点を重視して評価を行う。この二つの視点は「学習状況」と「道徳

表6.6　道徳科の評価の要点

①数値による評価ではなく，記述式で評価すること
②個々の内容項目ではなく，大くくりなまとまりをふまえた評価 ※「大くくりなまとまり」とは？（大屋 2017, p.45） A：時間的な視点（複数時間ごと，月ごと，学期ごと，年間など） B：内容上の視点（A〜Dの各視点ごとのまとまり，内容相互の関連性や発展性）
③生徒がいかに成長したかを積極的に受け止めて認め，励ます個人内評価
④生徒が一面的な見方から多面的・多角的な見方へと発展しているか，道徳的 　価値の理解を自分自身との関わりの中で深めているか

性に係る成長の様子」の両方にまたがると述べたが，「学習状況」と「道徳性に係る成長の様子」の二つの評価をどのように区別したらよいのかについては，やや理解が難しいと思われる。この点については，今後の改善を期待したいところである。みなさんも，道徳科の評価がどのようにあるべきかについて自分自身で考えてみてほしい。

深い学びのための課題

1．道徳教育の目標と計画，道徳科の目標と内容について，本章で学んだ事項が学習指導要領および学習指導要領解説でどのように説明されているかを確認しよう。
2．第1節（4）「道徳的価値と教材に向き合う」を参考にして，「誠実」以外についても，教材を選んで道徳的価値がどのように含まれているかを分析してみよう。
3．現在の小学校や中学校では，道徳科の評価がどのように行われているのか，調べてみよう。
4．「道徳的な判断力，心情，実践意欲と態度」（道徳性の諸様相），児童生徒の道徳的価値についての理解（価値理解）を評価すべきか否か。理由とともに考えてみよう。そのうえで，仮に評価できるとすれば，どのような手法があるのか。それらが有すると思われる問題とともに考えてみよう。

注
1）学習指導要領において育成が目指される資質・能力の三つの柱と道徳性との関係については，荒木（2019）を参照。
2）道徳教育推進教師の役割や取り組みの詳細は，永田・島編（2010）を参照。

3）全体計画と年間指導計画の詳細については，貝塚（2009, pp.107-112）も参照。

4）文部科学省の教科調査官経験者による道徳的価値についての見解と解説については，赤堀（2021）や澤田（2020）を参照。以下の記述は，児島（2019, p.121）で示した見解を修正・簡略化したものである。

5）かつて思想史家の相良亨は，日本人の「誠実」には「真の他者性の自覚」が不在であることを指摘し，誠実の克服を主張している（相良 1998, pp. 4 -17）。

6）もちろん，教材が一定の価値判断を示している場合は多いが，それが問題含みの場合もある。「手品師」で言えば，手品師は誠実のために自らの夢や成功を犠牲にしなければならないのか，といった点である。この点に関して，日本学術会議（2020, pp.18-20）は，教師自身が自明視する道徳観や教科書に意図せず盛り込まれた暗黙の価値観を，反省的に検討する必要性を指摘している。

7）「道徳性に係る成長の様子」については， 2 通りの解釈があり得ると筆者は考えている。一つの解釈は，本章で述べるように，学習活動に関する成長の様子である。もう一つは，「道徳性の諸様相」に関する成長の様子である。この点は別のところで論じた（髙宮 2020）。

引用・参考文献

赤堀博行（2021）『道徳的価値の見方・考え方』東洋館出版

荒木寿友（2015）「道徳科の教材——資料が教材に変わってどうなるか？」『道徳教育』12 月号（第 690 号），16-17 頁

荒木寿友（2019）「コンピテンシー（資質・能力）としての道徳性」荒木寿友・藤澤文編『道徳教育はこうすれば〈もっと〉おもしろい——未来を拓く教育学と心理学のコラボレーション』北大路書房，13-22 頁

大屋真宏（2017）「（4）大くくりなまとまりを踏まえた評価」永田繁雄編『「道徳科」評価の考え方・進め方』教育開発研究所，44-45 頁

貝塚茂樹（2009）『道徳教育の教科書』学術出版会

児島博紀（2019）「道徳教育と教化——I. A. スヌークの教化論の再検討」『教育実践研究』（富山大学人間発達科学研究実践総合センター紀要）第 14 号，113-124 頁

相良亨（1998）『誠実と日本人〔増補版〕』ぺりかん社

澤田浩一（2020）『道徳的諸価値の探究——「考え，議論する」道徳のために』学事出版

髙宮正貴（2020）『価値観を広げる道徳授業づくり——教材の価値分析で発問力を高める』北大路書房

永田繁雄・島恒生編（2010）『道徳教育推進教師の役割と実際——心を育てる学校教育の活性化のために』教育出版

西野真由美（2017）「［総説］道徳科における評価」西野真由美・鈴木明雄・貝塚茂樹編『「考え，議論する道徳」の指導法と評価』教育出版

日本学術会議 哲学委員会 哲学・倫理・宗教教育分科会（2020）「報告 道徳科において「考え，議論する」教育を推進するために」https://www.scj.go.jp/ja/info/kohyo/pdf/kohyo-24-h200609.pdf（2022 年 9 月 21 日最終閲覧）

文部科学省（2017a）『小学校学習指導要領（平成 29 年告示）』

文部科学省（2017b）『小学校学習指導要領（平成 29 年告示）解説 総則編』

文部科学省（2017c）『小学校学習指導要領（平成 29 年告示）解説 特別の教科 道徳編』

文部科学省（2017d）『中学校学習指導要領（平成 29 年告示）』

文部科学省（2017e）『中学校学習指導要領（平成 29 年告示）解説 総則編』

文部科学省（2017f）『中学校学習指導要領（平成 29 年告示）解説 特別の教科 道徳編』

第7章

学習指導案の作成

1 道徳科の学習指導案とは

　道徳科について作成される学習指導案とは，各学校の年間指導計画によって
配置された主題のねらいを達成するために，児童（小学校）生徒（中学校）や
学級の実態に即して作成される学習指導計画である。ねらいにせまるために，
どのような教材を使い，いかにして児童生徒を指導，評価していくのかといっ
た学習の具体を一定の形式で表す。

　参観者を招いて授業公開や研究授業を行う場合には，事前に学習指導案を作
成し配布することが求められる。このような，授業公開や研究授業などで配布
される学習指導案は，参観者の授業理解や授業後の検討に資するよう，学習の
目的や内容，授業者の指導の意図が明確に伝わるよう配慮しなければならない。

　学習指導案の形式に明確な基準はなく，各学校，あるいは個々の教師による
創意工夫があってもよい。実際，各校が取り組む研究のテーマや方法によって，
さまざまな学習指導案の形式を見ることができる。しかし，通常記述される項
目として，主題名，ねらい，教材，主題設定の理由，学習指導過程（授業展
開）などが挙げられるだろう。

2 道徳科授業の基本的な学習指導過程

　道徳科授業の学習指導過程については，児童生徒や学級の実態，教師の目標
や願いに合わせて創意工夫がなされる必要があり，多様なあり方が考えられる。

　1958（昭和33）年に「道徳の時間」（以下，「道徳」）が特設されて以来，戦
前・戦中に行われた修身教育に対する反省から，学校教育の現場には，児童生
徒に道徳的価値を教え込むことへの批判や不信感も強くあった。また，教師も

道徳をどのようにして児童生徒に教えればよいのかわからないといった状況もあり，モデルとなる「道徳」の学習指導過程が模索されてきた。その後，1964（昭和39）年から文部省（当時）が刊行した『道徳の指導資料』によって具体的な指導事例が示されたことにより，読み物資料によって道徳的価値についての理解を深めたうえで，自らの生活を振り返るという，今日，基本とされる学習指導過程が定着していった。このような読み物資料（教材）を用いて授業を展開する学習スタイルは，「道徳」が「特別の教科　道徳」として教科化された現在でも学校現場で中心となっている。

道徳科の授業では，以下のような学習指導過程がオーソドックスとされる。

①導入

児童生徒の生活体験についての質問などを通して，本時で取り上げる教材や，扱う道徳的価値に対する児童生徒の興味や関心を高める。

②展開

中心的な教材についての発問や児童生徒の話し合い活動などを通して，そこに表れた道徳的価値について理解を深める（前段）。さらに，中心的な教材を通して理解を深めた道徳的価値を基に，自分自身を見つめる（後段）。

③終末

これからの発展のために，本時の学習を通して深めた道徳的価値に対する思いや考えをまとめたり，あたためたりする。終末では，児童生徒一人ひとりが振り返りをしたり，道徳的価値に関連した教師の説話を聞いたり，また，児童生徒の日記や作文の紹介をしたりするなどの活動が考えられる。

もちろん，上記の学習指導過程は絶対的なものではない。しかし，道徳的価値への理解を踏まえたうえで，自己の生活への省察を行うという，このような学習指導過程は児童生徒が道徳的価値を学習するにあたって意義のあるものであろう。道徳科授業の実践にあたっては，上記の学習指導過程を理解したうえで授業者各々の創意工夫を期待したい。

3 学習指導案の内容

学習指導案に記される主な項目としては一般に以下のものが挙げられる。

①主題名

原則として，年間指導計画における主題名を書く。主題名はねらいと教材から，学習の内容がわかるように端的に表す。

②ねらいと教材名

年間指導計画を踏まえ，ねらいと教材名を記述する。教材名には出典も明示する。道徳科授業は基本的に1主題1時間であるため，本時でどのような「道徳的判断力」「道徳的心情」「道徳的実践意欲と態度」を育てるのか，児童生徒や学級の実態，教材の特色，教師の願いなどを鑑みて，三つの様相のうち一つに絞って記載する。複数の時間を用いた学習については，次章で論じる。

③主題設定の理由

（ア）ねらいとする道徳的価値についての教師の考え方（価値観），（イ）ねらいに関連する児童生徒や学級の実態と教師の願い（児童生徒観），（ウ）取り扱う教材の特質や具体的な活用の方法，および指導の方策（教材観），の三つについて書く。

④学習指導過程

本時の学習展開について書く。通常は先に述べたように，①導入，②展開（前段・後段），③終末といった過程が基本的な道徳科授業の学習指導過程とされる。ここでは，児童生徒の学習活動，発問や予想される児童生徒の反応，教師の手立てや意図，また，ねらいに関わってどのように児童生徒を評価するのかを具体的に書く必要がある。

⑤その他

この他にも，複数の時間を使って単元として計画する場合には，単元計画を記述する。また，必要であれば板書計画も記述する。

4 学習指導案作成の手順

学習指導案を作成する際は，およそ以下の手順をふむ。

①ねらいを明確にする

　児童生徒や学級の実態を踏まえたうえで，学習する内容項目と教材との関係を吟味し，学習指導要領解説を参考にして児童生徒がせまるべきねらいを明確にする。

②指導の要点を明確にする

　児童生徒や学級の実態と教師の願いを明らかにしたうえで，各教科等での指導や児童生徒の体験などの全教育活動との関連を検討し，本時（複数時間の場合は本単元）の位置づけを考え，指導の要点を明確にする。

③教材を分析する

　授業で使用する教材の中で，取り上げる道徳的価値がどのように表れているかを分析する。分析をもとに，児童生徒がねらいにせまるためには，教材のどこに注目させ，何を考えさせればよいかを検討する。

④学習指導過程を考える

　児童生徒が，教材に表れた道徳的価値に対する理解を深め，ねらいにせまるための中心発問を決める。その中心発問を踏まえ，児童生徒の思考を深めたり，自己の生活を振り返ったりする前後の発問を，児童生徒の反応を予想しながら考える。

　併せて，児童生徒が本時のねらいにせまるために効果的な活動（話し合い，書く活動，動作化，役割演技などの表現活動）を考え，導入，展開，終末の全体の学習指導過程を構想する。

　また，本時の学習でのねらいとなる児童生徒の具体的な姿と，それをどのようにして見取るかの評価方法も考える。

⑤板書計画を立てる

　本時中の発問と予想される児童生徒の思考の流れを構造化し，板書計画を立てる。板書は，児童生徒の学習内容の理解と思考の補助となるよう工夫する。板書計画を立てることは授業者にとっても，本時の学習指導過程を具体的に構想する一助となる。

5 学習指導案の書き方のポイント

指導案には，主題設定の理由なども網羅的に記した指導細案（詳案）と学習指導過程などの授業の要点のみを記した略案がある。以下に解説するのは，指導細案（詳案）についてだが，略案の場合，④主題設定の理由と，⑥板書計画，⑦準備などを簡略化したり省略したりして，通常用紙一枚におさめる。

なお，文中の「指導」は，目標に向かって教えたり，考えさせたりすること等，教師の計画的かつ意図を含んだ教育行為を指す。「支援」は，教師による指導の一形態であり，児童生徒の主体性を重視し，自ら目的に向かって学ぼうとする活動（主体的な問題解決的活動）を支え助けていくことである。以下，次節の学習指導案例を参照しながら読み進めてほしい。

①主題名

原則として，各学校で作成される道徳科の年間指導計画に示される主題名を書く。主題名はねらいと教材から，学習の内容がわかるように端的に表す。学習で扱う内容項目のキーワードもすべて記述する。

②ねらい

年間指導計画を踏まえて，どのような道徳的判断力，道徳的心情，道徳的実践意欲と態度（道徳性の三つの諸様相）を育てるのかを一つの様相に絞って記述する。

③教材名

本時に使用する教材名と出典を記述する。

④主題設定の理由

（1）ねらいとする内容項目についての教育的な意義やそれについての教師の考え方（ねらいとする道徳的価値について）を記す。

（2）それと関連する児童生徒や学級の実態と教師の願い（児童（生徒）について）を記す。

（3）使用する教材の特質や取り上げた意図および児童生徒や学級の実態と教師の願いを踏まえたうえでの具体的な指導の方策（教材について）を記す。

⑤学習指導過程

　以下，学習指導過程の表の形で，ポイントを説明していく。吹き出し部の解説と，ゴチック体の説明文をよく読んで理解につなげてほしい。

	学習活動と主な発問	指導上の留意点（•）と評価
導入	1.「●●」について考える。（○分） ○　〜〜されてうれしかったことはあるかな。 ・〜〜されたとき，うれしい気持ちになったよ。 **教師による発問を○（中心発問を◎），児童生徒の予想される反応は・で区別している。** ※児童生徒の学習活動と教師の主な発問，予想される児童の発言や心の動きを記述する（学習活動は「児童生徒」が主語になる）。発問の言葉は教師の実際の発問や，児童生徒の発言での言葉づかいで表現する。	**教師の指導上の留意点を•，評価を四角囲みで区別している。** • 児童生徒が●●について関心を高められるように，生活経験を想起させる。 ※教師による指導上の留意点や支援の観点，指導の方法，評価の観点などを，左記の「学習活動と主な発問」の展開に即して記述する（「教師」が主語になる）。 ※教師による指導・支援については，その目的，手立てが分かるのが望ましい（ex. 〜できるように，〜する。〜のために〜させる）。
展開前段	2.教材「△△」を読んで話し合う。（○分） 〈●●はどうして大切なのかな〉 ○〜〜したときの〜〜はどんな気持ちだったのだろう。 ・〜〜でうれしかったと思うな。 ・〜〜できて，いい気持ちになったんじゃないかな。 ◎〜〜することはどうして大切なのかな。 ・〜〜できるようになるから。 ・〜〜な気持ちになるから。	**本時の中心課題を明確にするために〈　〉で記述してもよい。また，本時の中心発問は，○を◎にする。** • 〜〜することができたときの気持ちに共感できるように，登場人物の心情を想像させる。 • 〜〜することの意義に気付くことができるように，大切にする理由を考えさせる。

	評価は，ねらいとなる道徳性の様相との関わりを考えて児童生徒が一面的な見方から「多面的・多角的な見方」へと発展させているか，また，道徳的価値の理解を自分自身との関わりの中で深めているかどうかについて，児童生徒の学習状況や道徳性に係る成長の様子を見取る。	判断力 〜することが大切な理由について，様々な側面から考えている。（発言・ノート）
展開後段	3．今までの自分の生活や行動を振り返って話し合う。（○分） 〜〜することは〜〜だから大切なんだな。 ※本時でめざす子どもの姿を□で囲んで示す。 ○これまで，〜〜してよかったと思う経験はありますか。 ・〜〜のときに〜〜ができて，うれしい気持ちになったよ。	オーソドックスな道徳科授業では，この展開部分は「前段」と「後段」に区分される。「前段」は教材を通して，本時の道徳的価値について考える部分であり，「後段」は，教材を離れ，自分の生活に振り返って本時の価値について考える部分である。
終末	4．教師の説話を聞く。（○分） 終末は，ねらいの根底にある道徳的価値に対する考えや思いをまとめたり温めたりして，今後の発展につなぐ段階である。 学習を通して考えたことや新たにわかったことを確かめたり，学んだことをさらに深く心に留めたり，これからへの思いや課題について考えたりする学習活動などが考えられる（ex. 振り返りを書く活動，教師の説話や児童生徒の日記・作文を紹介，など）。	

⑥板書計画

　本時の学習がどのような板書によって構造化されているか，また，児童生徒の学習に効果的であったかということも，公開授業や研究授業後の検討課題になるので，板書計画が記述される場合もある。

⑦準備

　本時で必要になる補助教材，機材があれば記述する。

6 学習指導案の例（中学校 3 年・ 1 時間）

第 3 学年○組 　　道徳科学習指導案

令和○年○月○日（○）○限

場所　 3 年○組教室

指導者　　○○　○○

1．主題名　法やきまりを守る意義

2．ねらい
・法やきまりの意義について理解し，主体的にきまりを守ろうとする意欲を育てる
　（C-(12) 遵法精神，公徳心）

3．教材名　「二通の手紙」（『私たちの道徳』）

4．主題設定の理由
（1）ねらいとする価値について
　社会のさまざまなきまりや法は，人々に秩序と規律を与えている。このような社会の秩序や規律を守ることによって，個人の自由や権利が保証される。中学生になると社会の中で生きる人間としての自覚が深まり，法やきまりについてその意義を理解することができるようになる。しかし一方で，自我の発達が著しい時期でもあり，法やきまりを自分の行動を制限・拘束するものとみなして，軽視したり反発したりする生徒も少なくない。法やきまりは，個人の権利を保障し，それぞれが果たすべき義務を明らかにするものである。また，それは人々の対立を未然に防いだり，解決したりする方法として生み出されたものである。このような意義を理解し，法やきまりを守ることの大切さについて自覚を促しつつ，社会の秩序と規律を自ら高めていこうとする意欲を育てることが重要である。本授業を通じて，①法やきまりを守ることは，自分たちの生活を守ることであるという，意義を正しく理解させること，②主体的にきまりを守ろうとする意欲を育てることを目的として本主題を設定した。

（2）生徒について
　本学級の生徒は，これまでの学校生活を通して，集団生活をする上でルールやマナーを守ることが，安心して生活するための基盤であることを学んできた。しかし一方で，自分本位な考えで，きまりを守らず，全体に迷惑をかけている生徒や，きまりを窮屈なものと捉えている生徒もいる。
　生徒たちが将来，社会に出て生活する中で，本教材のように自分の心情を優先させるのか，きまりを守るのかという選択を迫られた時に，きまりの意義を理解した上で自分の義務を果たし，規律あるよりよい社会を作ろうとする判断ができるようになってほしい。

（3）教材について

　「二通の手紙」は，模範的職員だった元さんが，幼い姉弟への同情心から動物園の規則を破り入園させたことで園内は大騒ぎとなり，姉弟の母親からは感謝されるが，会社からは解雇されてしまうという物語である。元さんは，動物園の規則の存在を認識しながらも，幼い姉弟に同情し入園を許可してしまう。このような元さんの行為には誰もが共感できる側面がある。しかし，姉弟のために規則を破ってしまったことによって，結果的には子どもの安全を脅かしたり，関係のない多くの職員を問題に巻き込んだりしてしまった。

　本教材では，元さんが姉弟を思いやり特別に入園を許可するか，あるいは職場の規則を遵守し姉弟の入園を許可しないかという点に道徳的な問題がある。元さんのもとに届いた二通の手紙について考えることで，法やきまりの意義，自他の権利と義務について思考を深めさせたい。

5．学習指導過程

	学習活動と主な発問	指導上の留意点（・）と評価
導入	1．「きまりや規則」のイメージについて考える。（5分） ○「きまりや規則」と聞いてどのようなイメージを持ちますか。 ・守らないといけないもの ・社会にとって必要なもの	・「きまりや規則」について，学習前段階での自分の価値観を把握しておく。
展開前段	2．資料「二通の手紙」の内容を理解する。（15分） ○姉弟を入園させた元さんの行動に賛成ですか，反対ですか。 ［賛成］ ・弟の誕生日だから。 ・いつも外から動物園を見ていたから。 ・姉弟を思いやっての行動だから。 ［反対］ ・保護者同伴という規則に違反しているから。 ・子どもだけでは危険だから。	・登場人物，場面や状況を確認する。 ・元さんの判断に対して，賛成か反対か根拠をあげながら判断させる。 ・様々な考え方に気付くことができるように，小グループで考えを交流させる。 ・規則の尊重という価値について多面的・多角的に考えることができるように，学級全体でそれぞれの意見について討議させる。 ・児童一人一人が自身の選択と判断に自信が持てるように，選択の理由づけができたことを認める。
展開後段	3．二通の手紙を受け取った元さんが考えたことを捉える。（25分） ○あなたなら元さんの処分に納得ができるか。 ［納得できる］ ・同じことを許すと今後大きな事故が起こるかもしれないから。 ［納得できない］	・道徳的価値に関わる問題に対する判断の根拠やそのときの心情を様々な視点から捉え考えようとしているか。 ・自分と違う立場や感じ方，考え方を理解しようとしているか。

	・姉弟のお母さんに感謝されているのにこの処分は重過ぎる。 ◎元さんが「この年になって初めて考えさせられたこと」とは何ですか。 ・個人的な感情や判断で規則を破ってはいけない。 ・命や安全が第一。 ・どんな理由があろうと規則は守らなければならない。	・きまりの意義やきまりとの関わり方について，多面的に考えさせる。 ・元さんが破った規則は何のためにあるのかを再確認し，きまりを守ることにどのような意義があるのかを考えさせる。
終末	4．振り返りを書く。（5分） ○今日の学習を終えて，どんなことが大切だと考えましたか。 ・きまりや規則の意義を理解できた。 ・安心や安全のためにも規則がある。	・自分の考えを改めて見つめ直すことができるように，話し合いを終えて大切だと考えたことを振り返りとして書かせる。 実践意欲と態度 法やきまりの意義について理解し，よりよい在り方について考えているか（発言・振り返り）

6．板書計画

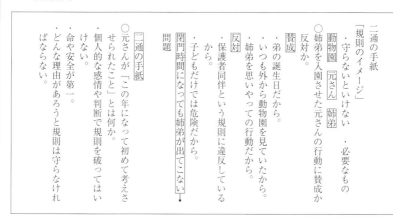

※以下，続く各章では，テーマごとに学習指導案を掲載しているが，その書式にはバリエーションがあり，一定の形式に揃えるようなことはしていない。学習指導案のありようは，地域や学校によってもさまざまであり，また，必要に応じて授業者の創意工夫を加味することもできるということに留意してほしい。

深い学びのための課題
1．道徳科の教科書等の教材を用いて，1時間の学習指導案（細案と略案）を作成して
　みよう。また，板書計画も作ってみよう。
2．上の学習指導案を用いて，模擬授業をしてみよう。

引用・参考文献
間瀬正次（1982）『道徳教育全書5　戦後日本道徳教育実践史』明治図書
文部科学省（2017a）『小学校学習指導要領解説（平成29年度告示）　特別の教科　道徳編』
文部科学省（2017b）『中学校学習指導要領解説（平成29年度告示）　特別の教科　道徳編』

第8章

複数時間による単元化

1 複数の時間を用いた学習とはなにか

　もとより，道徳教育は，学校の教育活動全体を通して行われることが基本とされているが，特設以来，「道徳の時間」の授業は基本的に1時間に1主題を扱うため，学習指導案に複数時間による単元計画が記されることはそれほど多くはない。しかし，重点的な指導としてねらいそのものを複数の道徳科の時間にわたって位置づけたり，道徳科の学習と他教科や外国語活動，総合的な学習の時間および特別活動などを関連づけたりする場合は，学習指導案にも単元計画が記される。

　1958（昭和33）年の「道徳の時間」の特設以来，学校教育における道徳教育と「道徳の時間」の充実は課題とされてきたが，1989（平成元）年の学習指導要領改訂によって，学校における道徳教育の全体計画と「道徳の時間」の年間指導計画の作成の必要が明記された。

　さらに1998（平成10）年の改訂では，「道徳の時間」の役割が「道徳教育のかなめ」と表現され，授業時間数の確保とともに，各教科との関連や児童生徒の日常生活を考慮した重点的な指導が求められた。実際，当時の文部省による『小学校学習指導要領解説　道徳編』（1999年）には，学習指導案作成上の創意工夫として，特に重点的な指導内容について，「総合単元的な発想を基に，ねらいそのものを道徳の時間の複数時間に渡って位置付けそれぞれの関連を密にもたせた学習指導案」や，「豊かな体験活動や各教科や特別活動，総合的な学習の時間などにおける道徳教育と関連を明確に位置付けながら一連の学習過程をまとめた学習指導案」の工夫が挙げられている。

　加えて，平成20（2008）年の学習指導要領改訂によって，「道徳の時間」が

学校の教育活動全体を通じて行われる道徳教育の「要」として年間における「道徳の時間」と他教科との関連が「別葉」として記されるようになった。

このような学校における道徳教育の充実を求める教育施策の動きを背景に，「道徳の時間」を中心とした「複数時間による単元」の実践が学校現場で広く展開されるようになっていった。

2015（平成27）年告示の学習指導要領の一部改訂によって「道徳の時間」は「特別の教科 道徳」として教科となったが，これまでと同様に道徳科の年間指導計画作成に当たっては，児童生徒や学校の実態に応じ2学年間（小学校），ないしは3学年間（中学校）を見通した重点的な指導や内容項目間の関連を密にした指導，一つの内容項目を複数の時間で扱う指導を取り入れるなどの工夫を求めている。

複数の道徳科の時間にわたって授業を構成する場合は，他教科と同じく，複数時間で単元計画を作成する。道徳科の学習と他教科や他領域と関連させる場合には，複数の教科・領域にわたる学習指導案や，単元計画が必要とされる。

以下では，道徳科の学習で複数時間を用いる例を示す。

2 道徳科の複数時間を用いた実践例（小学校4年・3時間）

（1）第一次の学習指導案

第4学年○組　道徳科学習指導案

令和○年○月○日（○）○限
場所　　4年○組教室
指導者　　中橋　和昭

1．主題名　　きまりは何のために
（内容項目　B-(6) 親切，思いやり，関連項目　C-(12) 規則の尊重）

2．ねらい
・社会のきまりや規則の意義を考え，進んで守ろうとする心情を高める。（C 規則の尊重）

・相手のことを思いやり，進んで親切にしようとする実践意欲と態度を育てる。（B 親切，思いやり）

3. 教材名　　「雨のバス停留所で」
　　　　　　　「フィンガーボール」（『みんなで考え，話し合う　小学生のどうとく 4』廣斉堂あかつき）

4. 主題設定の理由
（1）ねらいとする道徳的価値について
　人が社会で生活する上で，きまりや規則を守ることは，お互いが安全に，気持ちよく過ごすために必要なことである。そのようなきまりや規則は多くの場合，その背景に相手への気遣いが存在しており，きまりや規則を尊重することの動機は，本来，罰則や非難などへの恐れではなく，他者への思いやりであるべきであろう。
　しかし，きまりや規則を守ることばかりに関心が向くとき，しばしば他者への思いやりが置き去りにされてしまうことがある。また，その逆に，相手への思いやりが既存の規則やきまりをないがしろにする場合もあるだろう。そのため，親切や思いやりと規則尊重という 2 つの道徳的価値は，具体的な状況においては，時に葛藤を引き起こすことになる。
　どちらも人が社会生活を営む上で重要な道徳的価値であり，葛藤場面においてどのような行動を取るべきかについては，双方の道徳的価値を尊重し，その具体的な状況をよく考慮して判断される必要がある。

（2）児童について
　本学級の児童は総じてまじめであり，普段の生活では学校のきまりを尊重している。きまりを守らない子がいれば，教師に知らせにきたり，また，直接注意したりする姿をしばしば見ることができる。しかし，そうした姿は相手への思いやりに基づくものではなく，きまりを守らない子に対する不公平感によるものであることも多い。学校生活の様子を見れば，お互いに気遣い，思いやりをもって関わる子どもたちの姿があり，そうした思いやりの気持ちを規則やきまりを守ることと結び付けることによって，思いやりと規則尊重という 2 つの道徳的価値についての理解を深める必要があろう。

（3）教材について
　本単元では，教材「雨のバス停留所で」（C-(11) 規則の尊重）と「フィンガーボール」（B-(6) 親切，思いやり）の 2 つを扱う。
　第一次で学習する教材「雨のバス停留所で」は，自分勝手な考えからバスに乗る順番を抜かしてしまう主人公が，自己中心的な行動を振り返る姿を通して，規則やきまりの意味を考えることができる。この教材では，主人公の自分勝手な行動を怒る母親の姿が，規則やきまりを守ることの大切さの洞察へのきっかけとなっているが，第一次の展開として，母親がいなかったら順番を抜かしてもよかったかという仮定の状況を考えさせることで，バスの順番というきまりの背後にある他者への気遣いの存在に気付かせたい。

第三次では，教材「フィンガーボール」を扱う。第一次での規則尊重についての理解の上で，知らずにマナーを破ってしまう客を気遣い，自らもマナーを破る女王の姿の是非についての話し合いを通して，思いやりと規則尊重という双方の道徳的価値を関連付けながら，それらの意義についての理解を深めさせたい。

　また，本校では10月中の1週間，「やさしさハートウィーク」として，子どもたちの生活においてやさしくしてもらった経験とそのときの心情を振り返る取り組みが行われる。子どもたち個々の具体的な体験の振り返りを単元の第二次と位置付けて，相手を思いやることの大切さを実感させ，それらの活動と道徳科での学びが子どもたちの道徳的実践力の向上へと結び付くことを期待したい。

（4）本単元における「活用力を育成する授業づくり」について
・活用力を育成する課題解決型の授業づくり
　第一次での規則尊重という道徳的価値の理解の深まりを踏まえて，第三次では，相手への気遣いのためにきまり（マナー）を破ることの是非について考えさせる。子どもたちは，きまりや規則は守られるべきものであるという意識があり，第三次での教材「フィンガーボール」に登場する女王の行動は，そうした子どもたちの価値判断をゆさぶる葛藤をもたらすだろう。しかし，お客を気遣い，あえて自らきまり（マナー）を破る女王の思いやりは，そのような規則やきまりは尊重すべきであるという捉えが前提にあることで，より深みがもたらされると考える。第三次の展開においては，女王の行動が果たしてよかったのか，第一次での学びを想起させつつ，一人一人の子どもたちが立場を明らかにして話し合わせることで，親切と規則尊重のどちらもが大切な道徳的価値であることに気付き，それらの価値の吟味と意義の洞察にせまることができると思われる。

・活用力を育成する学びのつながり

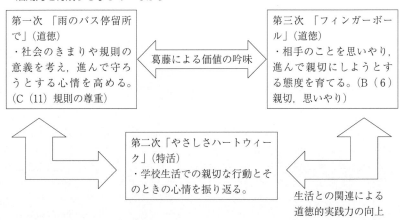

144

5．単元計画（総時数　3時間＋随時）

次		学習活動（〇）と主な思考の流れ（・）	指導（・）と評価（◎）
第一次　1時間	雨のバス停留所で（道徳科）	〇よし子さんはどんな気持ちで，バスを待っていたのだろう。 ・早く来てほしい。 ・まだかなあ。 〇はっとしたよし子さんはどんな気持ちだったのだろう。 ・何か悪いことをしたかなあ。 ・他の人の順番をぬかしてしまった。 ・お母さんはなぜ怒っているのだろう。 ◎お母さんの横顔を見ながら，よし子さんはどんなことを考えていたのだろう。 ・お母さんを怒らせてしまった。 ・順番を守ればよかった。 ・きまりはきちんと守ろう。 〇お母さんが怒らなければ，順番を抜かしてもよいだろうか。 ・だめ。きまりを破っている。 ・他の人に迷惑がかかっている。 きまりは，相手を大切にし，みんなが安全に，気持ちよくすごせるためにある。これからもきまりを大切にしよう。	・数人の子どもたちにロールプレイングをさせることで，状況が具体的に理解できるようにする。 ・登場人物の心情を想像させることで，ついきまりを破ってしまう，人間の弱い気持ちにも共感できるようにする。 ・登場人物の心情を想像させることで，きまりを破ったことを後悔していることに気付くことができるようにする。 ・状況を変更した思考実験を行うことによって，きまりを守ることの意義を考えることができるようにする。 ◎社会のきまりや規則の意義とその大切さを考えている。〈観察・発言〉
第二次　1時間＋随時	やさしさハートウィーク（特活＋随時）	〇友だちからやさしくしてもらったことを聞き合おう。 ・分からないところを教えてくれた。 ・困っているところを助けてもらったよ。 〇そのときどんな気持ちだったかな。 ・うれしかった。 ・友だちのことを大切に思った。 ・自分も人にやさしくしようと思った。	・やさしさカードに記入させ，それをもとに聞き合わせることによって，身の回りにある親切について気付くことができるようにする。
第三次　1時間	フィンガーボール（道徳科）	〇お客様が，フィンガーボールの水を飲んでしまったとき，周りの人々はどう思っただろう。 ・失礼な人だ。 ・はずかしい人だ。	・きまりを守らないことを見たときの心情を想起させることで，形式的なマナーにばかり目を向けていると，相手の心情を考えずに批判してしまうことに気付くことがで

			きるようにする。
		○その様子を見ていた女王様はどんなことを考えたのだろう。 ・本人はマナーを破っていることに気付いていない。 ・前もって，教えてあげればよかった。 ・何とか助けてあげたい。 ○女王様はどんな気持ちからフィンガーボールの水を飲んだのだろう。 ・お客様に，恥をかかせてはいけない。 ・わたしも飲めば，みんながお客さんのことを悪く思わないだろう。	・お客の立場に立って考えている女王の心情に共感させることで，相手を思いやることの大切さに気付くことができるようにする。
		◎女王様はマナーに違反している。それはよいのだろうか。 よくない ・マナーを知らない人には教えてあげればいい。自分までマナーを破る必要はない。 よい ・マナーは相手を気遣うためにある。女王様の行動は，相手のためを思った行動だ。	・女王のマナー違反について，「雨の停留所」でのきまりを破ったときのことを比較させることで，きまりや規則の意義について理解を深めることができるようにする。 ○社会の規則やきまり，マナーの意義を考え，進んで人に親切にすることの大切さを考えている。（発言・振り返り）
		きまりやマナーの背後には，相手への思いやりがある。相手への思いやりをもって，進んで親切にしよう。	

（2）第三次の学習指導案

1．主題名　　思いやる心（B-⑹親切，思いやり）（関連項目　C-⑾規則の尊重）

2．本時のねらい
　・相手のことを思いやり，進んで親切にしようとする態度を育てる。

3．教材名　　「フィンガーボール」（『みんなで考え，話し合う　小学生のどうとく4』
　　　　　　　廣斉堂あかつき）

4．本時の学習における「活用力を育成する授業づくり」について

「雨のバス停留所で」の学習で子どもたちは，きまりや規則の大切さを考えた。自己中心的で自分勝手な行動は周りの人に迷惑をかける。きまりや規則を守ることは，周りの人や相手を大切にすることでもあるのだ。しかし，子どもたちの様子を振り返って，きまりや規則を破ったことだけに注目して相手のことを非難する姿が見られることを考えると，さらに，思いやりによってきまりが破られる「例外」場面を通してきまりや規則，またマナーが何のためにあるのかを子どもたちが考える機会が必要であると思われる。

本時に取り扱う，教材「フィンガーボール」に登場する女王は，知らずにマナーを破ってしまったお客様を気遣い，自らもマナーを破っている。「雨のバス停留所で」の学習で得た，きまりや規則を大切にする心情と理解を基盤として，本時では，相手のことを気遣い，あえてマナーを破る女王の姿の是非について考えさせることによって，子どもたちが親切ときまりや規則を守るという2つの道徳的価値の理解を深め，思いやりの大切さときまりや規則があることの意義に迫ることを期待したい。

5．学習指導過程

時間	学習活動（○）と主な思考の流れ（・）	指導（・）と評価（○）
5	1．導入をする。 ○親切にされてうれしかったことはあるか。 ・重いものを一緒に運んでもらった。 ・悲しいときになぐさめてもらった。	・やさしさハートウィークでの取り組みを想起させることで，親切にすることについての関心を高められるようにする。
20	2．教材「フィンガーボール」を読んで話し合う。 ○お客様が，フィンガーボールの水を飲んでしまったとき，周りの人々はどう思っただろう。 ・失礼な人だ。 ・はずかしい人だ。 ○その様子を見ていた女王様はどんなことを考えたのだろう。 ・本人はマナーを破っていることに気付いていない。 ・前もって，教えてあげればよかった。 ・何とか助けてあげたい。 ○女王様はどんな気持ちからフィンガーボールの水を飲んだのだろう。 ・お客様に，恥をかかせてはいけない。 ・わたしも飲めば，みんながお客さんのことを悪く思わないだろう。	・きまりを守らないことを見たときの心情を想起させることで，形式的なマナーにばかり目を向けていると，相手の心情を考えずに批判してしまうことに気付くことができるようにする。 ・お客の立場に立って考えている女王の心情に共感させることで，相手を思いやることの大切さに気付くことができるようにする。
15	3．親切と規則尊重について理解を深める。 ◎女王様はマナーに違反している。それはよいのだろうか。 よくない	・女王のマナー違反について，「雨の停留所」でよし子さんがきまりを破ったときのことを比較して，きまりや規則

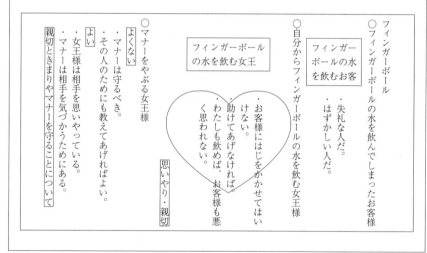

	の意義について理解を深めることができるようにする。
・マナーを知らない人には教えてあげればいい。自分までマナーを破る必要はない。 よい ・マナーは相手を気遣うためにある。女王様の行動は、相手のためを思った行動だ。	・肯定、否定の立場を明確にして、お互いの意見を聞き合わせることで、親切ときまりや規則、マナーについての捉えを深めることができるようにする。
きまりやマナーの背後には、相手への思いやりがある。相手への思いやりをもって、親切にしよう。	○社会の規則やきまり、マナーの意義を考え、進んで人に親切にすることの大切さを考えている。(発言・振り返り)
5　4. 振り返りをする。	

6. 板書計画

○フィンガーボール
○フィンガーボールの水を飲んでしまったお客様

○自分からフィンガーボールの水を飲む女王様

フィンガーボールの水を飲むお客
・失礼な人だ。
・はずかしい人だ。

フィンガーボールの水を飲む女王

・お客様にはじをかかせてはいけない。
・助けてあげなければ。
・わたしも飲めば、お客様も悪く思われない。

思いやり・親切

○マナーをやぶる女王様
よくない
・マナーは守るべき。
・その人のためにも教えてあげればよい。
よい
・女王様は相手を思いやっている。
・マナーは相手を気づかうためにある。

親切ときまりやマナーを守ることについて

深い学びのための課題

1．道徳科の授業で複数時間を単元化する例を調べてみよう。
2．道徳科の授業で複数時間を単元化する学習指導案を作成してみよう。

第9章

他教科・領域との単元化

1 道徳化と他教科・領域との単元化とは

（1）他教科・領域との単元化の例

前章では，複数時間を用いた単元化には，道徳科で複数の時間を用いて単元化する場合と，道徳科と他教科や他領域とを関連づけて単元化する場合があることを示した。そして実践の例としては，道徳科で複数時間を用いた単元化の例を示した。

そこで本章では，道徳科と他教科や他領域とを関連づけて単元化する例として，「総合単元的道徳学習」と，「統合的道徳教育」について概観し，「総合単元的道徳学習」の実践例を示す。もちろん，他教科・領域と関連づける手法は，この二つには限られない。前章を含めて，これらの複数時間による単元化を想定した例を参考に，授業者各々による工夫を求めたい。

（2）総合単元的道徳学習

押谷由夫は自身が提唱する「総合単元的道徳学習」について，「子どもが道徳性をはぐくむ場を総合的にとらえ，各教科や特別活動，総合的な学習の時間等の特質を生かして行われる道徳的価値にかかわる学習を，道徳の時間を中心に有機的なまとまりをもたせて子どもの意識の流れを大切にした道徳学習ができるように計画していくこと」と説明している（押谷 1999, p.86）。すなわち道徳科を中心として，その内容項目に関連すると考えられる各教科や領域での学びを関連づけて指導することによって，児童生徒の内容項目についての理解を深めるとともに道徳的実践力を効果的に高めようとするものである。例えば「自然愛護」（小学校中学校とも D-(20)）の内容項目を取り上げる道徳科を中心

に，理科の自然観察学習や社会科等での環境についての学習，宿泊体験活動での自然体験といった児童生徒の学びを関連づけて一つの単元として計画するといったことが考えられよう。

（3）統合的道徳教育

伊藤啓一（2005）の提唱する「統合的道徳教育」は，読み物資料等を用いて児童生徒に道徳的価値を伝達する従来型の授業＝A型と，価値の明確化や構成的グループエンカウンター，モラル・ディスカッションなど児童生徒の道徳的批判力・創造力を育成するB型授業をバランスよく組み合わせてプログラムを構成し，さらに「批判的思考」（critical thinking ＝ C思考）を加えること（ABC道徳）を提案している。

伊藤によれば，道徳的価値は一般的であるがゆえに，「例外」が存在する。例えば，「正直」は一般的な道徳的価値ではあるが，常に正直であることがうまくいくとは限らない。そのような「例外」の検討（「批判的思考」による道徳的価値の吟味）によって，児童生徒は「正直」とは何かを主体的に問うことができる。このような取り組みは，価値観が多様化した現代社会にあって，伝統的な道徳的価値の意義を認めながらも，それらを批判的に吟味し更新しようとする態度を児童生徒に育てるものとして評価できよう。

2 総合単元的道徳学習の実践例（中学校3年・2時間）

（1）総合単元的道徳学習としてのカリキュラム・マネジメント

ここでは，道徳科と他教科・領域とを組み合わせる，複数時間による単元化の例として，「総合単元的道徳学習」の実践例を示す。

本実践では，「いのちの教育」をテーマとする。道徳科では，内容項目D「主として生命や自然，崇高なものとの関わりに関すること」において，「生命の尊さ」を取り上げることとなっている（D-(19)）。通常，この項目は，教科書などの教材に基づいて，道徳科の授業1時間で実践することが多い。しかし生命の尊さを児童生徒に深く考えさせるために「いのちの教育」として実践す

るならば，それは学校での全教育課程に関連するものと考えられる。というのも，筆者はいのちの教育を「無二の存在としての自他に気付き，肯定し尊重し，人類のつながりとして歴史的，社会的，環境的な側面から自他の生き方やあり方を，またいのちあるすべてと自らの連続性を考え，感じ，よりよいあり方を学ぶことを目的とする教育」（天野 2019, p.177）と考えるからである。

　健康は重要な教育課題であり，さまざまな教科・領域で取り上げられる。そして病はすべての人とそのいのちや生活に関係する。さらに，いわゆるコロナ禍では，感染症の歴史的な側面も照射されている[1]。つまり病は，児童生徒の関心と学ぶ意欲を引き出す教材であると考えられる。

　そこで本実践では，「いのちの教育」を，押谷由夫の提唱する「総合単元的道徳学習」によって行う。総合単元的道徳学習では，「重点目標や社会的課題等に関して関連する教育活動や日常生活等を密接に関連した指導計画」[2]のような「プログラムの開発」が必要となる。「いのちの教育」には特に，子どもや地域の実態に合わせたカリキュラム・マネジメントに基づき，複数時間を用いる授業や，教科等横断的な授業の構想がふさわしいと筆者は考える。

　本実践は，中学校第3学年の生徒を対象に，総合単元的道徳学習として，ハンセン病の問題を取り上げ，病の理解とともに，病を抱えた人が生きやすい社会の実現への構想を生徒に考えさせる。同様の問題は，「がん教育」でも提起されている。「がん教育」の在り方に関する検討会は「学校におけるがん教育の在り方について　報告」[3]において，「①がんについて正しく理解することができるようにする」だけでなく，「②健康と命の大切さについて主体的に考えることができるようにする」ことを重視している。ここで注目すべきは，②において，「がんについて学ぶことや，がんと向き合う人々と触れ合うことを通じて，自他の健康と命の大切さに気付き，自己の在り方や生き方を考え，共に生きる社会づくりを目指す態度を育成する」とされていることである。

　患者は，仮に完治しなくとも，治療を受けながら社会で働き，さまざまな人とつながり続ける。筆者は，児童生徒に，患者その人の抱える現実を直視し，共によりよい社会を実現する仲間としての「自分」に気づいてほしい。この目

的のために，道徳科では，さまざまな内容項目での授業化が可能である。

　だが，「いのちの教育」の実践だからといって，必ずしも道徳科の内容項目
D-(19)「生命の尊さ」のみに対応する必要はないばかりか，道徳科の実践に
限られる必要はない。他の教科や領域でも，「自分はどうありたいか」を問い，
自分の生き方を考え，病を抱えた人だけでなく，多様な人々と共に生きる社会
づくりを目指す態度を育成することもできる。

　本実践では，道徳科ではなく，学級活動の内容（2）の「日常の生活や学習
への適応と自己の成長及び健康安全」において，命の大切さに気づかせる授業
を行う。そしてこれを，道徳科の内容項目 C-(11)「公正，公平，社会正義」
と組み合わせる。この2つの授業によって，生徒には，病を理解し，患者に偏
見なく接する態度とともに，さまざまな苦悩を抱えた人々が共生可能な社会の
在り方，そして自分自身の社会参画を考えてほしい。

（2）道徳科と特別活動の切り分け

　本実践では，いのちの教育を学級活動と道徳科の2時間授業で構想する。

　いうまでもなく学級活動は，特別活動の一部である。そして特別活動は，教
科化以前の「道徳」と同じく，教科ではなく領域である。その目標は「集団や
社会の形成者としての見方・考え方を働かせ，様々な集団活動に自主的，実践
的に取り組み，互いのよさや可能性を発揮しながら集団や自己の生活上の課題
を解決することを通して，次のとおり資質・能力を育成することを目指す」こ
とである（文部科学省 2017b, p.152）。

　道徳教育に重点を置く教員は，学級活動を，道徳性の高まりを行為や実践と
して検証する場と考え，特別活動と道徳科との区別を曖昧にしてしまう場合が
ある。しかし学級活動には，特別活動としての授業目的や特質がある。カリ
キュラム・マネジメントで大切なのは，それぞれの教科・領域の特質を生かし，
お互いがもたれかからないような授業構想である。どちらかのために片方が，
授業として矮小化や歪曲をされないことが重要である。

　次に，資料について述べておく。

道徳科では，教科書だけでなく，アニメや映画を教材とする場合もある。しかし筆者としては，現代で実際に起きた事件を扱うことの意義を感じている。というのも，誰もが自分の人生を大切に生きたいと考えているにもかかわらず，それを阻む社会要因や，歴史的に作り上げられた偏見が，いまだに存在しているからである。本授業でも，「もののけ姫」（宮崎駿監督，1997 年）と「パピヨン」（シャフナー監督，1973 年）の 2 本の映画を用いて，実際のハンセン病患者への偏見を知る。また，これらの映像資料と並行して，厚生労働省が作成した『ハンセン病の向こう側』（2008 年）[4]を用い，ハンセン病を巡る現実を取り上げる。現実度を高めていく教材配列である。

（3）ハンセン病患者への差別や偏見を考える 2 時間のマネジメント

　本実践では，総合単元的道徳学習として先行授業を特別活動（学級活動）で行い，後続授業を道徳科で行う。詳しくは次頁に掲載する指導案を参照されたい。
　本実践で扱う学級活動の内容項目は，内容（2）「日常の生活や学習への適応と自己の成長及び健康安全」のエ「心身ともに健康で安全な生活態度や習慣の形成」である。これに対応させる道徳科の内容項目は，C-(11)「公正，公平，社会正義」である。
　学級活動は話合い活動を方法とするが，本実践では，先行授業（学級活動）の終末に児童生徒が「意思決定」を行い，教師が授業後も継続的に意思決定の行動化について確認と指導を行う。ここでの話合い活動では，コロナ禍での苦労を参考にさせるのもよいだろう。意思決定では，感染経路を断つ行動でも，偏見をなくす行動でも，心身の健康や安全を実現する行動を，授業内容に関連づけて自分で具体的な行動目標として示せればよい。
　教材とその提示に工夫があると生徒は大いに考え，発言する。そのため後続授業では，先行授業にふれる発言は奨励される。しかし終末では，授業のねらいが拡散しないように，道徳科の内容項目 C-(11)「公正，公平，社会正義」に生徒の問題意識が向かうようにする。
　いのちの大切さにせよ，社会の在り方についても，数時間で教えることがで

きないことはあらためていうまでもない。しかし，児童生徒に納得できない問いや謎を与えることも，教師の大切な仕事なのではないだろうか[5]。

（4）「学級活動の時間」学習指導案（先行授業）（中学校3年）

第3学年〇組　学級活動の時間学習指導案

令和〇年〇月〇日（〇）〇限
場所　　3年〇組教室
指導者　　〇〇　〇〇

1　題材　　「伝染する病気について知り，健康を守るために何をするか決めよう」
　　学級活動　内容（2）日常の生活や学習への適応と自己の成長及び健康安全
　　　　　　　　　エ　心身ともに健康で安全な生活態度や習慣の形成

2　本時の目標
（1）伝染病に関する科学的な知識と患者に対する差別や偏見の歴史的な経緯を知る。
（2）自身の伝染病対策を振り返り，身を守る生活態度について意思決定を行う。

3　展開

過程	生徒の活動	教師の活動	指導上の留意点
導入3分	1　うつる病気を発表する かぜ，はしか，エイズ，新型コロナ 2　ハンセン病について知っていることを発表する	1　簡単に板書する 2　発表がなければ「名前は知っている人」と挙手を求め，実態を把握する	・ごく短く ・生徒の実態を把握する ・事前アンケートでもよい
展開37分	3　本時の学習課題を把握する	3　板書する	
	うつる病気について知り，自分の健康を守るために何をするか決めよう		
	4　病状や患者の様子に着目して映画を視聴し，発表する「肉が腐る病気，呪われた身，鉄砲づくり，包帯をしている，手足が不自由」	4　ハンセン病について学ぶことを確認し，病状を語る長（おさ）のセリフを聞くよう指示する	・「もののけ姫」chapter 9冒頭約5分半を再生する ・悪い仕事を担っている点を確認する

154

	5　患者がどんなところで，何をしているかに着目して映画を視聴し，発表する「顔にできもの，暗いところ，密輸，葉巻で勇気を試した」	5　逃亡中の主人公（パピヨン）が脱出のための船をゆずってほしい立場であることを確認し，テロップをよく見るよう指示する	・「パピヨン」chapter26の3分弱（99：30から）を再生する
	6　感染経路を確認し，エイズとハンセン病を比べて，どちらがうつりやすいか話し合い，報告する「本当に怖いのは病気だろうか，人だろうか」	6　エイズ「性行為」「血液感染」「母子感染」ハンセン病「患者の鼻汁」「数万人に一人の免疫不全」「栄養失調と過度のストレスが継続（例，戦争中）」	・「映像だとハンセン病の方がうつりやすそうかな」と確認する ・or（和集合）と and（積集合）が際立つ板書を行う
終末10分	7　伝染病から身を守るために何をするか決め，理由とともに書く（新型コロナ等，限定してもよい）	7　実態不明期には偏見が起きやすいことを押さえるが，「自分が何をしていくか」の意思決定であることを確認する。	・記述する短冊を配付する。終了後，掲示するとともに，定期的に振り返りを行う。

4　評価
（1）伝染病に対する科学的な情報に基づいた判断の大切さに気付き，今までの自分自身の保健行動を見直すことができたか。
（2）健康への関心を深めるとともに，自分にあった伝染病対策を考え，実行し続けようとする態度を身に付けられたか。
　（いずれも活動6，7の様子と活動7の記述内容から）

（5）道徳科学習指導案（後継授業）（中学校3年）

第3学年○組　道徳科学習指導案

令和○年○月○日（○）○限
場所　　3年○組教室
指導者　　○○　○○

1　主題　　「記憶すべきこと」内容項目 C-(11)　公正，公平，社会正義

2　本時の目標
（1）科学的な事実に基づかない偏見に苦しむ人の存在を知り，安易な同調や傍観の問題点に気付けたか。

（2）学校生活での自他を振り返り，差別や偏見を無くしたり，克服したりしようとする心情が高まったか。

3　展開

過程	生徒の活動	教師の活動	指導上の留意点
導入8分	1　ハンセン病患者の生活を想像する「外出，買い物，階段，化粧」 2　教材（東京新聞 2003.12.5 朝刊・特報面）の範読を聞く	1　休日の行動を想起するよう指示する 2　必要な部分を範読する	資料の記事は中学校配付版「ハンセン病の向こう側（指導者用）」（厚生労働省）所収
展開32分	3　本時の学習課題を把握する 　差別や偏見の克服に必要な価値とはどんなものだろうか 4　発問について考え，発表する (1)宿泊拒否された元患者はどんなことを考えただろうか (2)電話や手紙を受けた元患者はどんなことを考えただろうか (3)総支配人や中傷した人々に欠けていたのはどんなことだろうか (4)学校生活でこのような差別や偏見はないのだろうか	3　学習課題を板書する 4　発表内容を板書する 「治っているのになぜ，療養所の方がまし，病気と我々を理解してほしい」 「人権が侵されている，なぜ理解しないのか，普通に生活しているだけだ」 「他人を理解する心，言葉に対する責任感，病気を正しく理解する心」 真剣な表情を作り，校内での出来事の当てこすりにしないよう配慮する	前時での学習内容を振り返るよう指示する 記事のどこかを明確にして進める 必要に応じて「ハンセン病の向こう側（生徒用）」そのものを配付，参照する 総支配人等の人間的な弱さを確認しながらも，一方的な非難に終始しないよう配慮する
終末10分	5　教師の説話を聞く 6　ワークシートに感想を書く	5　偏見や差別の歴史的な側面にふれ，学校生活での公正を短く話す 6　静かに記入するよう指示する	前時を生かして科学的な態度の説明もよい

4　評価
（1）差別や偏見の原因を考え，科学と社会正義の理念に則ってよりよい社会を実現しようとする心情が高まったか
（2）公正・公平な生き方について自分自身を振り返られたか
　（いずれも活動4の様子と活動6の記述内容から）

深い学びのための課題

1. 他教科や領域と関連づけて複数時間を単元化する指導の例について調べてみよう。
2. 他教科や領域と関連づけて複数時間を単元化する学習指導案を作成してみよう。道徳科だけでなく，他教科・領域についても記すこと。
3. いのちの教育に関連するテーマを可能な限り多く挙げ，そのうちから一つにしぼって，さまざまな媒体の資料を集めて，複数教科・領域の単元構想を考えてみよう。

注
1）「感染症アーカイブズ」は，感染症の教材化への示唆を与える。https://aidh.jp/（2022 年 8 月 25 日最終閲覧）
2）押谷由夫「「特別の教科 道徳」のカリキュラムづくり」http://oshitani.mints.ne.jp/pdf/2019-1. pdf（2022 年 8 月 25 日最終閲覧）
3）文部科学省（2015）「学校におけるがん教育の在り方について 報告」https://www.mext.go.jp/a_ menu/kenko/hoken/__icsFiles/afieldfile/2016/04/22/1369993_1_1.pdf（2022 年 8 月 25 日最終閲覧）
4）本資料『ハンセン病の向こう側』は生徒用・教師用ともに，教育委員会を通じて各校に配付されている。また厚生労働省のウェブサイトよりダウンロードも可能である。
5）教科化以前から繰り返し実践し，先行と後続の逆の実践も行った。当時の記録は天野幸輔「科学を尽くしてから社会の現実へ」笠井善亮編著（2011）『中学生が直面する「大問題！」をどう授業するか』明治図書に詳しい。

引用・参考文献
天野幸輔（2019）「いのちの教育」日本特別活動学会編『三訂 キーワードで拓く新しい特別活動 ―平成 29 年版・30 年版学習指導要領対応』東洋館出版社，177 頁
荒木寿友ら編著（2019）『道徳教育』ミネルヴァ書房
伊藤啓一（2005）「批判的思考を生かした統合道徳の理論」諸富祥彦編著『道徳授業の新しいアプローチ 10』明治図書
押谷由夫（1999）『新しい道徳教育の理念と方法－夢と希望と勇気を育む』東洋館出版社
厚生労働省（2008）『ハンセン病の向こう側』厚生労働省作成パンフレット，https://www.mhlw.go. jp/houdou/2003/01/h0131-5.html（2022 年 8 月 25 日最終閲覧）
シャフナー，フランクリン・J（監督）（1973）『パピヨン』（DVD），キングレコード，1996 年
日本道徳教育学会全集編集委員会（2021）『新道徳教育全集第 1 巻 道徳教育の変遷・展開・展望』学文社
走井洋一編著（2020）『道徳教育の理論と方法』ミネルヴァ書房
宮崎駿（監督）（1997）『もののけ姫』（DVD）ブエナ・ビスタ・ホーム・エンターテイメント，2001 年
文部科学省（2017a）『中学校学習指導要領解説（平成 29 年度告示） 特別の教科 道徳編』
文部科学省（2017b）『中学校学習指導要領解説（平成 29 年度告示） 特別活動編』

第10章

モラルジレンマ授業

1 モラルジレンマ授業とは

　道徳的な価値や徳目を大人が押しつけるのではなく，子どもたちが自発的に考え，議論することによって道徳性を育む手法の一つが，モラルジレンマ授業である。

　モラルジレンマ授業は，アメリカのコールバーグ（Lawrence Kohlberg）の道徳性発達理論に基づき，彼とその共同研究者ブラット（Moshe M. Blatt）らが開発した，道徳教育の実践手法である。日本では 1980 年代末以降，兵庫教育大学（当時）の荒木紀幸を中心に，実践と研究が進められてきた。荒木らのグループには小中学校の教員も多く所属しており，さまざまな校種・学年に適合する教材を蓄積している（荒木編 1988，1997，2017ab，荒木ほか 2013）。

　では，モラルジレンマ授業は，小中学校ではどの程度実践されているのだろうか。ある政令指定都市を対象とした調査では，小学校教員のうち 4 割程度は，モラルジレンマ授業の実施経験がある（藤井・加藤 2009）。ただし別の調査によれば，国立大の教員養成系学部の道徳教育関連授業のうち，モラルジレンマを取り上げているものは 25％程度しかない（姫野・細川 2009）。つまりこの手法は，教員個人の努力や大学外での研修によって広まってきたといえるだろう。

（1）モラルジレンマ授業の展開

　授業の概要は以下の通りである。まず，モラルジレンマ資料（道徳的価値葛藤資料）が与えられる。モラルジレンマ資料は通常，短い物語形式をとっており，最後は，二者択一の選択肢で終わる。この資料の特徴は，「あちらを立てればこちらが立たず」といった状況が設定されていることであり，いずれかが

絶対に正解ということはない。児童生徒は，その問いに二者択一（賛成か反対か，ある行為を行うか行わないか）で答え，またその理由を示すことが求められる。

　最も有名なモラルジレンマ資料として，コールバーグによる「ハインツのジレンマ」を紹介しよう（以下はあらすじだが，実際にはもう少し詳細な内容が書かれており，また授業では，学年段階に応じた表現の変更や補足説明などの配慮が必要である）。

　ハインツの妻は難病で死に瀕していた。薬屋にある新薬を使えば助かるかもしれないが，とても高価でハインツには手が出ない。もし他に方法がないとしたら，ハインツがその薬を盗むことは道徳的に正しいだろうか。児童生徒はこの問いに対し，賛成か反対か（是か非か）の二者択一で回答し，またその理由づけについても答えなければならない。

　日本で行われているモラルジレンマ授業の多くは2時間構成を取っている。典型的には，1時間目に，このジレンマ状況を理解させたうえで，児童生徒が最初の判断（賛成／反対とその理由づけ）を行い，クラスないしグループ単位で初回の議論を行う。その後，2時間目には，1時間目に出た回答を確認しながら，再度議論を行い，そのうえでもう一度，モラルジレンマに二者択一で答え，理由を示す。授業の終末では，それぞれの答えを確認する。いずれかの選択肢を「正しい答え」として教えることはない。オープン・エンドの設定がモラルジレンマ授業の特徴である。モラルジレンマの教材は教員が自作することも可能であり，多くの例がある（荒木編 2017ab）。

（2）道徳性の発達段階

　モラルジレンマ授業の実践のもとになっているのは，道徳性の発達に関するコールバーグの理論である。コールバーグは，モラルジレンマ資料を用いた大規模な調査によって，道徳性の発達段階を3水準6段階に分類した（表10.1参照）。コールバーグの道徳性の発達段階についてはすでに第4章第2節でも触れたので，詳しい説明はそちらを参照してほしい。

ここで簡単にまとめるならば，第1水準は規範や規則を内面化する以前の段階，第2水準は所属する集団の規範や規則を内面化する段階，第3水準は，所属する集団の規範を社会契約説のようなかたちで問いなおすことの出来る段階である。第3水準第5段階ではじめて，人権など，所属集団よりも普遍的な道徳的価値によって，所属集団の規範を批判し，変更することが可能になる。

表10.1　コールバーグによる道徳性の発達段階と「ハインツのジレンマ」の回答例

第1水準 （慣習以前の水準） 「善悪」は，報酬・懲罰に結びつけられて考えられる。	第1段階（罰と服従への志向） 権威者に従う段階。行為の善悪は，報酬や懲罰の有無によって判断される。 例）妻を死なせたら他人から責められる。／薬を盗めば警察に捕まる。
	第2段階（道具主義的な相対主義志向） 損得勘定で動く段階。正しさは，自分や他人の欲求をみたすための手段として理解される。 例）捕まっても重い刑にはならない。／妻が死んでも自分のせいではない。
第2水準 （慣習的水準） 所属する集団への忠誠・同一視がみられる。	第3段階（対人的同調志向） よい子志向の段階。行為の善悪は，その意図によって判断される。 例）薬を盗んでも誰も自分を責めない。／盗みは不名誉をもたらす。
	第4段階（「法と秩序」志向） 規則遵守の段階。既存の権威や規則を遵守し，社会秩序を維持することが基準となる。 例）妻を死なせれば／薬を盗めば，罪悪感にさいなまれる。
第3水準 （自律的水準） 道徳的価値・原理は，既存の社会集団からは独立した妥当性を持つ。	第5段階（社会契約的な法律志向） 規則尊重の段階。変更も可能であると理解したうえで，既存の規則にしたがう。 例）妻を死なせれば／薬を盗めば，他者からの尊敬と自尊心を失う。
	第6段階（普遍的な倫理的原理の志向） 普遍的倫理の段階。正しさは，普遍的な倫理的原理にしたがう良心によって定められる。 成人以前にこの段階がみられることは少なく，また普遍的道徳が一つに収束するか否かについては研究者の間でも議論が分かれるため，小中学校の実践では記述が省略されることが多い。

注：4章と表現が異なる箇所がある。
出所：コールバーグ（1987）pp. 44, 48-51,（1985）pp.22-23, 31-32 より著者作成

モラルジレンマ資料には通常，各段階の代表的回答がついており，児童生徒の判断の理由づけ（多くは２回）に即して，発達段階を判定する。資料を自作する場合は，本来は発達段階の判定基準（典型的回答）までを含むべきだが，後述する「折衷型モラルジレンマ授業」では，必ずしも必要ではない。

　モラルジレンマ授業は，それが成功すれば，発達段階が一つ上昇すると想定している。２段階以上の上昇がないのは，コールバーグが依拠したピアジェの理論では，発達段階は通常，段階を踏んで上昇するからである（ただし，時にこうした実践によって，想定される発達段階が下降してしまうようにみえることもある）。

（3）モラルジレンマ授業の意義

　モラルジレンマ授業の特徴を，一般的な道徳の授業と比較してまとめてみれば，次のようになる。

　道徳科やかつての「道徳の時間」では，学習指導要領に規定された徳目を伝えることを目的として構成された教科書や教材，視聴覚資料を用いることが多い。そうした伝統的な授業方法の問題点の一つは，「正しい徳目」を子どもたちに伝達することそれ自体が目標とされることである。そして，子どもたちが自ら考える力を育むことができたかどうか，また，授業場面で伝達した内容を，実際に子どもたちが実践できるかどうかは問われないことが多い。また，読み物資料や視聴覚資料を用いる場合，心情喚起型の授業になりがちである。だが知性よりも感情に訴える手法では，子どもたちの自律性を十分に養うことができないという批判もある。知性は，授業である程度成長させることが可能だが，感情はコントロールが難しいからである。

　それに対してモラルジレンマ授業では，子どもたちに自主的に考察をさせることで，内発的に判断力を身につけさせることができると評価される。

　反対に，モラルジレンマ授業のデメリットとしては，オープン・エンド型の授業であるために，「結局，何が正しいのか」が宙づりになり，教師が伝達したい内容が伝えられなかったり，児童生徒が不安を抱いたりすることが指摘さ

れる。また前述のように，折衷型の授業形態を取らないと，学習指導要領の各項目の伝達が不十分となる可能性があるという批判もある。

（4）「折衷型」モラルジレンマ授業の問題

　モラルジレンマ授業本来の目的は，道徳性の発達段階を上昇させることだが，日本の道徳教育で広く実践されているのは，発達段階の上昇よりも内容項目の伝達を重んじる，「折衷型モラルジレンマ授業」である。これは，「学習指導要領に記された内容項目をジレンマ討論を通じて教えるというスタイル」であり（林 2009, p.90），導入や展開ではモラルジレンマの手法が取り入れられているが，終末ではジレンマ状況を一つの答えに収束させて，特定の内容項目を伝達するものである。日本でモラルジレンマを取り入れた授業の多くがこのスタイルだが，この場合，ジレンマ状況や議論には補助的な役割しか認められず，モラルジレンマ授業の本来の意義を見失っていると言わざるを得ない。小学校中学年向けの NHK 道徳教育番組「ココロ部！」（2015 年〜）や「モヤモ屋」（2019 年〜）にも同様の傾向が認められる。

　「折衷型モラルジレンマ授業」の例として，有名な読み物教材である「二通の手紙」の指導を検討しよう。この資料には，動物園の終了時間を過ぎてから訪れてきた姉弟を入園させるかどうか，職員の「元さん」が煩悶するという道徳的ジレンマ状況が描かれている。

　ところが「二通の手紙」の学習指導案の多くは，元さんの心情に一定の共感を示しながらも，「決まり」を守ることに収斂させるものである。この指導案の例は第 7 章にも収録してある。NHK「ココロ部！」の「おくれてきた客」も「二通の手紙」のヴァリエーションだが，やはり「きまり」を守ることに収斂させている[1]。

　だが，ジレンマのうち一方の選択を誤ったものであると決めて，そこに収束するように授業を展開するならば，結局は教師が正解を伝える徳目注入的な道徳授業となり，モラルジレンマ授業の意義はなくなってしまう。「二通の手紙」の折衷型モラルジレンマ授業では，「決まり」の存在根拠が中心的な発問とな

る。しかし，その「決まり」にはどのような例外が存在するのかについては検討をせず，すでに存在する「決まり」の意義だけを強調するとすれば，結果的に，既存の秩序に一方的に従う同調的態度を強要することになってしまう。

　同じ「二通の手紙」を教材としても，折衷型モラルジレンマ授業だけでなく，（本来の意味での）モラルジレンマ授業も可能である（竹田 2015）。同じ「二通の手紙」を教材とした，本書第7章の折衷的モラルジレンマ授業の指導案と，モラルジレンマ授業の指導案とを比較してほしい。「決まり」の重要性に収束させる指導は，最後に論理の飛躍があり，さらにいえば生徒の気持ちをないがしろにしている部分がないだろうか。

（5）「決まり」は必ず守るべきなのか？

　筆者の知る限り，小中学校教員の多くは，「決まりを守らせる」ことを指導の主眼としているようである。実際，モラルジレンマ授業を小中学校の先生方に紹介すると，「規則を破ってもよいなどと教えることは出来ない」という意見が寄せられることも少なくない。

　確かに第1水準にある幼い子どもには，規範を遵守することの大切さを教えるべきかもしれない。しかし子どもたちも，物心がついてくれば「決まり」を疑うようになる。小学校中学年になれば，規範を内面化しつつ，その規範の正当性を疑う意識も芽生えてくる。

　同じ反抗的な言動でも，単なる「わがまま」なのか，それとも健全な「批判的精神」なのかを判断する必要がある。コールバーグの道徳性発達理論は，単純に年齢段階で割り切れるものではない。幼い子どもであっても，第3水準の萌芽が芽生えつつあることもある。

　例えば，ヨシタケシンスケの絵本『ふまんがあります』（2015年）では，主人公の幼児が大人の「ズル」に不満をぶつける。その「ふまん」の中には，単なるわがままのように見えるものもあるが，子どもを取り巻く規範を批判的に問い直そうとする萌芽もある。

　「どうして　パパがイライラしているからって，わたしまで　ついでに　お

こられるの？」

　このようなやりとりは，子どものいる家庭では日常茶飯事だろう。

　しかし翻って，学校でこのような「もんく」を口にするならば，教師への反抗として，「決まり」からの逸脱として，道徳的な「指導」の対象となるのではないだろうか。しかし，「靴下はワンポイントでなければいけない」「ツーブロックの髪型はいけない」といった「決まり」（校則）には，正当な根拠はあるのだろうか。教師が明確な根拠を説明できないままに，児童生徒に一方的にそうした規則を押しつけるならば，子どもは教師に幻滅してしまうだろう。あるいは，そうした規則に根拠がないことを知りながらも，通り一遍の指導をするとすれば，その教師は自分が正直ではないことを認めることになる（工藤・鴻上 2021）。

　そもそも，コールバーグの道徳性発達段階に基づけば，「決まり」を守ることは「慣習的水準」（第2水準）という，比較的「低い」段階である。第2水準では，既存の規範や秩序を疑うことはできない。

　いいかえれば，上述の「二通の手紙」を「きまり」の問題に収斂させることは，児童生徒を第2水準だと考えるのみならず，教師自身にも第2水準に留まることを強要しているのである。つまり，既存の秩序を疑わないこと，それに従うことを，教師にも生徒にも求めていることになる。これははたして「道徳的」といえるのだろうか。

（6）子どもと教師がともに考えるために

　そもそも，同じ一つの「決まりを守らない」言動でも，それが第2水準であるのか，第3水準であるのかでは，全く意味合いが異なる。

　私たちが生きる世界では，時に決まりを「破る」ことの方が「道徳的」といえることもある。極端な例だが，横断歩道で子どもが車にひかれそうになっており，自分が一歩進んで手を取れば，自分が車にひかれることもなく子どもを助けられる場合でも，「今は赤信号だから」という理由で見過ごすことは，決して道徳的とはいえないだろう。共同体に同調的な振る舞い（空気を読んだ付

度）などによって，法を犯す例は枚挙にいとまがない。こうした状態は，道徳性の発達段階でいえば第 2 水準であり，その共同体の規範を疑うことができていない（あるいは疑問に思いながらも逆うことができていない）。

　ナチス・ドイツによるユダヤ人虐殺の実行者の一人，アドルフ・アイヒマンを思い出してほしい。彼は法廷で，自分は確かに「人道上の罪」を犯したかもしれないが，それは当時の法律と，上官の指示にしたがっただけだと自己弁護した。哲学者のハンナ・アーレントは，アイヒマンの特徴を「思考の欠如」と呼んだ（アーレント 2017）。それは既存の共同体のあり方を疑うことを知らない姿勢である。校則にせよ，教職員内のルールや言動にせよ，人権侵害やハラスメントが容認されている共同体では，その場に同調するのではなく，その空気に従わずに告発する方が「道徳的」である。

　なにより，子どもたちが日常的に接しているアニメやマンガの主人公たちは，しばしば「決まり」よりも，眼前の他者への配慮を優先する。これは第 4 章で検討したギリガンのいうケアの道徳である。こうしたメディアの影響を日常的に受けている子どもたちに，一方的に「決まり」を墨守することを押し付けること自体に無理があるだろう。誤解のないように述べておくが，もちろん，「決まり」の重要性を教えなくてよいというわけではない。次章で取り上げる価値明確化の授業のように，子ども自身が決まりの重要性に気づくことは重要である。だが大人が決めた「決まり」を子どもに一方的に押しつけても意味がないし，時には「決まり」を守ることが正しいとも限らない。現代では技術革新や社会の変化が常態化しており，前世代の常識が，後の世代にそのまま通じるわけではない。

　既存の社会道徳を子どもたちに伝えるだけでは不十分であるからこそ，子ども自身に哲学的思考を要請するモラルジレンマ授業には可能性がある。モラルジレンマ場面が，個人の倫理的判断の基準を省察する機会を提供することは，ハーバード大学のマイケル・サンデルが政治哲学の授業でも用いていることからもあきらかである（サンデル 2010ab）。

　そしてモラルジレンマ授業を実践するためには，教師自身も，自らの道徳判

断を熟考する必要がある。教育者は，かなり自覚的にならないと，自分が子ども時代に受けた教育を無意識のうちに反復してしまう傾向がある（ミラー 1983，ブリッツマン 2022）。教師が，自らの道徳観について反省的に意識化し，自分が「当たり前」だと思っていることが，時に正当化されないと知ることも，モラルジレンマ授業を導入する意義として，極めて重要だといえるだろう。

2 モラルジレンマ授業の実践例（中学校 3 年・ 2 時間）

第 3 学年○組　道徳科学習指導案

令和○年○月○日（○）○限
場所　　3 年○組教室
指導者　　○○　　○○

1. 主題名　　法やきまりを守り社会で共に生きる

2. ねらい
   ・法やきまりの意義について理解し，主体的にきまりを守ろうとする意欲を育てる（C-(10) 遵法精神，公徳心）
   ・他者への思いやりを持ち，お互いを尊重し合う実践意欲と態度を育てる。（B-(6) 思いやり，感謝）

3. 教材名　　「二通の手紙」（『私たちの道徳』）

4. 主題設定の理由
（1）ねらいとする価値について
　秩序と規律のある社会を実現するためには，法やきまりが必要である。法やきまりは，自他の自由や権利を保障するものであり，その背景には他者への思いやりが存在している。しかし，きまりや規則を遵守することばかりを重視する場合には，しばしば他者への思いやりや気遣いが疎かになってしまうことがある。その一方で，自分本意な考えや他者への思いやりを優先し，きまりや規則を蔑ろにしてしまうこともある。このように，親切や思いやりと規則を遵守するという二つの道徳的価値は，しばしば葛藤を生み出すことになる。
　また，きまりや規則の意義について考えずに，単純に墨守しようとする態度は，他律的な道徳に留まってしまっている。例えば，ナチス・ドイツの迫害や虐殺からユダヤ人たちを救ったシンドラーや杉原千畝は，規則を守ることよりも人権や生命を優先した。

このように，無批判に法や規則を遵守するのではなく，個人の権利や生命を尊重するために法や規則が存在することを理解させ，盲目的に規則に従うのではなく，自身が守るべき道徳的価値について主体的に考える力を育てていくことが重要である。

（2）生徒について

本学級の生徒は，これまでの学校生活を通じて，規則やきまりを守ることの重要性について学んできている。きまりやルールを守らない生徒がいれば，生徒同士で注意し合う姿もしばしば見られる。しかし，こうした行為は相手への思いやりに基づくものというよりも，きまりを守らない生徒に対する不公平感から行われる傾向がある。もちろん，普段の学校生活では，お互いを尊重し，気遣いをもって接したり，思いやりの心をもって関わりあっている生徒たちが多い。このような他者に対する思いやりの気持ちと規則やきまりを守ることをどのようにして結びつけるのかという点を考えるために，他者への思いやりと規則を守るという2つの道徳的価値についての理解を深める必要がある。

（3）教材について

この教材では，動物園の職員である元さんが，幼い姉弟への思いやりの気持ちで職場の規則を破り，特別に入園を許可した。その結果，園内は大騒ぎになり，子どもの安全を脅かすとともに多くの人を巻き込んでしまうことになる。元さんは姉弟の母親から感謝されるが，動物園から解雇されることになる。元さんのとった行動は，心情的には理解できる面もある。しかし，多くの人に迷惑をかけ，一つ間違えれば大きな事故になっていた可能性もある行動であった。母親からの感謝の手紙と動物園からの懲戒処分の通告書の二通の手紙をもとにして，「元さんはどうするべきだったのか」を考えさせる。

第1次では，内容および元さんの葛藤状況を理解し，思いやりと規則遵守という道徳的価値の対立について考える。そのうえで，元さんの行為に賛成か反対かを各自で考える。

第2次では，第1次で考えた意見をクラス全体で交換し，ディスカッションを通して，自分とは異なる考え方に気づき，他者への思いやりと規則を守るというどちらも大切な道徳的価値について理解を深める。さらに，それらの価値の意義を洞察し，主体的に判断する。

5．学習指導過程
（1）本時のねらい（第二次中一次）
・法やきまりの意義について理解し，主体的にきまりを守ろうとする意欲を育てる
（C-（10）遵法精神，公徳心）

	学習活動と主な発問	指導上の留意点（・）と評価
導入	1．身の回りの「きまりや規則」について考える。（5分） ○身の回りにある「きまりや規則」にはどのようなものがありますか。	・身近な「きまりや規則」について，考えさせ，本時の学習に関心を持たせる。

	・憲法，法律 ・校則，学級内のきまり ・スポーツのルール	
展開前段	2．資料「二通の手紙」の内容を理解する。（20分） ○登場人物は誰ですか。 ○姉弟の様子はどうでしたか。 ・姉は弟の誕生日にもかかわらず入園できず泣き出しそうになっていました。 ○動物園にはどのような規則がありましたか。 ・入園時間は午後4時まで。 ・小学生以下の子どもは，保護者同伴でなければ入園できない。 ○閉門時刻の5時，何が起きましたか。 ・姉弟が出口に現れず，園内の職員で姉弟を探すことになりました。 ○二通の手紙を受け取った元さんは何と言っていましたか。 ・「子どもたちに何事もなくてよかった」。 ・「私の無責任な判断で，万が一事故にでもなっていたらと思うと」。	・登場人物，場面や状況を確認する。 ・姉弟がいつも動物園の入口にいたこと，弟の誕生日という特別な日であったことを押さえる。 ・判断の一つの要素となる動物園の規則について押さえる。 ・他の職員に迷惑をかけてしまったことを押さえる。 ・元さんの行為によって，子どもに危険がおよびかねなかった点を押さえる。
展開後段	3．元さんの行動について考える。（20分） ◎姉弟を入園させた元さんの行動に賛成ですか，反対ですか。 ［賛成］ ・姉弟がかわいそうだから。 ・姉弟を思いやっての行動だから。 ・元さんの気持ちを汲んで従業員もみな協力的だったから。 ［反対］ ・規則は守らなければならないから。 ・保護者同伴という規則に違反しているから。 ・子どもだけでは危険だから。	・元さんの判断に対して，賛成か反対か根拠をあげながら判断させる。 ・元さんの葛藤について整理し，生徒が考えやすいようにする。
終末	3．振り返りを書く。（5分） ○今日の学習を振り返って，改めて元さんの行為に賛成か反対か理由を含めて考えてください。	○自分の考えを改めて見つめ直すことができるように，十分な時間をとり，詳しく理由づけを書かせる。

<table>
<tr><td></td><td></td><td>実践意欲と態度
法やきまりの意義について理解し，よりよい在り方について考えているか（振り返り）</td></tr>
</table>

（2）本時のねらい（第二次の二次）

・他者への思いやりを持ち，お互いを尊重し合う実践意欲と態度を育てる。（B-(6) 思いやり，感謝）

	学習活動と主な発問	指導上の留意点（・）と評価
導入	1．内容と元さんの葛藤状況を再確認する。（5分） ○姉弟を動物園へ入れる際，元さんは二人を入れるかどうか迷ったと思います。それはなぜですか。 ・姉弟を動物園に入れてあげれば二人は喜ぶが，そのためには，動物園の規則を破らなければならないから。	・元さんの葛藤状況を再確認し，討論への動機づけにする。
展開前段	2．自分の第一次の判断と理由づけを見直す。（20分） ○元さんの行為に賛成ですか，反対ですか。 ・賛成 ・反対 ・わからない 3．他の生徒の理由づけに対する賛成意見，反対意見，質問を考える。	・各自の判断と理由づけを再確認させ，討論への意欲へと結びつける。 ・第一次判断の人数分布を知らせ，賛成理由，反対理由の代表的なものをそれぞれいくつか提示する。 ・ある程度の時間をとり他者の考え方と自分の考え方との相違点を明確に把握させる。
展開後段	4．焦点化された論点について討論する。（20分） ○姉弟を喜ばせることと規則を守ることでは，どちらが重要だと思いますか。 ・規則に縛られるよりも，姉弟を喜ばせようとする方が大切だ。 ・もし事故が起こっていた場合，姉弟の身を危険に晒していたかもしれないし，母親から感謝されることもなかっただろう。	・教師が用意した論点にこだわらず，生徒の討論の流れを大切にする。 ・それぞれの意見について様々な視点から考えることができるように，学級全体で討議させる。

	5．元さんの行動について再度判断し理由づけを行う。 ◎元さんの行動に賛成ですか反対ですか。 ［賛成］ ・子どもの夢を叶えるのが大人の役割だから。 ・善意や思いやりを大切にする社会を目指すべきだから。 ［反対］ ・元さんの仕事の一つは不正な入園を防ぐことだから。 ・個人の都合で規則を変えてはならないから。	
終末	3．振り返りを書く。（5分） ○今日の学習を終えて，他者への思いやりときまりを守ることが対立する場合にどのようなことを大切にするべきだと考えましたか。	○自分の考えを改めて見つめ直すことができるように，話し合いを終えて大切だと考えたことを振り返りとして書かせる。 実践意欲と態度 思いやりと規則の尊重という道徳的価値の対立について理解し，主体的に解決策を考えているか（発言・振り返り）

6．板書計画
（1）第一次

二通の手紙

「身の回りのきまり・ルール」
・憲法、法律　・校則、学級内のきまり
・スポーツのルール

動物園　［元さん］　姉弟

弟の誕生日→入園させてあげたい
動物園の規則→守らなければならない
閉門時間になっても姉弟が出てこない→問題
感謝の手紙
懲戒処分の通告

○姉弟を入園させた元さんの行動に賛成か、反対か

賛成
・姉弟がかわいそうだから。
・姉弟を思いやっての行動だから。
・元さんの気持ちを汲んで従業員もみな協力的だったから。

反対
・規則は守らなければならないから。
・保護者同伴という規則に違反しているから。
・子どもだけでは危険だから。

（2）第二次

二通の手紙

○元さんの葛藤
・姉弟を喜ばせたい
・動物園の規則を破らなければならない

○姉弟を喜ばせることと規則を守ること、どちらが重要か
・規則よりも姉弟を喜ばせる方が大切
・もし事故が起こっていた場合，姉弟の身を危険に晒していたかもしれない

○元さんの行動に賛成か反対か。

賛成
・子どもの夢を叶えるのが大人の役割だから。
・善意や思いやりを大切にする社会を目指すべきだから。

反対
・元さんの仕事の一つは不正な入園を防ぐことだから。
・個人の都合で規則を変えてはならないから。

7．価値分析表

表　判断・理由づけの発達段階表（二通の手紙）

元さんの行為に賛成	元さんの行為に反対
第1段階：他律的道徳 　正しい行為とは，規則を守り，権威に服従することである。正しい行為に至る理由は，罰を避けるためである。自己中心的で，他者の利害について考慮していない。	
・元さんはお客さんを大切にして姉弟を悲しませることをしなかったから。	・規則は守らなければならないから。
第2段階：個人主義と道具主義 　正しい行為とは，利害や欲求に合致する場合に規則に従うことである。また，他者にもそういった利害や欲求があることを理解している。正しい行為に至る理由は，世の中の人々が多様な利害や欲求を持っているなかで，自分の利害や欲求を満たすためである。	
・元さんは姉弟のことを不憫に思い入園させたから。 ・元さんの気持ちを汲んで，他の従業員も協力的だったから。	・動物園の規則を破ることによって元さんが懲戒処分となったのは当然だから。
第3段階：対人関係の重視と役割意識 　正しい行為とは，身近な人々からの期待に応え，自分の役割を全うする行為である。対人関係における信頼や感謝を重視する。正しい行為に至る理由は，周囲からよい人であると思われたいという欲求からである。また，ステレオタイプな善行を支える規範を維持したいという意思もある。	
・入園係として柔軟に対応することで，子どもやその親から感謝されたから。 ・子どもの夢を叶えることが動物園に勤める者の勤めであり，元さんはそれを実行したから。	・子どもを動物園に入れることで，同僚に対して迷惑をかけるかもしれない。 ・元さんの仕事の一つは，不正な入園を防ぐことであるにもかかわらず，その仕事を放棄してしまったから。

第4段階：社会システムと良心
正しい行為とは，現行の社会システムを守り，社会や集団に貢献する行為である。正しい行為に至る理由は，現在機能している制度を維持し，社会システムが崩壊するのを防ぐためである。

・人の善意や思いやりが大切にされる社会を目指すべきだから。	・快適や安全を確保するためにつくられた動物園の規則を個人の都合で変えてはならないから。

第5段階：社会契約と個人の権利
正しい行為とは，個人の権利や幸福を守るため，社会で吟味・同意されたものとしての規準に従うことである。また，生命や自由などの価値については，守る必要がある。正しい行為に至る理由は，人びとの幸福や権利を守るために，社会契約の観点から法律に対し責務を持っているためである。また，功利主義（最大多数の最大幸福）を志向する場合もある。

・子どもの権利を守るためにも，子どもたちだけで入園することを許すべきだ。 ・厳格に時間を守るよりも，多少規則を外れる程度なら，子どもの入園を認めた方が全体として幸福の総量は多いと考えられる。	・子どもたちだけで入園することにより，生命が危機に晒される可能性があるので，許すべきではない。 ・子どもたちを優先した結果，他の職員の権利を犯す可能性があるので，入園を許可してはいけない。

深い学びのための課題

1. モラルジレンマ授業についての理論的著作や実践的著作を探して読んでみよう。
2. 教科書等の読み物資料やNHKの教育番組を用いて，モラルジレンマ授業の授業構想（2時間）を作ってみよう。
3. 上記授業構想における判断（発言例など）を，道徳性の発達段階表に位置づけてみよう。
4. 上記の2. の教材をもとに「折衷型モラルジレンマ授業」の指導案を作成し，2. で作成した指導案を比較し，両者のメリットとデメリットについて，複数の観点から検討してみよう。

注
1）星　直樹（早稲田実業学校初等部）による指導案。https://www.nhk.or.jp/school/doutoku/kokorobu/kyouzai/004567.pdf（2022年10月3日最終閲覧）

引用・参考文献
Blatt, Moshe M. & Kohlberg, Lawrence（1975）"The Effects of Classroom Moral Discussion upon Children's Level of Moral Judgment," *Journal of Moral Education*, 4-2, pp.129-61.
荒木紀幸（1988）『道徳教育はこうすればおもしろい――コールバーグ理論とその実践』北大路書房
荒木紀幸編著（1997）『道徳教育はこうすればおもしろい――コールバーグ理論の発展とモラルジレ

ンマ授業』北大路書房

荒木紀幸監修，道徳性発達研究会編（2013）『モラルジレンマ教材でする白熱討論の道徳授業　中学校・高等学校編』明治図書出版

荒木紀幸編著（2017ab）『新モラルジレンマ教材と授業展開――考える道徳を創る（小学校編・中学校編）』明治図書出版

アーレント，ハンナ（2017）大久保和郎訳『エルサレムのアイヒマン――悪の陳腐さについての報告（新版）』みすず書房

工藤勇一・鴻上尚史（2021）『学校ってなんだ！　日本の教育はなぜ息苦しいのか』講談社現代新書

グラック，チェリン（監督）（2015）『杉原千畝 スギハラチウネ』（DVD），ポニーキャニオン，2016 年

コールバーグ，ローレンス（1987）永野重史監訳『道徳性の形成――認知発達的アプローチ』新曜社

コールバーグ，ローレンス（1985）内藤俊史訳「『である』から『べきである』へ」永野重史編『道徳性の発達と教育――コールバーグ理論の展開』新曜社，1-123 頁

サンデル，マイケル（2010ab）NHK「ハーバード白熱教室」制作チーム・小林正弥・杉田晶子訳『ハーバード白熱教室講義録＋東大特別授業（上下）』早川書房

白石仁章（2014）『六千人の命を救え！　外交官・杉原千畝』PHP 出版

スピルバーグ，スティーブン（監督）（1993）『シンドラーのリスト』DVD，ジェネオン・ユニバーサル，2012 年

竹田敏彦（2015）「二通の手紙（道徳教材−授業展開とワークシート）」荒木紀幸ほか編『考える道徳を創る「わたしたちの道徳」教材別ワークシート集　中学校編』明治図書出版，172-177 頁

林泰成（2009）『新訂　道徳教育論』放送大学教育振興会

姫野完治・細川和仁（2009）「小中学校教員から見た「道徳の時間」の実際と教員養成の役割」『日本教育大学協会研究年報』27，67-79 頁

藤井基貴・加藤弘通（2009）「道徳教育の授業開発に関する基礎的研究（1）――モラルジレンマに関する実態調査から」『静岡大学教育学部研究報告 人文・社会・自然科学篇』，60，237-243 頁

ブリッツマン，デボラ・P.（2022）下司 晶・須川公央監訳『フロイトと教育』勁草書房

ミラー，アリス（1983）山下公子訳『魂の殺人――親は子どもに何をしたか』新曜社

ヨシタケシンスケ（2015）『ふまんがあります』PHP 研究所

第11章

価値の明確化

1 価値の明確化とは何か

　道徳授業理論の一つとして，児童生徒の主体的な価値づけ（valuing）の過程を重視する「価値の明確化（values clarification）」がある。学校現場で広く行われている道徳科の授業は，社会で一般に認められている道徳的価値を児童生徒に教え，その価値の内面化を目指すものである。それに対して「価値の明確化」の授業は，個人の経験を尊重し，児童生徒が自らにとって重要な価値を主体的に選び取る能力を求める。「価値の明確化」を支えるのは，価値とは普遍的なものではなく，時代や，文化や，個人の経験や状況などによってさまざまな形でありうるとする考え方であり，「価値中立主義」ともいわれる。

　「価値の明確化」が目指すのは，児童生徒一人ひとりに価値づけの機会を提供し，児童生徒自身が目的をもって満足しうる生活のあり方を見つけ出すことである。そのため，「価値の明確化」の授業では，児童生徒が自分にとって重要な道徳的価値を主体的に吟味し，自らの生き方に何らかの秩序を作り出す過程そのものが学習のねらいとなり，それを支援するのが，教師の役割となる。

（1）「価値の明確化」の背景

　「価値の明確化」は，1960年代のアメリカで，従来の伝統的な価値を教え込む道徳教育に対する批判として，ラス（Louis E. Rath）によって理論が提唱され，ハーミン（Merrill Harmin），サイモン（Sidney B. Simon）らの実践運動によって，発展した。

　60年代当時のアメリカは，ベトナム反戦の動きや人種差別を禁止しようとする公民権運動によって，伝統的な価値や生活様式の自明性が揺らいでいた。

また，家族関係の変容やマスメディア浸透の影響もあいまって，社会的な価値が多様化したうえに混乱し，子どもたちの道徳性の発達が困難となる状況になっていた。そのような社会状況を背景として，ラスらは，大人（教師）が既存の道徳的価値を一方的に教えこむことではなく，それぞれの経験によって得た価値（values）を主体的に吟味し，自らの行動の一般的な指針とするその過程こそが，子どもたちにとって重要であると考えた。この「価値の明確化」は，1960年代以降，子どもたちに道徳的な価値を教え，内面化するインカルケーション（inculcation）や人格教育（character education），コールバーグ理論によるモラル・ディスカッションと並んで，アメリカの道徳教育の大きな流れの一つとなった。日本の学校教育の現場では，児童生徒の主体的な価値の獲得過程を重視するアプローチとして1990年代に遠藤昭彦や諸富祥彦らにより紹介された。

（2）価値の基準

「価値の明確化」では，価値づけの過程が重視されるが，そこには以下に記す七つの基準があり，これらの基準を満たすものが，行動の指針となり人生に方向を与える価値とされる（ラス他 1991）。

① 自由に選択すること
② 複数の選択肢の中から選択すること
③ 各々の選択肢の結果についての十分な考慮の後で選択すること
④ 尊重し，大切にすること
⑤ 肯定すること
⑥ 選択に基づいて行為すること
⑦ 繰り返すこと

上記の，ラスが挙げた基準については，ハーミンやキルシェンバウム（H. Kirschenbaum）のような同じ立場に立つ理論家や実践家によって変更，修正が加えられることもあり決定的なものではないが，重要な点は，学習の過程で児童生徒一人ひとりに対して，知的に価値を選択し判断する機会が保障されなけ

ればならないということであろう。そのような機会は主に，教師との対話や書くこと，討議，体験活動によってもたらされる。また，児童生徒が価値づけをする際，強制されることなく個人の選択と判断が尊重されるために，教師と児童生徒，児童生徒同士の間に受容的な雰囲気が必要となる。

（3）「価値の明確化」の授業

　諸富祥彦（1997）は，「価値の明確化」の授業実践にあたって「自分づくり」を行う A 型授業と，「問題を発見し解決する能力を育てる」B 型授業の 2 種類を構想している。

　「自分づくり」（A 型）の授業では，自分がどんな人生を生きたいか，どんな人間になりたいか，といったことを自問自答させる。学習の展開例としては，児童生徒一人ひとりが「価値のシート」と呼ばれるワークシートによって自分が大切に思う価値を明確にしたうえで，それぞれの考えや思いをグループや学級全体で聞き合うことが考えられる。

　一方，「問題を発見し解決する能力を育てる」（B 型）授業は，容易に答えが出せない問題について，「価値のシート」をもとにした話し合いや調べ学習，ディベート，モラル・ディスカッションといった活動をする「意志決定プロセスの模擬演習の場」である。

　いずれの授業のタイプにしても，一人ひとりの選択と判断が尊重されるため，終末はオープンエンドとなる。つまり，問題についての最終的な判断・決定を児童生徒一人ひとりに委ね，全体としての答えを統一することはない。

（4）「価値の明確化」の意義

　「価値の明確化」は，既存の道徳的価値を否定し，放縦な生き方を肯定するものではなく，児童生徒一人ひとりが大切に思い，生き方の指針となる価値を自らつかみ取る力を育てようとするものだ。現代のような価値が多様化した社会では，さまざまな価値に対して寛容の態度をもつことが必要であるが，反面，その価値を批判的に吟味する力が求められる。

既存の価値を吟味しつつ，自分にとっての大切な価値を獲得する方法を身につけることは，現代社会に生きる私たちにとって重要であろう。加えて，自分が選択し選び取った価値が教師や友だちから受容的に承認される，という経験は，自分だけでなく，他者がもつ価値に対する寛容の態度を育てることにもなるだろう。自他を認め，自分の生き方を創造しようとする「価値の明確化」の意義は大きい。

（5）「価値の明確化」の課題

　他方，個人の価値を尊重しようとする「価値の明確化」は，個人主義や自己中心性と結びつきやすく，さらに，伝統的な価値の権威を低下させるという批判もある。そのため現在のアメリカでは，人格教育（character education）に代表されるような，学校教育においては子どもたちに社会的に共有される価値のよさを伝え，教えるべきだという傾向が強くなっている。また，わが国の「道徳の時間」では，児童生徒に学習指導要領に示された内容項目（道徳的価値）を教えることが主流であったために，日本の「道徳の時間」の授業にはそぐわないという意見もあった。

　しかし，現在，道徳の時間が教科化され，「考える道徳」，「議論する道徳」の授業が求められることになったために，そのような授業実践の実現にあたって一つの手法となりうると考えられる（文部科学省 2017a, p. 2, 2017b, p. 2）。「価値の明確化」は，自分がもつ価値の吟味，自尊心の向上や他者のもつ価値に対する寛容といった，現代の子どもたちに求められている「生きる力」に通じた学びの機会ともなりうるだろう。

　今日の道徳科の授業においても，既存の価値を尊重しつつ，現代社会において顕わとなった多様な価値を受容し，また，吟味しようとする「価値の明確化」のあり方が模索される必要があるのではないだろうか。

2 「価値の明確化」授業の実践例（小学校3年・1時間）

（1）学習指導案

第3学年○組　道徳科学習指導案

令和○年○月○日（○）第○校時
場所　　○年○組教室
指導者　　○○　○○

1．主題名　　きまりは何のために（C-(11) 規則の尊重，関連項目 B-(6) 親切，思いやり）

2．ねらい　　約束や社会のきまりの意義を理解し，それを守ろうとする実践意欲と態度を育てる。

3．教材名　　「心の優先席」（『小学どうとく　ゆたかな心』光文書院）

4．主題設定の理由

（1）ねらいとする価値について

　集団や社会にある約束や法，きまりはそこに所属する一人ひとりによって尊重されなければならない。それは，それらの約束や法，きまりが，個人や集団の現実の生活を安全かつ安心できるものにしているからである。法やきまりを守ることを窮屈だと感じることがあるとしても，社会における法やきまりが他者への気遣いに基づいていることを考えれば，法やきまりを進んで守り，自他の権利を尊重するとともに義務を果たすという精神を児童にしっかりと身に付けさせる必要がある。そして，法やきまりを守らない自分勝手な行動に対して，それらを許さないという意思を持つこともその表裏の関係にある。

　また，法やきまりを支える他者への気遣いとは，言い換えれば思いやりであり，相手の気持ちや立場を自分のことに置き換えて推し量り，相手に対してよかれと思う気持ちを相手に向けることである。それはよりよい人間関係を築く上で求められる基本的な姿勢であろう。

（2）児童について

　本学級の児童は，学校生活で友だちと活発に交流し，様々な人との関わりが広がってきている。人との関わりが増えていく中で相手の気持ちを察したり，より深く理解したりすることもできるようになってきた。約束やきまりについても，学級や学校生活でのそれらを大切にしようとしている。

　しかし一方で，相手が自分と同じように考えていると思いこんだり，きまりを守らない子をその事実だけで非難したりする姿が見られるなど，相手の立場に立って気持ちを

考えることについて十分とは言えない。相手の置かれている状況，困っていること，大変な思いをしていること，悲しい気持ちでいることなどを自分のこととして想像することによって親切な行為を自ら行っていけるようになるとよい。また，そのような相手への思いやりの心情を土台として一般的な約束や社会のきまりの意義やよさについて理解し，約束やきまりを進んで守っていけるようになるとよい。

（3）教材について

本教材は読み物教材である。日曜日の夕方に母と混みあう電車にのった「わたし」は，ある駅で少し腰の曲がった八十歳くらいのおばあさんが乗ってきたのを見る。「わたし」の近くには三人の女の子がいて，それぞれ，①優先席にすわっている人がゆずるべきだ，②近くにすわっている人がゆずってあげるのがいい，③ゆずりたい人がゆずるのがいい，という意見を話す。それを聞いていた「わたし」はどうしたらよいかを考えこんでしまうという物語である。

三人の女の子の意見はそれぞれに正当な理由があり，どれを選択するかは，一人一人に児童がこれまで培ってきた価値観に左右されるだろう。多様な価値観による理由付けを児童同士が聞き合うことは，この道徳的場面を多面的・多角的に考える機会となる。異なる立場に立つ価値の見方・考え方と出会うことで，児童一人一人が改めて規則を尊重するという道徳的価値について吟味して，自分を見つめ，自分のこれからについて考える機会としたい。

また，本教材の道徳的場面は個人の持つ多様な価値観の表れでもある。本時の学習展開では，個人思考，小グループでの意見交換，全体の場での討議などで，それぞれの思考が尊重され，児童一人一人が価値の選択と判断を保障されるよう配慮したい。

5．学習指導過程

	学習活動と主な発問	指導上の留意点（・）と評価
導入	1．「優先席」について考える。（5分） ○「優先席」を知っていますか。 ・電車やバスで見たことがある。 ・お年寄りや体の不自由な人のために作られた席だよ。	・児童が本時の道徳的場面に関心を高められるように，「優先席」のマークを紹介する。
展開	2．「心の優先席」を読んで話し合う。（30分） ○どの意見の子が正しいと思いますか。 ①おばあさんのような人のために作られた席だから。 ②近い席の方がおばあさんも楽だから。 ③本当にゆずりたい人がゆずる方がよいから。 ○生活班で意見を聞き合おう。 ○学級全体で話し合おう。	・自分の立場を明確にできるように，「価値のシート」に自分の選択とその理由を書かせる。 ・様々な考え方に気付くことができるように，小グループで考えを交流させる。 ・規則の尊重という価値について多面的・多角的に考えることができるように，学級全体でそれぞれの意見について討議させる。 ・児童一人一人が自身の選択と判断に自信が持てるように，選択の理由づけができたことを認める。

終末	3. 振り返りを書く。（10分） ○今日の学習を終えて，どんなことが大切だと考えましたか。	・自分の考えを改めて見つめ直すことができるように，話し合いを終えて大切だと考えたことを振り返りとして書かせる。
		実践意欲と態度 約束や社会のきまりの意義を自分なりに考え，これからの生活に生かしていこうとしている（発言・振り返り）

6．板書計画

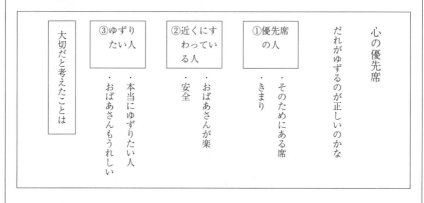

（2）指導の際の留意点

「価値の明確化」の授業では，児童生徒一人ひとりが主体的に価値を選択し，判断する学習過程が大切にされなければならない。そのために，「価値のシート」の活用など，一人ひとりが道徳的価値について思考する手立てを工夫するとともに，その選択と判断が教師や友達に尊重され，認められる機会となるような学習展開としたい。

深い学びのための課題

1．既存の読み物教材を用いて，「価値の明確化」授業の指導案を作ってみよう。
2．自分のこれまでを振り返り，「特別の教科　道徳」で扱われる内容項目の中から，自分がどのような道徳的価値を大切にしてきたかを考えてみよう。

引用・参考文献

押谷由夫・伴恒信編訳（2002）『世界の道徳教育』玉川大学出版会

日本道徳教育学会全集編集委員会（2021）『新道徳教育全集第2巻　諸外国の道徳教育の動向と展望』学文社

水田清一（2006）「アメリカ道徳教育の新しい潮流」『富山国際大学国際教養学部紀要』Vol. 2, 179-186頁

諸富祥彦（1997）『道徳授業の革新—「価値の明確化」で生きる力を育てる』明治図書

文部科学省（2017a）『小学校学習指導要領解説（平成29年度告知）特別の教科　道徳編』

文部科学省（2017b）『中学校学習指導要領解説（平成29年度告知）特別の教科　道徳編』

山根耕平（1995）「価値・道徳教育への「価値明確化」理論のアプローチ——その概要と考察」『神戸親和女子大学研究論叢』28, 187-212頁

ラス, L. E.・ハーミン, M.・サイモン, S. B.（1991）遠藤昭彦監訳, 福田弘・諸富祥彦訳,『道徳教育の革新—教師のための「価値の明確化」の理論と実践』ぎょうせい

第12章

構成的グループ・エンカウンター

1 構成的グループ・エンカウンターとは何か

　教師と児童生徒，そして児童生徒同士がお互いを理解し，協力し合える関係を構築する方法の一つとして注目されているのが，構成的グループ・エンカウンターである。この手法は学校では道徳教育や人権教育，いじめや非行の予防に，教員や企業の研修などではコミュニケーション能力や自己主張能力の向上のために用いられることが多い。

　構成的グループ・エンカウンターは，リーダーが用意したプログラムによって自己開示的内容を含むエクササイズを行い，その内容をシェアリング（共有）することで交流を図る集団的カウンセリングの技法であり，サイコエデュケーション（心理的な教育）の一種である。エンカウンターとは「出会い」という意味であり，エクササイズを通して，それまで気づかなかった自分や他者と出会うことによって，参加者相互に成長をもたらすことがグループ・エンカウンターのねらいである。

　構成的グループ・エンカウンターの本質は，グループによるエクササイズを行うことで人間関係を築き，自己発見や他者発見を行い，自分や相手に関する考えや認知を広げたり，修正したりすることである。その特徴は，リレーション（人間関係）の体験，個の自覚，自己盲点への気づきと自己開示による自分と相手の成長である。自己盲点とは，自分では気づいていないが周りは知っている自分のことである。自己開示とは，他者には隠しているが自分のなかにあるものに気づき，それをはっきりと相手に伝えるということである。

（1）二つのエンカウンター —— 構成法と非構成法

　ここまで構成的グループ・エンカウンターについて論じてきたが，グループ・エンカウンターには二つの種類がある。一つはカール・ロジャーズの流れを汲む「ベーシック・エンカウンター」（非構成的グループ・エンカウンター）であり，もう一つは國分康孝が開発した構成的グループ・エンカウンターである。

　日本におけるグループ・エンカウンターの源流として，1950 年代から進められてきた集中的グループ体験の実践や研究が挙げられる。1970 年には，ロジャーズのもとで学んできた畠瀬稔によって，非構成的グループ・エンカウンターやそれに準じたワークショップが全国で開催されるようになった。國分康孝は 1970 年代に，エスリン研究所の流れをくむ独自の手法として，構成的グループ・エンカウンターを提唱したが，この手法は，國分の『エンカウンター ——心とこころのふれあい』（1981 年）の出版によって，広く知られるようになる。そして國分が 1989 年に筑波大学にて現職教員の指導にあたるようになると，学校現場にこの手法がいっそう広がっていった（加藤 2000, pp.90-93, 國分康孝 2000b, p.90）。

　構成的／非構成的という二つのエンカウンターの違いは，構成されているか，そうでないかである。「構成的」とは，ルール，グループの人数，グループの構成，時間制限等の枠を与えるということである。構成的グループ・エンカウンターでは，こうしたルールに従い，リーダーの指示に沿ってエクササイズを行う。一方，非構成的グループ・エンカウンターには，あらかじめ準備されたエクササイズなどはなく，メンバーが自由に話題を展開していく。

　学校での活動には，非構成的グループ・エンカウンターよりも，構成的グループ・エンカウンターが適している。リーダーが指示しエクササイズを進めるという手法は，学校の授業や指導と似ているため，教師はリーダーに適している。國分は，構成的グループ・エンカウンターの利点を，次の 5 点にまとめている（國分康孝 1992, pp.6 - 7）。

①所定の時間におさめられる。

②参加者に応じてエクササイズの順番や配分を変えたり，リーダーが介入
　したりできるので，トラブルや心的外傷を予防しやすい。

③内容的にも時間的にも空間的にも枠があるので，スムーズに進行できる。

④大人数のグループにも活用できる。

⑤構成法のリーダーが教師や企業人のなかに見つけやすい。

　ただし，構成的グループ・エンカウンターと非構成的グループ・エンカウン
ターには，共通している部分もある。両者の共通点は，ともに実存主義思想を
基調とし，メンバー相互の自己開示が活動の中心になっていることである。体
験的な学習は，知的な学習よりも柔軟性が求められるため，用意したエクササ
イズにメンバーを合わせるのではなく，メンバーにエクササイズを合わせるこ
とが必要である（國分久子 2000, pp.39-41）。

（2）構成的グループ・エンカウンターの方法
　構成的グループ・エンカウンターの基本的な手順は，以下の七点からなる
（岡田 2000, pp.82-85）。

　①ねらいの明示

　②インストラクション（導入）の実施

　③デモンストレーション（お手本）の実施

　④エクササイズ（課題）の展開

　⑤必要時のインターベーション（介入）の実行

　⑥シェアリング（わかちあい）の実施

　⑦フィードバック（定着）の実施

　もっとも重要なことは，③でリーダー自身による自己開示がなされているこ
とである。それは第一に，リーダーの自己開示がモデルとなって，メンバーの

自己開示を深めるからである。第二に，リーダーの自己開示によって，メンバーがリーダーに親近感を抱き，そのことがメンバーの自己開示を促すからである。第三は，リーダーの自己開示それ自体が，メンバーが自分の思考・行動・感情を修正するきっかけになるからである（岡田 2000, p.59）。よいエンカウンターが行われているとき，リーダーは以下の特徴を持つ（岡田 2000, pp. 71-72）。

①リーダーによる自己開示がなされている。
②リーダーのペースで展開している。
③リーダーの指示や導きの使い分けができている。
④リーダーの指示が簡単明瞭であり，要を得ている。
⑤リーダーの指示が一貫しており，途中で変更していない。
⑥リーダーの立ち位置が一ヵ所に固定していない。

　また，リーダーの自己開示と同様に重要なことは，リーダーがメンバー一人ひとりを配慮することである。リーダーは，メンバーがエクササイズに参加しやすい雰囲気や環境を整え，状況に応じて，適切な言葉遣いや態度で説明や介入を行う必要がある。エクササイズへの参加を望まないメンバーには，離脱する権利が保証されるべきだし，エクササイズを変えることも必要である。ネガティブな反応も受け止めて，エクササイズに生かしていく必要がある。

（3）構成的グループ・エンカウンターの課題

　エンカウンターの最低条件は，自己開示と実存主義的発想が基調になっていることである。単にゲーム風のエクササイズを行えばすべてエンカウンターになるわけではない。自己開示の希薄なエクササイズは，授業風あるいは訓練式になり，自己開示が乏しいと自己発見も乏しくなる。また，一人ひとりの世界観を大切にする姿勢や，同じエクササイズも人によって受けとり方が異なるという実存主義の思想がないと，参加者にとってはやりたくもないエクササイズ

を強制される全体主義的な活動になってしまう（國分康孝 2000a, p.7）。

　このような事態に陥らないため，構成的グループ・エンカウンターを行おうとする者は，この手法への深い理解が必要であるし，カウンセリングの基礎知識があった方がよい。仮に心理学的な知識に自信がない場合は，自己開示の度合いは「浅い」ものに留めるべきである。いうまでもないことだが，この活動によって参加者が心に傷を負うことのないよう，十分に配慮する必要がある。

　構成的グループ・エンカウンターは万能の手法ではない。エンカウンターの求める人物像は，「何ものにもとらわれない自分，パーソナルな自分」（國分康孝 2000c, p.199）である。その反面，この自由の感覚がいきすぎると，単なるわがままと区別がつかなくなる。そうならないよう，役割を与えたり，エクササイズに条件をつけたり，ルールを設定したりすることが重要となる。

　構成的グループ・エンカウンターは，学校では道徳科だけでなく，学級活動（以下，学活）等の特別活動でも実施されることが多い。また，工夫をすれば各教科の授業の中でも実施可能である。ただし，授業で構成的グループ・エンカウンターを行う場合には，学習指導要領で規定されている内容項目との対応を吟味しておく必要がある。学活等では，クラスの状況に応じて，気になる課題を中心にエクササイズを組み立てるとよい。

　構成的グループ・エンカウンターを学びたいという人に向けては，國分康孝の編著作をはじめ，関連書や学術論文が多数刊行されている。指導案を収録しているものも多いので，学校での教育実践にも取り入れやすい。DVD『プロフェッショナル仕事の流儀　中学教師 鹿嶋真弓の仕事――人の中で 人は育つ』（NHK，2007 年）も，学活が中心ではあるが，中学校で構成的グループ・エンカウンターを取り入れる活動が収録されているので，非常に参考になる。あわせて，是非参照してほしい。

（1）学習指導案[1]

第 2 学年○組　道徳科学習指導案

令和○年○月○日（○）第○校時
場所　　○年○組教室
指導者　　○○　○○

1．主題名　　「ほんとうの自分？　うその自分？―イメージからの脱出―」
　　　　　　　内容項目　A（主として自分自身に関すること）-(3) 向上心，個性の伸長

2．ねらい　　ありのままの自分を見つめ，仲間に伝え，お互いにより深く理解し合え
　　　　　　　る関係を築くために何ができるのかを考えようとする。

3．資料名　　『中学校道徳　明日を生きる　2』日本文教出版
　　　　　　　「17「自分」って何だろう」（pp.92-95）

4．主題設定の理由
　　人へのイメージはその人の行動を見てつくられるものである。ところが，心と行動は
必ずしも一致しているとは言えない。困ったことに，周囲の人によってつくられた自己
イメージは，なかなか変えられないものである。さらに，人からのイメージに沿う生活
ばかりしていると，本当の自分を見失うことにもなりかねない。イメージばかりが一人
歩きすると，居心地が悪くなるばかりか，本当の自分を表現するチャンスを逸してしま
うこともある。個性を伸長するには，自分は何ができて，何が好きで，今後どのような
ことをしたいのかなどについて，知っていることが前提となる。そこで，普段の行動の
裏に隠れた，自分でも気づかなかった内面（心・感情・思考など）に目を向けること
で，ありのままの自分を見つめる時間を設定することとした。
　　この種のテーマの場合，個を見つめ（自己理解），個で受け止めて（自己受容：長所
を受け止めるだけでなく，短所も含めて受け止める）終わるパターンになりがちである。
本実践は，中学 2 年生を対象に道徳の時間に「自分」について，深く見つめ自己完結す
るだけにとどまらないよう，構成的グループ・エンカウンターの手法を用いることとし
た。実際には，個（自己理解）から集団（自己開示）へ，集団（他者受容：長所を受け
止めるだけでなく，短所も含めて受け止める）から個（自己受容）へと，その時々のね
らいを明確にしながら，丁寧に進めていくこととした。
　　教師からの発問はあくまでも教師の問いであって，生徒の問いではない。生徒が主題
に主体的に取組むには自我関与が必要である。本時で用いる資料『「自分」って何だろ

う』では，4コマ漫画「ブッタとシッタカブッタ」が引用されている。中学生にとって馴染みのある4コマ漫画を用いることで，抵抗なく，本時の目的地を自らの問いとして抱くことができると考えられる。この資料を基に「特別の教科 道徳」の内容項目A「主として自分自身に関すること」の(3)「向上心，個性の伸長」について考えさせたい。

　教師の役割としては，生徒が自ら抱いた問い（自我関与した問い）について，問い直し，問い返し，問い続けるといった自己内対話を促進させることである。以上を踏まえ，生徒が「自分」に迫っていけるよう，ありのままの自分を見つめるチャンス，ありのままの自分を仲間と伝え合うチャンス，互いにより深く理解し合えるチャンスの時間を確保し授業を構成する。

5．学習の展開

時間	学習活動と主な発問	指導の留意点と評価
導入 5分	○渥美清さんは，映画で長年「フーテンの寅さん」を演じているうちに，本当の自分とイメージの中で創られた自分の間で，とても苦しんだそうです。 私たちも，周りの人から思われている自分（イメージの中の自分）に苦しんだこと，ありませんか？ そこで，今日はほんとうの自分とその自分について，考えてみましょう。 ・お笑い芸人の中にもそういう人いるかも… ・「〜らしくない」って人から言われると，自分らしくいられなくなる感じがする。	・イメージが強い人の例を挙げる。フーテンの寅さん（渥美清）・ローワンアトキンソン（ミスタービーン）・坂本金八（武田鉄矢）などの写真を提示する。
展開（1）10分	○『ブッタとシッタカブッタ3 なぁんでもないよ』（小泉吉弘，2003，p.166）の4コマ漫画を読み，教師が解説を加える。 ○人のイメージに沿うことばかりしていると，本当の自分を見失うことになりかねません。そこで，普段の何気ない行動とその時の自分の心の声に耳を傾けてみましょう。 ○シークレットシート（p.186参照）に書きながら，ありのままの自分を見つめてみましょう。このシークレットシートは誰にも見せないので安心して書いてください。 ○例えば，私の場合，帰りの遅い我が子を心配していたのに，いざ帰って来たら「こんな時間まで何していたの！」とつい言っ	・「シッタカブッタ」読解の際には，生徒が，自分の生活と関連付けて読解できるよう配慮する。 ・すぐに書ける生徒ばかりではないので，書くことを強制しない。シークレットシートの項目を眺めながら，じっくり考えることが大切であることを伝える。 ・どのような感情のときどのような行動をとるか，自分の行動の癖について，何か気づきがあるか。

188

	てしまったことがあります。	
展開（2）20分	○まわりの人からのイメージとほんとうの自分とのずれの中で，「修復できたらいいなぁ〜」と思われるものは何でしょう？このワークシートに従って文章を完成させてみてください。ワークシートの語尾は文章に合わせて変更しても構いません。 ○ちなみに，「私は周りの人からは，とっつきにくいと思われがちですが，本当の私は，とてもフレンドリーです。」 ・ワークシートに記入する。 ○では，班になって，このワークシートを読み上げながら，ありのままの自分を仲間と伝え合いましょう。聞いているときは，「意外！」「わかっていたよ！」のいずれかのリアクションをしてください。	・教師が自分のことを例として紹介するとわかりやすい。 （事前に何人かの先生にも記入してもらっておくとよい）
まとめ15分	○ふりかえり用紙に感じたことや気づいたことを記入しましょう。記入できたら，班ごとにシェアリングしましょう。 ・意外な一面を知ることができた。 ・もしかしたら，そうかなぁ〜と思っていた。 ○全体にシェアしたい人は，ぜひお願いします。 ・ワークシートを発表したとき，みんなもうなずいてくれたので，嬉しかった。 ・班の人たちとだけではなく，クラスみんなでできたらいいなぁ〜と思った。	・発表は強制せず，話したい人から話してもらう。 ・誰も発言しなかった場合は，ふりかえり用紙の自由記述欄に書かれた内容を（匿名にして）ランダムに読みながら，すべてに対してプラスのフィードバックをしていくことで，シェアリングに変えられる。

6．作成するワークシート等
【シークレットシート】【ワークシート】

（2） 作成するワークシート等

◎　ありのままの自分を見つめてみましょう。

　みなさんは，ほんとうの自分とか，うその自分とか考えたことありますか？
　たとえば，みんなの前では反抗的だがほんとうは自分でもまずいと思っている，など。
　心は見えませんが，行動は見えます。その見えている行動は，必ずしも見えない心と一致しているとは限りません。シートを見ながら，自分のいろいろな面を考えてみましょう。書くことが難しい場合は，記入する必要はありません。

	ほんとうの自分 （心・感情・思考：みんなには見えない自分）	うその自分 （行動：みんなに見えている自分）
学校生活		
友達関係		
家庭		
性格		
その他		

☆　周りの人からのイメージと本当の自分とのずれの中で，「修復できたらいいなぁ〜」
　　と思われるものは何でしょう？下の〔　　　　　　　　　〕に書いてみましょう。

> 私は周りの人からは
> 〔　　　　　　　　　　　　　　　　　　　　　　　　　　　〕
> 　　　　　と思われがちですが，
> 本当の自分は〔　　　　　　　　　　　　　　　　　　〕です。

（実際のシートは，それぞれＡ４ないしＢ５で，十分な記入スペースをとって印刷する。）

```
┌─────────────────────────────────────────────────────────┐
│                    ふりかえり用紙                          │
│                                                           │
│   以下の各項目について，「1．できなかった，2．少しできた，3．まあまあできた，│
│  4．できた」で自己評価するとともに，「感じたことや気づいたことを何でも書いてく │
│  ださい」と記入した振り返り用紙を配布し，生徒の省察を深めることとした。       │
│  1．ありのままの自分を見つめることはできましたか。                         │
│  2．ありのままの自分を仲間に伝えることはできましたか。                      │
│  3．相手のことがこれまで以上にわかりましたか。                            │
│  ＊感じたことや気づいたことを何でも書いてください。                        │
│                                                           │
└─────────────────────────────────────────────────────────┘
```

（実際の「ふりかえり用紙」は，A4ないしB5で作成。）

（3）指導の際の留意点

①展開（1）：「ありのままの自分を見つめる」

シークレットシートは，書けるにこしたことはないが，たとえ書けなくても（あるいは書かなくても），自分を見つめるきっかけとしたい。書くことにこだわると，そこで思考がストップしてしまうので，強制しない方がよい。自分を見つめることにとまどう生徒，自分の気づかなかった自分と出会って驚く生徒，自分を見つめることを楽しむ生徒などさまざまな様子を見ることができればよい。

②展開（2）：「ありのままの自分を仲間と伝え合う」

ワークシートを使うと「相手に自分のことを伝えやすくなる」と感じた生徒が多いだろう。学校生活の中で自分の行動が誤解されて，居心地が悪くならないうちに行うこと，また，このワークシートを使って繰り返し行うことで，ワークシートがなくても本当の自分の気持ちを伝えられるような人間関係ができることが期待される。

③まとめ：「お互いにより深く理解し合う」

授業では，「ほんとうの自分」と「うその自分」とを区別したが，生徒には，その両方が自分であるということを伝えたい。その際，アニメなどでは心の葛藤として「よい行いをなすべきとささやく天使」と「いたずら好きで誘惑に誘う悪魔」が描かれるといったような例を用いて，どちらもが自分の中から出て

きたものだ，といった例を出すのもよいかもしれない。

深い学びのための課題

1. 構成的グループ・エンカウンターに関する理論的著作を読み，その特長と学校現場で活用するうえでの課題について考えてみよう。
2. 構成的グループ・エンカウンターの手法を取り入れた授業の指導案例を複数探して，検討してみよう。
3. 教科書の教材をもとに，構成的グループ・エンカウンターの手法を取り入れた授業の指導案を作成してみよう。1時間でも，複数時間の単元化でもよい。

注
1）第2節の指導案は，鹿嶋真弓（2004）「ほんとうの自分？　うその自分？」諸富祥彦・斉藤優編『「心のノート」とエンカウンターで進める道徳　中学校編』明治図書出版，24-33頁を「特別の教科　道徳」向けに改変したものです。

引用・参考文献
岡田　弘（2000）「エンカウンターのよしあしとは──決め手はリーダーの自己開示とスキル」國分康孝・國分久子他『エンカウンターとは何か』図書文化社，13-86頁
加藤治代（2000）「日本における構成的グループ研究の現状と課題──小学生対象研究を中心として」『続　構成的グループ・エンカウンター』誠信書房，91-104頁
國分康孝（1981）『エンカウンター──心とこころのふれあい』誠信書房
國分康孝（1992）「構成的グループ・エンカウンターの意義と課題」國分康孝編『構成的グループ・エンカウンター』2-13頁
國分康孝（2000a）「育てるカウンセリングとしての構成的グループ・エンカウンター」國分編『続　構成的グループ・エンカウンター』3-13頁
國分康孝（2000b）「（無題）」國分康孝編（2000）『続　構成的グループ・エンカウンター』誠信書房，90頁
國分康孝（2000c）「エンカウンターの求める人間像とは──勇気を持った自由人」國分康孝・國分久子他『エンカウンターとは何か』図書文化社，194-233頁
國分康孝編（1992）『構成的グループ・エンカウンター』誠信書房
國分康孝編（2000）『続　構成的グループ・エンカウンター』誠信書房
國分久子（2000）「なぜいまエンカウンターか──カウンセリングを超えるもの」國分康孝・國分久子他『エンカウンターとは何か』図書文化社，13-54頁
國分康孝・國分久子・片野智治・岡田弘・加勇田修士・吉田隆江（2000）『エンカウンターとは何か──教師が学校で生かすために』図書文化社
文部科学省（2017）『中学校学習指導要領（平成29年告示版）解説　特別の教科　道徳編』

第13章

モラルスキルトレーニング

1 モラルスキルトレーニングとは何か

　ここでは，道徳的な行為に関する体験的な学習の一つとして，モラルスキルトレーニングを取り入れた道徳授業を紹介したい。

　この手法は，児童生徒が抱える個別の問題を解決し，子どもたちが日常生活で得たそれぞれの経験知を基に，学級全体で新しい課題を解決するものとして，学校現場でも期待が寄せられている。具体的には，他者の気持ちを理解できない，どう振る舞えばよいのかわからない，相手に声をかける勇気がない，自分の好意が断られるのではないかと不安になるために行動できないといった問題を，解決する一助となると思われる。

　モラルスキルトレーニングは，ソーシャルスキルトレーニングを援用して，林泰成が提唱した学習方法であり，「道徳科のねらいに即して行為に関する指導を試みようとするモラル学習」（林 2016）のことである。ソーシャルスキルトレーニングが生活技能訓練のために行われるのに対して，モラルスキルトレーニングは，児童生徒の道徳性を育むことを目的としている。

　モラルスキルトレーニングでは，役割演技を活用する。『小学校学習指導要領（平成 27 年告示）解説 特別の教科　道徳編』でも，道徳教育における役割演技は推奨されている。「動作化，役割演技など表現の工夫」において「実際の場面の追体験や道徳的行為などをしてみることも方法として考えられる」（文部科学省 2017a, p.85）。同じく，中学校版でも，「動作化や役割演技，コミュニケーションを深める活動などを取り入れることは，生徒の感性を磨いたり，臨場感を高めたりすることとともに，表現活動を通して自分自身の問題として深く関わり，ねらいの根底にある道徳的価値についての共感的な理解を深

め，主体的に道徳性を身に付けることに資する」と明記されている（文部科学省 2017b, pp.84-85.）。

モラルスキルは，「道徳的善悪・正邪のフィルターを通したソーシャル・スキル」（林 2001, p.4）である。そのため，道徳的価値を共有する時間を確保して，全員でシェアリング（気持ちを分かち合うこと）し，活動から何を学んだかを自覚して，道徳性を育むという視点をもたせることが大切である。

（1）モラルスキルトレーニング授業の構成

モラルスキルトレーニングを用いる授業では，学習活動で行う役割演技に目的をもたせる必要がある。何のために役割演技（以下，ロールプレイングと表記）を行うのかが児童生徒に理解されなければ，活動後の振り返りも，十分に機能しないからである。

モラルスキルトレーニングでは，教科書等の教材の道徳場面を用いて，ロールプレイングを2回行う。以下の例では，授業は1時間で構成している。1回目は資料場面を再現することを目的とし，2回目は道徳場面を解決することを目的としている。そのうえで，登場人物を演じた児童生徒にインタビューしたり，観客として観ている児童生徒にも意見を求めたりする。道徳的な価値を自分との関わりで考えられるようにするためである。その際，役割演技の上手い下手は問わないこととし，道徳場面の演技を通して感じたことや気づいたこと，考えさせられたことを全体で話し合わせることによって，活動の目的を達成する。

1時間の学習活動の骨子は，以下のとおりである。

導入	問い	資料場面の提示。「今日は誰の生き方を学びましょうか」と問いかける。
	発問①	〈ペア・インタビュー〉2人組になって質問してみましょう。
展開	発問①	〈再現のロールプレイング〉資料場面を再現する。
	発問②	ロールプレイングを行った児童生徒に演じた感想を聞く。
		観客役として見ていた児童生徒も含めて話し合う。
	発問③	〈メンタルリハーサル〉次の場面です。目を閉じて聞きましょう。

	発問④	〈解決のロールプレイング〉道徳場面を解決する。
	発問⑤	ロールプレイングを行った児童生徒に演じた感想を聞く。
		観客役として見ていた児童生徒も含めて話し合う。
確認	振り返り	「気づいたこと，感じたこと，考えさせられたこと」を書く。
終末	新たな問い	「次は誰の生き方を学びましょうか」と問いかけて終わる。

　1回目のロールプレイングでは，資料場面を再現する。そして全員で提示した道徳場面を話し合う機会を確保する。児童生徒がその場面の道徳的行為をお手本としたり，反面教師として解決へつなげようとする意欲を生じさせたりするためである。

　2回目のロールプレイングでは，解決志向の場面を創らせる。学級の実態に応じて，資料場面を解決したり，新たな場面を作成して提示したりすることによって，獲得した道徳的価値を実現するための話し合いをもつ。

　ロールプレイングは，学級集団によってはウォーミングアップが必要になる。そのため1回目の再現のロールプレイングの前には，隣の人と登場人物になりきって話す「ペア・インタビュー」の活動を行い，相互に質問し合い，資料場面では足りない情報を補う時間を確保する。また，2回目の解決のロールプレイングで道徳場面を提示する際には，目を閉じて場面をイメージする「メンタルリハーサル」を行う。

（2）モラルスキルトレーニング授業の特徴と意義

　ロールプレイングは，道徳場面に登場する人物の役割を即興的に演じて，心情や行為に共感させる技法である。モラルスキルトレーニングにかかわらず，ロールプレイングを行う場合，活動中には，次のような配慮が必要である。

　例えば，いじめの場面を取り上げて，被害者，加害者，傍観者と役割を決めて演技することは，力強い技法ゆえに，子どもの心に傷をつけかねない。そのため，授業者が事前に体験してみること，そのための配慮事項を準備することが必要である。

表 13.1　表現活動の授業技術の例

	表現活動の種類	解　説
基本	動作化	言語を発したり動きをつけたりしながら道徳的場面を再現して，理解を深めたり，実感的にとらえたりする方法。短い場面を再現する場合に「動作化」とよばれることが多い。
	劇化	台詞や演技に基づいて，道徳的場面を演じることで，内容を理解したり，価値について考えを深めたりする方法。
	役割演技（ロールプレイング）	与えられた役を即興で演じて，その人物がもつ役割を体感しながら理解する。演じた後は，拍手で役割を終了し，現実と演技の境界線を設けるなど，配慮する。
応用	構成的グループ・エンカウンター	他者理解・自己理解・コミュニケーション活動等を通して，心と心が通い合う人間関係づくりを行う。活動では，ウォーミングアップ，エクササイズ（実習），シェアリング（気持ちを分かち合う時間）を確保し，一人ひとりの受け取り方を大切にする。
	ソーシャルスキルトレーニング	対人関係を築き，社会性を育むスキル・トレーニングのことで，インストラクション（教示），モデリング（手本），リハーサル（練習），フィードバック（振り返り），チャレンジ（ホームワーク）の過程の中で，教えることが可能なスキルを学ぶ。
	モラルスキルトレーニング	道徳的価値を含むスキル・トレーニングのことで，道徳的価値を自分との関わりで再現する役割演技をしたり，道徳的な場面を解決する役割演技で一般化を図ったりする学習過程を含み，道徳的行為のあり方を考えながら，道徳的価値を学ばせる方法である。

　また実施するにあたっては，演技と現実との境界線を設けるために，終了後には拍手をしたり，役割を解除するために，集団で仲直りの場面を演技したりすることなども必要となる。

　ロールプレイングに初めて挑戦する学級集団であれば，動作化や劇化から始めてもよい。人間関係づくりの基盤ができている学級集団では，表 13.1 のように構成的グループ・エンカウンターやソーシャルスキルトレーニングによって，道徳的な価値を学習過程で具現化しようと試みることも考えられる。

　これらの道徳的な行為に関する体験的な学習では，実際に演じたり参加したりする児童生徒だけでなく，観ている児童生徒にも大きな影響を与えることがある。モラルスキルトレーニングで行うロールプレイングは，学級全体で考え，

議論することで，深い学びがもたらされる指導方法だといえる。演じる児童生徒には，再現するにしても解決するにしても即興性を大切にして主体的に参加すること，観客となる児童生徒には，感じたこと，気づいたこと，考えさせられたことへの対話を促すことが必要である。

　モラルスキルトレーニングは，道徳科における体験的な学習の一つである。その意義は，身体活動をとおして頭と心で，つまりは全人的に道徳の問題を理解し実感し，行為できるようになるという点にある。道徳科の学習活動におけるモラルスキルトレーニング授業の特徴は，道徳的行為を表現する過程も含めて，ロールプレイングで取り上げる場面を選定し，児童生徒の生きた学びにつないでいくことである。

2 モラルスキルトレーニング授業の実践例（1）（小学校2年・1時間）

（1）学習指導案

第2学年○組　道徳科学習指導案

令和○年○月○日（○）第○校時

場所　　○年○組教室

指導者　　○○　○○

1　主題名　すなおな　こころで

2　資料名　「ねこが　わらった」（『小学どうとく　ゆたかな　こころ』光文書院）

3　内容項目　A-⑵　正直，誠実

4　ねらい　正直に生きるよさを実感できるようにする。

5　資料概要
　　テストの結果が悪かった主人公の「私」が自分の部屋で点数を書き換えようとしたとき，飼っている「猫」が笑ったように見えたという内容である。

6　学習活動

	学習活動・内容	生徒の活動	＊備考　○評価
導入	1 日常生活「ほめられてうれしかった」場面を想起する。	・ほめられてうれしい場面を想起する。（お手伝いをしたとき，宿題が終わったとき，100点をとったとき等）	＊事前アンケートをとるのもよい。
展開前段	2 資料（前半）を読む。	・静かに聞く。	＊場面を想像しながら聞かせる。
	3 ペア・インタビュー「私」「猫」の役になって質問し合う。	・指定された役割でお互い質問し合う。（どうして△を直したの。100点になりたくないの等）	＊ペアの役割は列ごとに指定する。
	4 ロールプレイング1 学習課題の場面を再現する。	・部屋でこっそり△を○に直そうとする場面を再現する。（「私」は机の答案を見つめる。「猫」は静かに部屋に入る）	＊演じてみたい児童を募る。 ○役割を決めて再現できたか。（観察・発言）
	5 全員で演じた場面を話し合う。	・△を○に直すことでどうなったのだろうか。（嫌な気分になる。悪いことしたなと思う等）	＊観客（見ていた児童）にも感想を聞く。 ＊演技の巧拙にならないようにする。
	6 資料（後半）を読む。	・静かに聞く。	
	7 メンタルリハーサル 補助資料により日常生活を想起する。（自作資料）	・日常生活を想起する。	＊補助資料を読み上げる。
展開後段	8 ロールプレイング2 メンタルリハーサルでの日常生活場面を解決する。	・補助資料の場面を解決する。（声をかける，正直に話せる，図書室に行く，ごめんなさいと言える等）	＊演じてみたい児童を募る。 ○役割を決めて解決できたか。（観察・発言）
	9 全員で演じた場面を話し合う。	・図書室に行けたことでどうなったのだろうか。（安心，ホッとした等）	○お互いの行為に共感できたか。（観察・ワークシート）
終末	10 学習のまとめ	・感想を聞き合う。 ・ワークシートに記入する。	＊気づきを大切にさせる。意図的に指名する。

7　補助資料（自作）

　みゆきさんは，図書館から借りた本を返すのが遅れていました。実は，家で本を読んでいるときに，間違って赤ペンを落として，本にインクのしみができてしまったのです。お昼の放送では，図書委員会から「本の返却が遅れている人は，明日までに借りている本を戻してください」との連絡がありました。みゆきさんは，今，どんな気持ちでしょう。みゆきさんに声をかけてあげてください。みゆきさんとお話が済んだら目をあけてください。

（2）指導の際の留意点

　モラルスキルトレーニングでは，発達段階に応じて，思いを言葉にすることを丁寧に積み重ねていく必要がある。特に小学校低学年では，この過程を丹念に行うよう心がけなければならない。モラルスキルトレーニングでは，演じることも大切だが，全体で話し合う時間を確保し，児童一人ひとりが気持ちを言葉にしていくことの方がより重要である。この話し合いの過程を通して，子どもたちを，登場人物の気持ちや行動の背景にはどのような価値があるのかを考えるように導き，他者の思いを想像させることによって，子ども自身が取り得る行為を創造できるようにしたい。

③ モラルスキルトレーニング授業の実践例（２）（中学校１年・１時間）

（1）学習指導案

第１学年○組　道徳科学習指導案

令和○年○月○日（○）第○校時
場所　　○年○組教室
指導者　　○○　○○

1　主題名　　友達のよさ

2　資料名　　「旗」杉みき子（日本文教出版『中学道徳1　あすを生きる』）

3　内容項目　B-(8) 友情，信頼

4　ねらい　　互いに信頼し，励まし合おうとする実践意欲を高める。

5　資料概要
　引っ越して間もない主人公「少女」は，交通事故に遭ってひと月近くも学校を休んでいる。少女のお見舞いに来た級友は，クラス旗を作るために彼女にもクラスの一員として参加できるように尽力する。

6　学習活動

	学習活動・内容	生徒の活動	＊備考　○評価
導入	1 日常生活「友達のよさ」を想起する。	・友達がいてくれてよかった場面を想起する。（休み時間の会話，部活動のとき，悩みを聞いてくれたとき等）	＊事前アンケートをとるのもよい。
展開前段	2 資料（前半）を読む。	・静かに聞く。	＊場面を想像しながら聞かせる。
	3 ペア・インタビュー「私」「少女」の役になって質問し合う。	・指定された役割でお互い質問し合う。（どうして来てくれたの。勉強はどこまで進んだの等）	＊ペアの役割は列ごとに指定する。
	4 ロールプレイング1 学習課題の場面を再現する。	・友達が見舞いに来てくれた場面を再現する。（私の気持ちを察しながら，友達として会話する）	＊演じる生徒を募る。（指名）○役割を決めて再現できたか。（観察・発言）
	5 全員で演じた場面を話し合う。	・見舞いに来てくれたことでどうなったのだろうか。（うれしい気持ちになる。早く行けばよかったなと思う等）	＊観客（見ていた児童）にも感想を聞く。その際の評価の基準が，演技の巧拙にならないようにする
展開後段	6 資料（後半）を読む。	・静かに聞く。・日常生活を想起する。	＊場面を想像しながら聞かせる。
	7 メンタルリハーサル 補助資料により日常生活を想起する。（自作資料［後掲]）	・補助資料の場面を解決する。（声をかける，さりげなく話せる，相手のしてほしいことが考えられる等）	＊補助資料を読み上げる。＊演じる生徒を募る。（指名）○役割を決めて解決できたか。（観察・発言）
	8 ロールプレイング2 メンタルリハーサルでの日常生活場面を解決する。	・声をかけたことでどうなったのだろうか。（寂しかった，うれしかった，ホッとした等）	○お互いの行為に共感できたか。（観察・ワークシート）
	9 全員で演じた場面を話し合う。		
終末	10 学習のまとめ	・感想を聞き合う。・ワークシートに記入する。	＊気づきを大切にさせる。挙手により感想をのべる生徒を指名する。

7　補助資料（自作）

> あなたのクラスの恵子さんは，まじめで大人しい子です。まじめなだけに何をやるにも人より倍の時間がかかります。ですから，いつも休み時間は一人でいることが多いのです。そこで，彼女にあなたができることを考えて，力になってあげてほしいのです。あなたができることはありますか。恵子さんとお話が済んだら目を開けてください。

（2）指導の際の留意点

　本時は，後半のロールプレイングで補助資料を自作したが，教科書の場面を用いることも可能であるし，他の展開も考えられる。例えば，この資料の「旗」（杉みき子作）では，ここで描かれている少女が登校した朝の場面を，学級全員でロールプレイングを行うこともできる。

　また，他の読み物資料の場合，葛藤場面で終わるものであれば，その後どうなったかを考えさせ，解決志向のロールプレイングも可能である。解決のロールプレイングでは，特定の場面で個人ができないこと，しないことを体験することを知り，その際に取り得る行為について集団で話し合う。こうした経験は，生徒が今後遭遇する場面に生きる学びを保障することになるだろう。役割の自由度が感じられてくると，中学生には適切な「納得型・発見型」に近い価値の獲得につながると思われる。

　モラルスキルトレーニングは，微妙な心のひだを言語化する能力がある中学生では，道徳科の時間が生きる社会につながるプラットフォームとして機能するといえよう。

深い学びのための課題

1. 既存の読み物資料を用いて，モラルスキルトレーニング授業の指導案を作ってみよう。その際，ロールプレイングを行う場合，どのような場面を再現させたいか，あるいは解決させたいかを考え，反映させよう。
2. 担当学年や児童生徒の特徴を踏まえたうえで，1. で使用した読み物資料を用いてモラルスキルトレーニングを行った後に，新たに解決する道徳場面を考えてみよう。

引用・参考文献

林泰成（2016）「モラルスキル学習を用いた授業」貝塚茂樹・関根明神編著『道徳教育を学ぶための重要項目100』教育出版，188-189頁

林泰成編（2001）『スキル・トレーニングを取り入れた道徳教育プログラムの開発』平成11年・12年度上越教育大学研究プロジェクト報告書

林泰成（2009）『新訂　道徳教育論』放送大学教育振興会

林泰成（2013）『モラルスキルトレーニングスタートブック──子どもの行動が変わる「道徳授業」をさぁ！はじめよう』明治図書

文部科学省（2017a）『小学校学習指導要領解説（平成29年度告示）　特別の教科　道徳編』

文部科学省（2017b）『中学校学習指導要領解説（平成29年度告示）　特別の教科　道徳編』

渡邉真魚（2004）「中学校における『モラルスキルトレーニング』プログラム開発」日本道徳教育方法学会『道徳教育方法研究』第10号，78-85頁

渡邉真魚（2018a）「世界一わかりやすい道徳の授業技術解説　表現活動の授業技術　基礎・基本のまとめ」『道徳教育』10月号，明治図書，46-47頁

渡邉真魚（2018b）「体験的な活動を取り入れた道徳科の授業構想　役割演技を生かす教材の効果的な活用について」日本道徳教育学会『道徳と教育』第336号

第14章

いのちの教育

1 いのちの教育とは何か

（1）いのちの教育の歴史と現在

　「いのちの教育」とは，生命や死を題材として生命の大切さを伝えようとする教育の総称である（近藤 2009, p.45）。道徳科の内容項目では，D「生命の尊さ」に対応する。しかし本書第9章でも取り上げたように，生命の尊さを伝える教育実践は，道徳科の枠内で完結するともいえない。もとりより，道徳教育は学校の学習全体で行うものだが，生命の尊さを主題とする場合，特に道徳科だけで完結しないことも多いだろう。したがって以下では，他教科・領域と関わるものも示す。

　「いのちの教育」はまだ歴史が浅く，名称も「命の教育」，「いのちの授業」，「生命教育」，「生と死の教育」等々と統一されていない。また，基盤となる学問体系や方法論などが明確とは言い難く，さらに道徳教育との関連や相違点も明確ではない（鈴木 2000, pp.194-195）。

　道徳教育との関わりでいえば，現在のいのちの教育の基礎となったのは，1989年の学習指導要領改訂だろう。それ以前の学習指導要領でも，「生命を尊び」といった表現は存在したが，それらは「健康・安全」と一体のものとして理解されていた。それに対して1989年以降は，「生命」に関する項目が「自然や崇高なものとのかかわりに関すること」に含まれるようになり，生命に対する畏敬の念を醸成することが，道徳教育の目標として掲げられるようになった（井ノ口 2005, p.86）。

　そして次にいのちの教育への取り組みを促進することになったのは，1996（平成8）年7月の中央教育審議会第一次答申「21世紀を展望した我が国の教

育の在り方について」で「生きる力」[1]が提唱されたことである。「生きる力」が、2002年に改訂された学習指導要領の基本方針とされたことによって、文部省（当時）の提唱する「心の教育」の一部として、「いのちの教育」を実践していこうとする動きもいっそう広まった。その後の詳細は省くが、現在の学習指導要領では、内容項目にD「生命の尊さ」が含まれることは、先に述べたとおりである。

　全国の小中学校を対象にした実態調査によれば、いのちの教育は、以下のように多くの学校においてさまざま形で実施されている（近藤 2009, p.51）。

　①小中学校におけるいのちの教育は、多種多様な形で、かつ多くの学校で実施されている。

　②児童・生徒の反応は良好である。熱心な教師は多く人的環境は整っている反面、物理的環境が不足している。

　③いのちの教育という名称を用いている学校は多くないが、その名称に抵抗感を持っている教員も多くない。

　④小学校で7割、中学校で6割を超える学校が何らかの実践を行っており、半数以上の学校で今後の実施計画もある。

（2）読み物資料の活用

　では、「いのちの教育」として、どのような実践が行われているのだろうか。以下に代表的なものを紹介する。

　最もオーソドックスな授業展開は読み物資料を用いるものだろう。

　定番の教材としては、小澤牧子の「あなたはすごい力で生まれてきた」（『新しい道徳・中3』東京書籍, 2018年）があげられる。このエッセイは「あなたは、出産のことをどんなふうに聞いているだろうか」という問いからはじまり、出産には母親とともに、生まれてくる赤ん坊自身の力が必要であることがのべられている。

　文部科学省作成の教材、『私たちの道徳　中学校』等に収録されている「キミばあちゃんの椿」も生と死を考えさせる読み物資料である。『私たちの道徳

中学校』には他にも「生命の誕生と死」「科学技術の発達と生命倫理」「かけが
えのない生命」といった短い題材も収録されている。各校で採用している教科
書にも，生命の尊さを教える教材が含まれているはずである。

授業展開はさまざまに考えられるが，導入では，児童生徒の関心を引く仕掛
けが，展開では，学級に応じた問いと言葉選びが必要になるだろう。また当然
ながら，家族や病といった主題を扱う場合には，個々の児童生徒の背景にも留
意しておく必要がある。いずれにしても，生命尊重という主題を伝えていくた
めには何が必要なのか，マニュアル通りではない教師の思考と創意が求められる。

（3）屠畜体験学習

屠畜体験学習とは，生きた動物を殺して食べることで生命の大切さを伝えよ
うというものであり，戦前から一部の教育者によって行われてきた。

最も有名な例は，中野区立桃園第二小学校（当時）の鳥山敏子による 1980
年の実践だろう。これは，4 年生の生徒と家族ら総勢 90 名ほどを対象とした
自由参加の「課外授業」として，河川敷に放したニワトリを捕まえ，殺して食
べるというものである（鳥山 1985）。鳥山はその後，豚一頭をぜんぶ食べて，
生きることや人間とは何かを考え，食べ物に感謝し，いのちの大切さに気づく
きっかけとする実践も行っている（鳥山 1987）。

大阪府の豊能町立東能勢小学校（当時）の黒田恭史は，鳥山実践に影響を受
けて，1990 年から約 3 年間，最終的に食べることを目的として豚を飼育する教
育を行った。黒田実践の特徴は，豚を長期間にわたり飼育することと，豚の処
遇（最終的に食べるか，食べないか）について，子どもたち同士が繰り返し話し
合って決定する点である。この実践では，子どもの間だけでなく，子どもと教
師の間で，また教師間でもさまざまな対話がかわされた（黒田 2003）。つまり，
豚の処遇をめぐってかわされた生命をめぐる議論が重要な位置を占めている。

屠畜体験学習は，その後もさまざまな実践と研究が重ねられているので，ど
のような例があるか調査してほしい（YouTube などで見つかるものもある）。他
方で，いまだに根強い批判もあることも事実である。2001 年には，秋田県雄

物川町の公立小学校で「総合的な学習の時間」のなかで予定されていた屠畜体験学習が，教育委員会の指導により中止となった（村井 2002）。

　屠畜体験学習には衝撃的だからこそ教育的効果があるともいえるが，同時に子どもたちを傷つける可能性もあることにも注意せねばならない。

（4）視聴覚教材の活用

　道徳教育に視聴覚教材を用いることは，小学校だけでなく中学校でも有効である。NHK の教育番組では，やや古くなるが，小学校高学年から中学校向けの「道徳ドキュメント」（2006 年〜2015 年）のうち，犬猫の殺処分を扱った「ペットの命はだれのもの？」，脳死と臓器移植が主題の「いのちの判断」，戦争体験者の証言をめぐる「悲しみを繰り返さないために」などは，小中学生のみならず大人の心にも訴えかけるだろう。読者には類似の教材を探してほしい。

　前述の屠畜体験学習では，簡便に視聴覚教材を用いる選択肢もある。先述の黒田実践は『ブタがいた教室』（2009 年）として映画化されている（実際には 3 年間だった飼育過程が，映画では 1 年間に短縮されている）。全く演技とは思えない子どもたちの白熱した議論は，非常に胸を打つ。TV アニメ化，実写映画化されている荒川弘のマンガ『銀の匙 Silver Spoon』には，主人公の農業高校生が，食肉用に飼育されている豚に愛着をもってしまって葛藤するエピソードがある。ニコラウス・ゲイハルター監督の『いのちの食べ方』（2005 年，ドイツ）は，家畜が屠殺され食肉となっていく過程が淡々と映し出され，かなり衝撃的である。兵庫県立高校のある男性教師が，自分の妻の出産映像を保健の授業で見せた例もある。

　視聴覚資料を用いる場合は，ただ漫然と視聴させるのではなく，導入や展開，発問や介入を工夫するなど，授業計画を綿密に立てる必要がある。もちろん，児童生徒の生育環境などに配慮すべきことはいうまでもない。

（5）ゲスト・ティーチャーによる授業

　道徳の授業は担任教師が行うことが一般的だが，総合的な学習の時間や特別

活動等とも関連づけて，外部から講師を招く実践もなされている。

　石川県金沢市の公立小学校教師だった金森俊朗は，1989 年に 3 年生の教室に出産間近の妊婦を招いていのちと性の授業を行った。翌 1990 年には持ち上がりの 4 年生の教室に末期癌の患者を招いて，生と死を考えるデス・エデュケーションの実践を行っている（金森・村井 1996）。

　鹿児島国際大学短期大学部（当時）の種村エイ子は，自らが進行性胃がんを宣告されたことをきっかけに，1997 年から小・中・高向けに「いのちの授業」の出前授業を行うようになった。種村は司書課程の教育に携わっていることもあり，ブックトークの手法を用いて死と生を伝える試みも行っている（種村 1998）。

（ 6 ）デス・エデュケーション

　日本で「いのちの教育」と呼ばれるものは，欧米では，死の教育（デス・エデュケーション）と呼ばれ，死生学（サナトロジー）の範疇に入る（和田 2009，p.53）。もとより生と死は切り離すことはできないのだから，いのちの教育とデス・エデュケーションの差異は，生を通して死を考えるか，死を通して生を浮かび上がらせるかという力点の置き方であるともいえよう。死生学の第一人者であるアルフォンス・デーケン（Alfons Deeken）は，death education を「死への準備教育」と日本語に訳した。デス・エデュケーションは，「自分に与えられた死までの時間をどう生きるかと考えるための教育」なのだから，「ライフ・エデュケーション」でもあるのだ（デーケン 2008，pp. 2 - 4 ）。

　デーケンに学んだ天野幸輔は，岡崎市立常磐中学校で 1995 年から「生を豊かにする死の教育」を実践した（デーケン 2001，p.151）。その一つに，ペットの死を主題とするものがある。この天野実践は，次の 4 点を目標としている。①ペットとの別れについて仲間の言葉を耳に傾け，悲嘆が自然な反応であり，また個人差があることを理解する。②他者の体験を聴くことで，自身の体験や感情について語る勇気をもつ。③資料を通して，ペットを飼うモラルを学ぶ。④ペットとの関係を学ぶことで，これまでの自身の喪失体験を振り返る。この際，天野は，生徒一人ひとりの意見と意思決定を重んじ，教師が誘導すること

はしない（デーケン 2001, p.154）。天野の実践例は，本章および第9章にも掲載されている。宇都宮直子『死を子どもに教える』（中央公論新社，2005年）にもまとめられているのであわせて参照してほしい。

（7）生命（いのち）の安全教育

文部科学省と内閣府は2020年より，子どもたちが性暴力の加害者や被害者，傍観者にならないようにするため，「生命（いのち）の安全教育」を実施している。

悲しいことだが，幼い頃から性暴力に遭う子どもたちは実際に存在するし，加害者になる例もある。近年では，性暴力，性的虐待，セクシャル・ハラスメント，デートDV等，過去には見えにくかった問題にも徐々に目が届くようになってきている。にもかかわらず，現状に即した性に関する教育がなされているとはいいがたい。

「生命（いのち）の安全教育」じたいは，道徳科の枠におさまるものではないが，道徳科の内容項目では，A（自分自身），B（人との関わり），C（集団や社会との関わり），D（生命や自然，崇高なものとの関わり）のいずれにも関わりがある。

文部科学省のウェブサイトには，幼児期から高校までの教育にすぐに用いることができる資料が多数準備されている。Wordファイルやpdfファイルだけでなく，パワーポイントも収録されており，YouTubeで動画も公開されている。必ず確認し，こうした素材を参考に授業や指導を行ってほしい[2]。「生命（いのち）の安全教育」を含む性教育を行う際は，道徳科だけでなく，保健体育や家庭科，社会科，特別活動などの他教科・領域との関連を考慮しつつ，実施することが望ましい。

（8）ジェンダー平等と性の多様性

性犯罪に続いて，性の多様性について取り上げたい。SDGs（Sustainable Development Goals, 持続可能な開発目標）が，「誰一人取り残さない」社会を2030年までに実現する取り組みであることは，よく知られているだろう。それに対

応する教育が ESD（Education for Sustainable Development for 2030，持続可能な開発のための教育）である。文部科学省は，小中学校（2008 年）および高校（2009 年）の学習指導要領の各項目に ESD がどのように対応するかの一覧を示している[3]。また，2021 年から使用されている中学校の教科書では，SDGs についてはほぼ全教科で記述されている[4]。

　しかし，ESD には盛り込まれていながら，現行の学習指導要領では不十分であると思われる項目も存在する。筆者がその必要性を強く感じるのは，「人権」と「ジェンダー平等」である。

　ジェンダー平等については，学校教育で用いられる教科書自体にバイアスがかかっているとの指摘もある。例えば，道徳教育の教科書や副読本でも，男性の方が就業している職業の幅が広い。またジェンダー意識は，何気ない言動にも無意識のうちにあらわれる。特に教師を志すならば，日々の言葉遣いや振る舞いが子どもたちを傷つけてしまう可能性があることを自覚しておく必要がある[5]。

　次に，性の多様生についてだが，「多様性」は ESD で目指す持続可能な社会づくりの構成概念である。にもかかわらず，性の多様性について記載されている道徳の教科書は少ない。それは学習指導要領では，性に関する記述が「異性理解」にとどまっているからである（小学校高学年 B-(10)，中学校 B-(8)）。

　しかし，LGBTQ（レズビアン，ゲイ，バイセクシュアル，トランスジェンダー，クイアやクエスチョニング）といった性的マイノリティといわれる人々が存在することは疑うことができない事実である。そもそもセックス（生物学的な性）とジェンダー（社会的な性）との関係は固定的なものとはいえない。性についての自己決定は，異性愛者を標準とするのではなく，すべての人にとって守られなければならない。

　セクシャリティが特に敏感に自覚され始めるのは，いうまでもなく第二次性徴期である。できれば，第二次性徴期をむかえる少し前に，性の多様なあり方について児童生徒に知らせておくべきだろう。いわゆる性的マイノリティ（LGBTQ）の児童生徒は，学齢期や思春期にはロールモデルを得にくいために，悩みを抱えることが多く，またいじめのハイリスク層となりやすい（荻上

2018, p.158ff.)。文部科学省も，『性同一性障害や性的指向・性自認に係る，児童生徒に対するきめ細かな対応等の実施について（教職員向け）』のパンフレットを作成しているが，性的マイノリティとされる児童生徒への理解が十分であるとはまだまだいえない。

性の問題は，前出の「生命（いのち）の安全教育」同様，保健体育や家庭科などで扱われることも多いかもしれないが，道徳科でも取り扱うべきだし，教科・領域横断的な取り組みも必要となるだろう。本書では実践例を示していないが，web を検索すると，さまざまな実践例が蓄積されていることがわかる。地方自治体や各学校での実践例も多いし，認定 NPO 法人 ReBit は，中学校向けの LGBT 教育教材を無償で提供している[6]。ぜひ調査して実践してほしい。

（9）いのちの教育の課題

生命尊重は，学習指導要領の内容項目にも含まれるため，道徳の授業で取り上げる必要がある。しかし，いのちの教育を実践するにあたって，その課題を理解しておくことも重要である。

まず当然ながら，暴力の被害者や，事故や自死で家族を失っている子ども，複雑な家庭背景を有する子どもなど，何らかの理由で自分の生命の重要性を実感できていない子どもへの配慮は，十分に考えられなければならない。例えば，前出の「あなたはすごい力で生まれてきた」は，望まれなかった妊娠で生まれた子や，誕生時のことを知る母親や保護者がいない子どもたちには酷な教材である。

また，自傷傾向のある子どもには，「命は大切」という道徳的な教えは届かないばかりか，かえってその子どもを追い詰めてしまうこともあることも指摘されている（松本監修 2018, pp.30-31）。

ホスピス医の小澤竹俊は，「いのちの教育」によって「いのちは大切だとは思えない」人を「いのちが大切と思えるようにする」ことは非常に難しいという。それよりも，「いのちは大切だとは思えない」人が，その考えを変えないままで，他人や人を傷つけないためには，どうしたらよいのかを考えるべきだとのべている（小澤 2007, p.58）。そうした場合，モラルスキルトレーニングに

よって，自己や他者への攻撃的感情や否定的感情を行動化しないように，別の選択肢に置き換えることなども有効かもしれない。また，構成的グループ・エンカウンターによって，自己理解や他者理解を深めることも自分や他者の生命の尊重には有意義かもしれない。さらに，本書第5章でいじめ問題について論じたときのように，問題を個人化しないような，視点の転換も必要だろう。子どもや家庭を孤立させることのないような配慮は，いのちの教育にとどまらず，日常的にも必要である。

いずれにしても，生や死を扱う場合，「いのちは大切だ」というような，表面的な徳目主義にならないように注意しなければならない。教育者の意識や教育制度の改革，法や制度の改正には，「これで十分」といえるラインはない。子どもたちが自分自身と他者の生命を尊重できるようにするためには，まず大人（教師）自身が，命や死，性や人権について，深く考え，自分だけでなく社会のあり方を改善する必要があるだろう。

2 「いのちの教育」授業の実践例（中学校1年・1時間）

（1）学習指導案

第1学年○組　道徳科学習指導案

令和○年○月○日（○）第○校時
場所　　○年○組教室
指導者　　○○　○○

1　主題
「今日を生きる」内容項目 D-(19) 生命の尊さ　教科書教材「よく生きること，よく死ぬこと」（『中学道徳1　とびだそう未来へ』教育出版）

2　本時の目標
（1）登場人物の人生観にふれることで，自分と比較して，よりよい生き方について考えを深めることができる。
（2）悩みや困難もあるが，自分の生活を受け入れたり，前向きに取り組んだりしようと考えられる。

---

3 展開

過程	生徒の活動	教師の活動	指導上の留意点
導入 8分	1 アンケート結果を知り，考える。「事件事故，ペットの出産，身内の死，季節の植物の変化，肉を食べる時」 2 教材の範読を聞く。	1 集計結果（質問項目の前者のみ）を提示する。何人か指名し，思うことを述べるよう指示する。 2 教材を範読する。	事前質問項目「どんな時に命の大切さを感じたか」「誕生時の様子をだれから，どう聞いたか」（指名時には成育歴に配慮）
展開 32分	3 本時の学習課題を把握する。 自分の人生の「これまで」と「これから」について考えよう 4 発問について考え，発表する。 (1)「自分の死を背負って生きている」とはどのような意味だろうか。 (2)人は何のために生まれ，何のために今を生きているのだろうか。 (3)「よりよく生きる」ために，大切なこととはどんなことだろうか。	3 学習課題を板書する。 4 発表内容を板書する真剣に考えている場合は，挙手があっても，あわてて指名しない。 (1)は該当箇所を確認し，明確にする。 (2)は3，4名で話し合わせ，全体に報告する方法でもよい。 (3)では生徒の現状を「よい」と認め，「さらによくするためには」と問う。	自分の振り返りが目的であることを確認する。 どのような意見も批判・否定しない。((1)では「事故死等の人は，その生がよくなかった」とならないように配慮する。(2)では「目的などない」とする意見も想定される。)
終末 10分	5 教師の説話を聞く。 6 ワークシートに考えを書く。	5 教師自身，よりよい生の実現の難しさに日々悩んでいることを述べる(自分の人生観を語る場としない)。 6 質問項目について，書きやすいものから静かに記入するよう指示する。	質問項目「命のどんな点に大切さを感じたか」「あなたの人生をよりよくするために大切なことは何か」「本時で得たこと・学んだこと」

4 評価
（1）命の大切さについて考えることで，よりよく生きようとする心情が高まったか。
（2）仲間の意見を聞くことで，体験や人生観の異同について考え，自分の人生のかけがえのなさに気づけたか。
　（いずれも活動4の様子と活動6の記述内容から評価）

（2）児童生徒への配慮

　内容項目「D-(19) 生命の尊さ」で，どのような子どもにも問題なく使用できる教材を探すのは，至難の業である。特定の教材が一概によい，よくないということではなく，たとえ教科書に掲載されている教材であっても，授業を行うクラスや子どもたちの状況を把握し，子どもたちを不用意に傷つけることのないよう注意が必要である。なぜなら「すべての人のいのちは大切にされるべきである」という前提があるとしても，そうではない人生を送っている児童生徒がいる可能性があるからである。

　保護者との死別，離縁や介護など複雑な家庭環境をもつ子どもや，暴力を受けてきた子ども，自傷傾向のある子どもたちは，教材に描かれた道徳的な状況を理解する以前に，人を信用できない傾向があることがある。授業では黙っていたとしても，授業者の意図通りに受け取らず，反発心を抱いている場合もあるだろう。時には，世の中を斜めから見ている発言をしたり，登場人物の存在そのものを否定する発言をしたりすることもある。そうした際にもあわてて発言を否定することなく，最後まで言わせ，それさえ受け入れる雰囲気をもちたい。教材の内容への揶揄の類であれば，教師の困惑や怒りは発言生徒の思うつぼとなる。少し長めにやさしく見つめ続けるだけでも，本人にはある種の自制がはたらき，学級には教師，その人の器とでも述べるべきものが伝わるだろう。本人の実存からの発言であれば，本人のそばまで行って「そうか，そういうふうに感じるんだね」と声をかけ，授業後に話を聞きたい。発言を教師が否定すると，学級はその生徒に同じことをするようになる。おそらく学級はインフォーマルにもそうした発言を耳にし，その生徒の人となりを教師以上に評価しているであろうから，その授業内に教師からの本人の発言への評価をあらわにする必要はない。1年の担任期間を通して，さまざまな活動の中で道徳性をはぐくむ姿勢の方が道徳的といえるだろう。ただし，人権に関する発言には即応しなければならない。

　また，SDGs との関連にも配慮が必要である。内容項目「D　主として生命や自然，崇高なものとの関わりに関すること」の解説では SDGs にも言及され

ている。もちろん，SDGs を実現するための取り組みは重要である。しかし，ここでの内容項目「D-(19) 生命の尊さ」は，自己を見つめたり，生き方を振り返ったりするためにある。したがって SDGs の実現のための授業に陥ることは避けたい。SDGs については知っている生徒も多く，意図せずに SDGs と置き換えた意見が出されるかもしれない。その際には，まず否定することなく，例えば「よく考えたね。ではその目標のどの部分が，この質問（発問）に関わっていると思うのか，もう少し詳しく，SDGs って言葉を使わないで教えてくれるかな？」などと問い直したい。そうして，生徒がこの授業のエッセンスを自分の言葉で紡ぎだすようにして，その子ども自身の言葉にさせたい。

（3）授業準備と評価

　授業や個々の子どもの学びの評価として，道徳的諸価値の理解や自己の在り方・生き方への思考がどう深まったかを把握するためにも，授業前後の記述の変化を見取ることは必要である。授業前に行うべきことは，子どもに関する情報を入手することと，事前アンケートを行うことである。これによって，子どもたちの状況を把握し，どのような授業を行うべきかを判断する必要がある。Ａ５判に２問程度ならば負担はさほど多くはない。例えば，授業前には，授業の内容項目に沿って，「どんな時にいのちは大切だと感じますか」といった問いを出しておき，授業終末のワークシートにも似た問いを入れるならば，評価にも役立つ。

　このようなワークシートやアンケートによって，授業前に，気になる子どもが何を書いたかを把握できるうえに，思いがけない記述も見つけることができる。例えば，前問に，親族の死や離別について記入した児童生徒がいる場合は，発問や説話の再検討が必要になるし，場合によっては授業の中止を考慮に入れる必要も出てくる。

（4）指導の際の留意点

　授業の導入部分では，「～というように書いてくれた人がいます。もう

ちょっと知りたいので，書いた人，よかったら手を挙げて教えてくれないかな」などと問いかけることで，問題意識を明確にしたり，授業を方向づけたりもできる。むろん，発言を無理強いしてはいけない。

　授業の展開に際しては，生徒の誤解を避けるべく，問題が出てきそうな表現には慎重でなければならない。例えば，「最後の死にざまは，日々の生きざまの積み重ねであるといえます」などとある場合，犯罪被害者として亡くなった人は，それまでの人生がよくなかったのだと受け取られることは大いにあり得る。こうした表現については，教師が修正したり，範読のあとに「これはあくまで筆者の人生観に基づいた部分があるね」などと確認したりすることも必要である。時には，差し替える判断をする必要もある。

　教師は，前任者からの児童生徒についての申し送りや心理検査の結果を踏まえて，日々の観察を続けることによって，新たな気づきに至ることができる。どの子どもの情報も簡単に理解したつもりになるのではなく，繰り返し丁寧に反芻することや時に逆にすべてを忘れて無知になることによってこそ，子どもたちがそれぞれの学びに至る授業を行うことが可能になる。

　こうした慎重な姿勢で，すべての子どもを大切にできる実践家でありたい。

深い学びのための課題

1．道徳科の教科書および教科書以外の教材で，内容項目 D-(19)「生命の尊さ」がどのように扱われているのかを調べてみよう。また，その活用と授業の際の配慮を考えてみよう。
2．性について，「生命（いのち）の安全教育」と，性的マイノリティへの教育上の配慮について調べ，教師としてどのような配慮が必要か話し合ってみよう。
3．D-(19)「生命の尊さ」を扱う授業の終末段階では，教師が一人の人間として実践や努力しながらも悩み，迷うという体験談が説話として多く用いられる。その意義を考えてみよう。反対にどのような説話は適切ではないか，考えてみよう。

注
1）『中学校学習指導要領解説　道徳編』（平成 20 年 7 月）によれば，「生きる力」は，「変化の激しい社会において，人と協調しつつ自律的に社会生活を送ることができるようになるために必要な，

人間としての実践的な力であり，豊かな人間性を重要な要素としている」(p. 3)。

2）文部科学省「性犯罪・性暴力対策の強化について」https://www.mext.go.jp/a_menu/danjo/anzen/index.html（2022 年 10 月 5 日最終閲覧）

3）「学習指導要領における ESD 関連記述」https://www.mext.go.jp/unesco/004/1339973.htm（2023 年 1 月 10 日最終閲覧）

4）「中学教科書に「性の多様性」来春から大幅増　でも文科省は"異性"にこだわり「戦前の価値観」と批判も」『東京新聞』2020 年 3 月 25 日朝刊，「(どうなる？教科書) 性の多様性，差別解消へ学ぶ　当事者の言葉・制服…中学 6 教科で」『朝日新聞』2020 年 07 月 26 日朝刊

5）やまじえびねのマンガ『女の子がいる場所は』(2022 年) は授業の教材として用いることもできるだろう。太田啓子『これからの男の子たちへ』(2020 年) は，教育者必読のジェンダー論である。新聞労連ジェンダー表現ガイドブック編集チームによる『失敗しないためのジェンダー表現ガイドブック』(2022 年) も，教師の日々の言動の指針にもなろう。

6）認定 NPO 法人 ReBit ウェブサイト https://rebitlgbt.org/（2022 年 12 月 5 日最終閲覧）

引用・参考文献

荒川弘，(2011-2020)『銀の匙 Silver Spoon』小学館

井ノ口淳三（2005）『命の教育，心の教育は何をめざすか——心のノートへ至る道徳教育』晃洋書房

岩田文昭（2009）「教員養成の観点から見たいのちの教育」『現代のエスプリ』499，166-173 頁

宇都宮直子（2005）『「死」を子どもに教える』中央公論新社

太田啓子（2020）『これからの男の子たちへ——「男らしさ」から自由になるためのレッスン』大月書店

荻上チキ（2018）『いじめを生む教室』PHP 新書

小澤竹俊（2007）『いのちはなぜ大切なのか』ちくまプリマー新書

金森俊朗・村井淳志『性の授業　死の授業——輝く命との出会いが子どもを変えた』教育史料出版会

黒田恭史（2003）『豚の P ちゃんと 32 人の小学生——命の授業 900 日』ミネルヴァ書房

近藤卓（2009）「わが国におけるいのちの教育——全国実態調査の結果から」『現代のエスプリ』499，45-52 頁

新聞労連ジェンダー表現ガイドブック編集チーム（2022）『失敗しないためのジェンダー表現ガイドブック』小学館

鈴木康明（2000）「生と死から学ぶいのちの教育」『現代のエスプリ』394，193-201 頁

種村エイ子（1998）『「死」を学ぶ子どもたち——知りたがりやのガン患者が語る「生と死」の授業』教育史料出版会

デーケン，アルフォンス（2001）『生と死の教育』岩波書店

デーケン，アルフォンス（2008）「よき死とよき生に出会うための哲学」『TOKYO 人権』37，2-4 頁

鳥山敏子（1985）『いのちに触れる——生と性と死の授業』太郎次郎社

鳥山敏子（1987）『豚まるごと一頭食べる』フレーベル館

松本俊彦監修（2018）『自傷・自殺のことがわかる本——自分を傷つけない生き方のレッスン』講談社

村井淳志（2001）『「いのち」を食べる私たち　ニワトリを殺して食べる授業——「死」からの隔離を解く』教育史料出版会

村井淳志（2002）「「ニワトリを育てて食べる授業」の是非を問う—秋田・雄物川町立小学校での屠畜体験学習をめぐって」『世界』701，217-224 頁

やまじえびね(2022)『女の子がいる場所は』KADOKAWA

和田香織（2009）「カナダの死生学とデス・エデュケーション」『現代のエスプリ』499，53-62 頁

第15章

哲学対話

1 哲学対話とは

（1）子どもたちとの哲学対話

　哲学対話とは，子どもたちがみずから哲学者（すなわち知を愛し求める者）となって問いを立て，対話を通じて思索を深めていく教育活動である。哲学対話についておそらく初学者が戸惑うであろうこととして，特に日本の学校においては複数のルーツから生まれた実践が混ざり合って発展しており，特定の提唱者や定まった手法があるわけではないため，全体像がとらえづらいという点がある。そのため本章では，まずできる限り，その始まりとして考えられるものを列挙しておく。

　第一に，Philosophy for Children（子どものための哲学）と呼ばれる実践。これは略称の「P4C（ピーフォーシー）」で呼ばれることも多く，アメリカのリップマン（Matthew Lipman）らが始めたものである。リップマンの実践は大学入学以前の子どもたちの思考力の育成に主眼があり，彼は初等・中等教育段階の12年間の哲学教育プログラムのカリキュラムを組み，テキストを編んだ。P4Cはその後大きなムーブメントとなり，世界各地で独自の発展を遂げていくことになる。今ではリップマンのカリキュラムやテキストを用いない実践も多く，特に中南米やハワイなどでは，西洋哲学の伝統に拘らない実践や，子どもたち自身の中からその都度生まれてくる問いを重視する実践が発達した。日本ではむしろこうした派生的なP4C実践からの影響が強い。

　第二に，哲学カフェと呼ばれる実践。その始まりには諸説あるが，フランスのマルク・ソーテ（Marc Sautet）による活動がその祖といわれることが多い。これは学校教育の実践ではなく，市井の人々がカフェなどに集い，哲学的な

テーマについて自由に議論を交わす活動である。ただし，フラットな関係での対話を通じて探求していく哲学カフェの理念や，実際に街で多く行われている哲学カフェの作法は，学校で行われる哲学対話実践にも強く影響を与えている。

　第三に，林竹二の授業や生活綴方など，日本でこれまで行われてきた，哲学的，対話的，協働探究的な諸側面をもつ教育実践。Ｐ４Ｃや哲学カフェのような海外にルーツをもつ実践が日本の学校に取り入れられていくとき，教師たちによってこうした過去の実践も必ず思い出され，その価値が再解釈されながら，現場での実践に影響を与えていくことになる。

　このように，いま日本の学校で行われている「哲学対話」は，いくつかの実践の影響を受けながら，日本の学校風土の中で哲学的な態度をもって教育活動を行おうとする複数の学校や教師たちにより醸成されてきた，ハイブリッドの教育実践であるととらえることができる。したがって，これから哲学対話について学んだり実践したりしようとする者は，すでに定まった理論や手法を身につけようとするのではなく，教師自身が哲学的に探求し，常に自身の行う教育の理念や手法を問い直し続ける態度をもつよう，努めなければならない。

（2）道徳教育として哲学対話を行う意義

　哲学対話は，もともと道徳教育の手法として開発されたわけではないため，道徳性を育むことを第一の目的とした教育実践とはいえない。実際，教科の指導や特別活動など，学校教育のさまざまな場面で哲学対話は行われている。しかしそれでもなお，道徳の授業の中で哲学対話を行うことには，一定の意義があると考えられる。

　ひとつには，道徳科で扱う内容項目は極めて抽象度が高く，またその中には，西洋哲学や東洋・日本の伝統的な思想において主題とされてきた事柄も多い。そうした道徳的諸価値について理解と思考を深めるためには，哲学的なアプローチを取ることが適していると考えられる。抽象的な内容項目について，みずから問いを立てることや，自分自身の経験に基づいて語り合ってみることは，それを自分自身のこととしてとらえることを促す。また，クラスメイトとの対

話を通じて意見を交換することが多面的・多角的なとらえ方へと繋がり，互いに問いかけ合い吟味し合うことによって独断的な見方に陥るのを避けることができる。そのように考えると，哲学対話は道徳教育の新しい方法というよりはむしろ，古典的な正統のアプローチであるともいえる。

　また，対話を通じて他者と協働しながら探求するという経験の積み重ねが，道徳的なコミュニティの形成に寄与し，道徳性の涵養を実践的な形で促すという側面もある。哲学対話で扱う問いの特徴の一つは「ひとつの答えがすぐには決まらない」という点にあり，事前に唯一の正解や到達点が想定されるようなものではない。こうした問いに時間をかけて一緒になって向き合うことは，探求する「無知」な者同士の対等さの感覚に繋がり，また，他者や多様性・複数性の必要についての実感を促す。哲学対話は，教室を探求の場にすることを通じて，互いを尊重し合う学校風土の形成を目指すものでもあり，その意味で，学校教育の全体を通じた道徳性の涵養に繋がっている。

（3）哲学対話を用いた授業の構成と留意点

　先述のように，「哲学対話」と呼ばれる授業はハイブリッドの実践であるため，理念を共有していても方法としてはさまざまな形をもちうる。ここでは典型的な構成について述べるが，唯一の方法ではないことに留意してほしい。

　まず，生徒たちが今日考えたい問いを出し合う。ただし，道徳の授業で行う場合は，その前に教師から扱う内容項目について説明したり，教材を用いたりすることによって，主題を共有することができる。その場合，教材の検討に1時間，対話で1時間と，2時間構成の授業で考えるのもよい。教材に見出せる内容項目を多角的に深く検討する時間とすることができる。

　次に，出し合った問いの中から一つを選び，対話によって探求を深めていく。このとき，椅子だけで車座になって対話する形をとることが多い。また，「コミュニティーボール」と呼ばれる毛糸のボールなどの，トーキングツールを用いることも有効である。

　最後に，対話の振り返りを行う。対話そのものは時間が来たら終了とし，無

理にまとめることはしない。ワークシートの記入を通じて一人ひとりが探求の
プロセスを振り返ったり，クラス全体で本時の対話が相互に尊重し合い探求を
深めることのできる場になっていたかを評価したりする活動が考えられる。こ
うした振り返りは，哲学対話に必須というわけではないが，道徳性を涵養する
コミュニティの形成や個人の内省を促す意義があるため，道徳の授業として哲
学対話を行うときには，その活動の振り返りも取り入れることが望ましい。

2 哲学対話を用いた授業の実践例（中学校1年・1時間）

（1）学習指導案

第1学年○組　道徳科学習指導案

令和○年○月○日（○）第○校時
場所　　○年○組教室
指導者　　○○　○○

1．主題名
「哲学対話をやってみよう」
内容項目　B（主として人との関わりに関すること）（9）相互理解，寛容

2．ねらい
　共通の問いについて対等な関係で対話し吟味する中で，意見や視点の異なる他者の個
性を尊重する心構えを養う。

3．主題設定の理由
　初めて哲学対話に触れる生徒を想定し，まず個性を否定せずに他者の意見を尊重して
聞ける関係を結ぶことをねらいとした。哲学対話を体験してみることを通じて，自分と
は根本的に異なる存在である他者の個性を受け入れる心のあり方を，実感を伴う形で獲
得していくことを期待するものである。生徒たちは，問いに一緒に向き合うことで，自
分の考えや意見を表明したり，自分とは異なる立場の意見を聞いたりする機会を得る。
その中で，同じ意見にも違う理由があることや，同じ感覚で似た意見を出すだろうと
思っていた人が全く異なる意見をもっていたことなどに気付いていく。これを通じて，
相互理解や寛容さを発揮することの難しさと意義を実際に体験し，またその体験の振り
返りによってそれらの理解を深めたい。（なお，同じ構成の授業であっても，粘り強く
問い続けることの大切さを強調すれば「真理の探究・創造」に，また，多様な他者のま

なざしの中で責任をもって自分の意見を表明することの意義を強調すれば「自主，自律，自由と責任」に繋がる授業として行うこともできる。）

4．準備するもの

・コミュニティーボール

　　毛糸で作ったボール。ぬいぐるみ等でも代用できる。実施上必須ではないが，持っている人が発言し，ほかの人は黙って聴くというルールを作りやすい。優しい色合いのものやふわふわした感触のものを用いることで，発言者の緊張を和らげるという効果があると生徒から言われることもある。

・哲学対話の趣旨やルールを書いたプリント（シート例１）

・ふりかえりのワークシート（シート例２）

5．学習の展開

時間	学習活動・主な発問	生徒の活動	指導の留意点と評価
導入 10分	・哲学対話をみんなでやってみることを伝え，趣旨やルールの説明をする。	・哲学対話の趣旨やルールを理解する。	・授業者の考える「意識してほしいこと」「してはいけないこと」「しなくていいこと」を明確に分けて伝えると，この場のルールや趣旨が伝わりやすい。 ・人と違う意見を言うことと，人を否定する発言をすることの違いを伝えておくとよい。
展開 (1) 15分	・哲学対話で扱う問いの候補を考える ○ほかの人に意見を聞いてみたいことはある？ ○普段考えていることや，気になったことでもいいですよ。 ・哲学対話で扱う問いを決める。 ○似たような意味の問いはあるかな？　それらは同じ問いとして扱ってしまって大丈夫かな？ ○みんなで考えたら面白そうと思う問いはどれかな？	・ワークシートに哲学対話で他の人と話し合いたい問いを書き出す。 ・クラス全体で考えて面白そうな問いがどれか吟味する。 ・多数決に参加する。	・適宜個別に教師が声をかけたり，周りとの話し合いを促したりする。 ・全く思いつかない生徒がいる場合，無理に書かせる必要はない。 ・問いを書き出す前に哲学対話に向く問いの例や条件を示してもよい。 ・最初は問いの質に関係なく対等に本時の問いの候補として扱う。例えば回収したワークシートから無作為に数枚取り出し，それらに書いてある問いを候補にする。

	○多数決で，今日全員で考える問いを決めるので，どれか一つ自分が選ぶものを決めてください。		・問いを決めてすぐには意見を思い付かない生徒が多いと思われる場合は，扱うと決めた問いについてワークシートに一人で意見を書き出す時間をとる。
展開（2）20分	・哲学対話する。 ○円座になって座って対話します。椅子だけで円を作ってください。 ○今日の問いは「（多数決で選んだ問い）」です。何か考えや意見がある人はいますか？ ○（発言した生徒に対して）「さっき〜と言っていたけど，それは…という意味であってますか？」 ○（発言した生徒に対して）「さっき〜と言っていたけど，例えばどういうことですか？」 ○（発言した生徒に対して）「さっき〜と言っていたけど，それってなんでそう思ったんですか？」 ○（話がすれ違った生徒たちに対して）「BさんはAさんと違う意見をもっていると言ってくれたけど，本当にそうかな？　Aさんは〜と言ってくれて，私は…と思ったけど，Bさんはどう思ってさっきの意見を言ってくれたの？」	・哲学対話に参加する。 ・意見を言えそうなときは言う。 ・ほかの生徒の話をかならず真剣に聞く。	・発言は強制せず，話したい人から話してもらう。 ・誰も発言しない場合は，まず（少し長いと思われるくらい）待つ。 ・それまでに出てきた意見を振り返る（繰り返す）ことや，教師が最初に意見を述べることが，生徒の思考や発言を促すこともある。 ・発言が出てくる場合，教師は，生徒の発言の意味をより明瞭にするような質問をしたり，議論のすれ違いを整理したりすることを心がける。 ・明らかに人を傷つける表現で意見を表明してしまったり，真剣にほかの人の意見を聞こうとする態度を取れなかったりする生徒がいる場合，指摘の理由を明確にしながら当該の生徒にそのことを指摘する。
まとめ5分	・本時の哲学対話をふりかえる。 ○ふりかえりのワークシートに，今日の対話の感触を記入してください。	・本時の哲学対話をふりかえりながら，ワークシートに記入する。	・本時のねらいや教師の願いに沿った項目を設定しておく。 ・ワークシートの記述内容が，当該生徒の実態と違うように思えても，その場では咎めず，生徒の意見として受け取る。

（2）ワークシート例

【シート例1】

「哲学対話」の心構え

〈コツ・したほうがいいこと〉：意識してほしいこと

・思いついたことを，怖がらずに言ってみる

　　ただし，無理はしないこと！発言するのがはずかしかったり怖かったりするのは，普
　　通のことだと思います（私もそうでした）。できるときに，できるように参加してみ
　　てください。

・わからなければ「わからない」でOK

　　ふだん考えないような問いを扱うので，難しくて（ある意味では）当然です。わかる
　　ところから考えていきましょう。

・沈黙があっていい。私は待ちます

　　考えるのに時間がかかってかまわないので，ゆっくり考えましょう。

・発言している人の話を「わかるまで」聞く

　　他の人が自分と違う意見をもっているとき，自分の意見が正しいとは限りません。
　　発言者が説明不足だとしても，伝わりづらいポイントは，多くの場合聞き手側にしか
　　わかりません。「どうして（そう思うの）？」「たとえばどういうこと？」などの質問
　　で，さらなる意見・説明を引き出しあってみましょう。

〈してはいけないこと〉：困っていたら相談して！

・人の発言をばかにしてはいけません

・人を傷つけることを言ってはいけません

・人に無理やり話させてはいけません

　　だれしも，発言を正直に聞いてくれない人に対して，真剣に話す気にはならないでしょう。

〈しなくていいこと〉：結果的にそうなっていいけど，ねらう必要のないこと

・人を感心させる／説得する必要はありません：論破し勝ち負けを競う時間ではありま
せん。

・「まとまった話」でなくても構いません：用意した意見を交換するだけの「発表会」，
時間の中で結論を出さなければならない「会議」の時間でもありません。

・笑わせる必要はありません：笑ってすごすために意見や発言を求めているのではあり
ません。

・発言せず考えていてもらって構いません

　　あくまでみなさん自身が「考えを深める」ことを重視する授業なので，人の意見を聞
　　いて考えてくれさえいれば，それで1個目のハードルは達成です。ただ，だれも話さ
　　ないと対話が起こらないので，考えや意見が浮かんでいるときは，ご協力いただけれ
　　ば…と思っています。

哲学対話をやってみよう

話し合う問い：＿＿＿＿＿＿＿＿＿＿＿＿＿＿＿＿＿＿＿＿＿＿

1．問いに対する自分の考え

2．ふりかえり：今日の授業での自分の思考やふるまいについて答えてください。
　　　1＝できなかった　5＝よくできた
　　　①自分の考えや意見を積極的に発言／記述することができた　　（1・2・3・4・5）
　　　②ほかの人の発言を否定せずに聞くことができた　　　　　　　（1・2・3・4・5）
　　　③ほかの人の発言を自分との違いを意識して聞くことができた（1・2・3・4・5）
　　　④自分の考えや意見を安心して発言／記述することができた　（1・2・3・4・5）
　　　⑤哲学対話に参加することで新しい気づきや発見があった　　　（なかった・あった）

3．話し合って気づいたこと，考えたことをまとめてください。

4．今後の授業でみんなと考えたい/話し合いたい問いを書いてください。
（今日の授業と関連するものでも，しないものでも，どちらでも OK です）

（3）指導の際の留意点

　哲学対話を行ううえでの前提として，教室内にある個性を否定してはいけないことや，どんな人の意見も真剣に考えたものであれば等しく扱うべきことを，生徒に示しておく。本時では，初めて哲学対話に触れる生徒を想定し，その趣旨やルールについて最初に示しておく時間を設けている。

　また，教師の側の留意点として，発言の回数が多い生徒や鋭い意見を授業内で言った生徒のよさだけでなく，黙って聞いて考えている生徒や，一見関係ない発言をしながらも「問い」と関係あることを考えている生徒のよさも，教室内に多様に存在する個性として教師がとらえようと心がけていく。そのために，例えば，何かを「教える主体」ではなく，教師みずからも生徒と同じ「考える主体」としてその場に関わっていくというアプローチも有効と思われる。

引用・参考文献

お茶の水女子大学附属小学校・NPO 法人お茶の水児童教育研究会（2019）『新教科「てつがく」の挑戦──"考え議論する"道徳教育への提言』東洋館出版社

梶谷真司（2018）『考えるとはどういうことか──0 歳から 100 歳までの哲学入門』幻冬舎

キャム，フィリップ（2017）桝形公也監訳『子どもと倫理学──考え，議論する道徳のために』萌書房

グレゴリー，M. R.，ヘインズ，J.，ムリス，K.編（2020）小玉重夫監修，豊田光世・田中伸・田端健人訳者代表『子どものための哲学教育ハンドブック──世界で広がる探究学習』東京大学出版会

神戸和佳子・町田晃大（2022）「子どもとライブで「問い」づくり【哲学対話】」『道徳教育』（2022年 7 月号）明治図書，40-45 頁

河野哲也編（2020）『ゼロからはじめる哲学対話──哲学プラクティス・ハンドブック』ひつじ書房

土屋陽介（2019）『僕らの世界を作りかえる哲学の授業』青春出版社

得居千照・河野哲也（2018）「子どもの哲学における対話型教育の評価法──道徳教育と総合的な学習への導入を視野に入れて」『立教大学教育学科研究年報』61 号，3 -26 頁

豊田光世（2020）『P 4 C の授業デザイン──共に考える探究と対話の時間のつくり方』明治図書

中岡成文監修，寺田俊郎編（2021）『哲学対話と教育』大阪大学出版会

マシューズ，G. B.（1997）倉光修・梨木香歩訳『哲学と子ども──子どもとの対話から』新曜社

宮城教育大学上廣倫理教育アカデミー著，野澤令照編（2019）『子どもの問いでつくる道徳科実践事例集』東京書籍

森田伸子（2011）『子どもと哲学を──問いから希望へ』勁草書房

森田伸子（2021）『哲学から〈てつがく〉へ！──対話する子どもたちとともに』勁草書房

リップマン，マシュー（2014）河野哲也・土屋陽介・村瀬智之監訳『探求の共同体──考えるための教室』玉川大学出版部

リップマン，マシューほか（2015）河野哲也・清水将吾監訳『子どものための哲学授業──「学びの場」のつくりかた』河出書房新社

鷲田清一監修，カフェフィロ編（2014）『哲学カフェのつくりかた』大阪大学出版会

鷲田清一監修，高橋綾・本間直樹著（2018）『こどものてつがく──ケアと幸せのための対話』大阪大学出版会

第16章

市民性教育としての道徳教育

1 道徳科教育における市民性の学び

（1）学習指導要領の項目にみる傾向性

すでに各章でみてきたとおり，道徳科の学習指導要領は大きく四つの「内容項目」によって構成されている。すなわち，「A 主として自分自身に関すること」「B 主として人との関わりに関すること」「C 主として集団や社会との関わりに関すること」「D 主として生命や自然や崇高なものとの関わりに関すること」の四つである。道徳科の学習においてこれらの A〜D にまったく同じ比重が与えられているのかというと，実のところそうではない。これらのうち具体的な項目数がいちばん多いのは三つ目の「C 主として集団や社会との関わりに関すること」であり，全 22 項目のうち 9 項目を占めている。また現行の中学校の道徳科検定教科書でもこの C に割かれている教材数が最も多く，なかでも「遵法精神，公徳心」「公正，公平，社会正義」「社会参画，公共の精神」の三つの項目に相対的に多くの教材が充当されていることがわかる（関根 2022, p.32）。

道徳の教科化にともなう 2015 年一部改訂の学習指導要領においては，2008 年の改訂で「公徳心」とされていた「社会参画，公共の精神」項目内の表現が「社会参画の意識」と具体的に改められたり，またあらたに「公共の精神をもって」とか「国家及び社会の形成者として」といった文言が挿入されたりするなど，とくにこの「C 主として集団や社会との関わりに関すること」の単元をめぐっては相対的に大きな修正が施された。こうした背景に私たちは，同時代の主権者教育への機運の高まりを認めることができるだろう。

（2）主権者教育の機運の高まり

　2015 年 6 月，公職選挙法の一部改正にともなって選挙権年齢が 20 歳以上から 18 歳以上に引き下げられると，これを受けて文部科学省と総務省が共同編集した副教材『私たちが拓く日本の未来』が 2015 年度より全国の高校等に配布された。文科省では同年，「主権者教育の推進に関する検討チーム」（主査：義家弘介文部科学副大臣）が組織され，「学校，家庭，地域それぞれにおいて，国家及び社会の形成者として必要とされる基本的な資質を育むための教育や啓発活動等についての取組を促した」（主権者教育の推進に関する検討チーム 2016）。2017 年には総務省に「主権者教育の推進に関する有識者会議」（座長：佐々木毅）が組織され，また続く 2018 年には文部科学省の調査研究協力者会議として「主権者教育推進会議」（座長：篠原文也）が設置された。とくにこの後者は 2021 年まで都合 19 回も開催を重ね，主権者教育の理論的・歴史的な経緯まで盛り込んだ充実した報告書を提出している（主権者教育推進会議 2021）。

　同会議の「中間報告」では，主権者教育をめぐる「現状と課題」について「新学習指導要領の下，各学校段階等間での主権者教育を推進するためには，幼児期から高等学校段階までの学びの円滑な接続，関係する教科等間での連携など，学校種や教科等を越えた連携を推進することが求められる」との理解が示され，また「社会科，公民科のみならず，特別の教科 道徳，総合的な学習（探究）の時間，特別活動」における「内容相互の関連」の重要性が強調された（主権者教育推進会議 2020，p.11）。そして小中学校段階の「特別の教科　道徳」までを含めたこうした包括的な視座はそのまま同会議の「最終報告」にも盛り込まれることとなった（主権者教育推進会議 2021，p.9）。

　さらには先にふれた選挙権年齢の引き下げを受けて，2022 年度より高等学校で新科目「公共」が開始されたことも，上記の流れのうちに位置づけることができる。同科目では「平和で民主的な国家及び社会の有為な形成者に必要な公民としての資質・能力」の育成が目指され（文部科学省 2018，p.79），倫理および政治・経済に先んじるかたちで，高校一年生ないし二年生において週 2 コマ授業が新設された。とくに科目設置に向けた中央教育審議会の答申では，こ

の新科目は「倫理」および「特別活動」と並んで高等学校における道徳教育の「中核的な指導場面」を成すものとされ（中央教育審議会 2016，別添資料 16-4，p.97），さらにその教科内容の柱たる「公共の扉」という大単元を整えるにあたって中教審が「倫理的主体となる私たち」の育成を目指したものと明示していたことについて強調しておきたい（同，別添資料 3-14, p.27）。市民性・主権者性の学びが広義の道徳教育と重なりをもつものとしてとらえられているのである。

（3）教育の政治的中立をめぐって：根拠法とその背景

　ところで，市民性・主権者性の学びを含めた政治教育を学校現場で扱うことについては，教育基本法第14条（旧法第8条）第1項により「良識ある公民として必要な政治的教養は，教育上尊重されなければならない」と定められているとおり，もとより教育上必要なものである。しかし続く同条第2項に「法律に定める学校は，特定の政党を支持し，又はこれに反対するための政治教育その他政治的活動をしてはならない」と明記されており，そうした教育を具体的に考えるにあたってはどうしても教育内容の中立性が課題となってくる。具体的な党派や特定の政治的立場に対する是非を教室で論じるとなると，どうしても教育者の主義・主張が教育的意図の行間に滲んでしまうかもしれない。戦前の修身教育や「教育勅語」の奉読が戦争に協力的な「少国民」たちの育成に掉差してしまったことに対する痛切な反省をもって，教育基本法は教育の政治的中立を力強く確認している。他方，戦後教育史においては，保守陣営の思惑としても教育現場から「政治」がいわばアレルギー的に遠ざけられてきたという経緯がある。その背景には組合運動への対応という実際的な問題があった。

　1947年，第二次世界大戦後の荒廃の中で日本教職員組合（日教組）が統合される。同組合は，1950年には日本労働組合総評議会（総評）の結成に参加し，また「教え子を再び戦場に送るな」とのスローガンを掲げつつ，長く革新政党の支持団体として教育界に影響力をもたらしてきた。明確な革新団体であるにもかかわらず往時は9割以上の教職員加入率を誇った同組合に対し，ときの文

部行政はそれらのイデオロギーが学校現場で子どもたちに及んでしまうことを恐れた。最も象徴的なのは，1954年の「義務教育諸学校における教育の政治的中立の確保に関する臨時措置法」（いわゆる「教育二法」のひとつ）の公布である。「義務教育諸学校の児童又は生徒に対して，特定の政党等を支持させ，又はこれに反対させる教育を行うことを教唆し，又はせん動してはならない」（同，第3条）ことを定めた同法は，革新イデオロギーのもと「偏向教育」が学校で展開されてしまうことへの保守行政の危機意識の先鋭化に他ならなかった（藤田・貝塚 2011）。

　そもそも教育の宗教的中立と並んでこの政治的中立の問題は，近代公教育においてふまえられている基本原理の一つであった。だがこの政治的中立性の確保という原理を厳密に引き取るとなると，たとえば教室で特定の政治家や政策を語ることがそれじたい難しくなってしまう。こうした問題に対しその中立性の解釈を弾力的に広げ示したのが，1976年西ドイツでのボイテルスバッハ・コンセンサスである。そこでは当代の政治教育研究者らが集い，「教員による見解の強制の禁止」，「論争のある問題は論争のあるものとして扱う」，「個々の生徒の利害関心の重視」の三つの原則が確認・共有されている（黒川 2016, pp. 9-11）。たとえ個々の関心に導かれながら具体的な政策や政党を参照することになっても，答えがひとつに定まらない問題の争点そのままにそれらを複数的に並べ見ることが，政治的教養の学びに資するとする解釈である。

　以上のような政治的中立性の問題を考えるにあたり，教科の性質上，具体的というよりはむしろ理念的な傾向が強い道徳教育の複数的な価値の学習においてこそ，主権者性の学びをより直接的にデザインすることができるという向きもあるだろう。たとえば私たちはイギリス中等教育の「シティズンシップ・エデュケーション」にそうしたヒントを探ることができる。

（4）異質な他者にむけた想像力のレッスン：「誰かの靴を履いてみること」

　2019年に出版され累計100万部を売り上げベストセラーになったブレイディみかこのノンフィクション作品，『ぼくはイエローでホワイトで，ちょっ

とブルー』のなかに，そうした教育のイメージにふれる印象的なシーンが登場する。英国に暮らす親子の日常風景をあざやかな気づきとともに筆致した同書であるが，ある日，当地の中学校に通う筆者の息子が「シティズンシップ・エデュケーション」の期末試験をめぐって筆者である母親と会話を交わす。そこで出題されたという問い——「エンパシーとは何か」——の難しさに怯む親たちにたいし，11歳の息子は「めっちゃ簡単」で「余裕で満点取れた」と述べ，「自分で誰かの靴を履いてみること」と回答したと胸を張る（ブレイディ 2021, p.92）。ブレイディはシンパシーとエンパシーの違いについて，オックスフォード英英辞典およびケンブリッジ英英辞典に拠りながら，「シンパシーのほうは「感情や行為や理解」である一方で，エンパシーのほうは「能力」なのである」との整理を加えつつ，中学生が「自分とは違う立場の人々や，自分とは違う意見を持つ人々の気持ちを想像してみること」を学ぶことの意義を「特筆に値する」と綴っている（ブレイディ 2021, pp.94-95）。異質な他者とともに在る構えを概念そのものから学ばせ問うこの教科のエピソードは，「道徳的諸価値についての理解を基に，自己を見つめ，物事を多面的・多角的に考え」ることを謳ったわが国のあたらしい道徳の教科内容とも親和性が高いものだろう。

　なお英国ではナショナル・カリキュラムとして2001年から「シティズンシップ・エデュケーション」が中等教育（キーステージ3・4（11〜16歳））で必修化されているが，次節で述べる通り，そのカリキュラム内容は日本の主権者教育の広がりにおいても大きな模範となった。先にふれた主権者教育推進会議にも参加した教育学者の小玉重夫は，「一九九〇年代以降のイギリスのシティズンシップ（市民性）教育の展開はきわめて興味深い素材を提供している」（小玉 2016, p.165）とし，「中等教育のなかに，大学への準備教育としてだけではない，完成した市民を世の中に送り出すという中等教育に固有の機能を見いだし，その中核に政治的リテラシーの養成を位置づけようとするところ」にその意義を見出だしている（小玉 2016, p.170）。それでは実際に，以下，その内実を見ていくことにしよう。

2 シティズンシップ教育と「クリック・レポート」

（1）シティズンシップ教育とはなにか

　道徳教育が広い意味で人々の徳を育むものだとすれば，市民としての徳を育もうとするシティズンシップ教育は道徳教育と重なることになる。しかし，人々がより徳をそなえ，よい言動につとめるようになれば，その分，社会はよりよくなるのだろうか。この問いを念頭に，近年注目されているシティズンシップ教育とはなにかを順を追って見ていこう。

　ひとまず定義を確認しておきたい。シティズンシップ教育とは，シティズンシップ（citizenship）を育む教育である。市民を意味するシティズン（citizen）は，それ自体，歴史的に多様な意味を含む言葉であるが，これに身分や状態をあらわすシップ（ship）が付くことで，市民であるというメンバーシップ，あるいは市民権，市民としての資質，市民性などと訳されてきた。ただ一方で，それらの訳語を当てることで取りこぼされてしまう部分も多い。例えば市民性と訳した場合，市民権という権利としての側面が薄れてしまう。そのため多くの場合，そのままカタカナでシティズンシップと表記される傾向がある。

　また先に述べた通り，日本でシティズンシップ教育が話題になる際にはほぼ必ず，イギリスにおいて 2001 年から中等教育段階で必修化された「シティズンシップ」（Citizenship Education）という科目の存在が前提となっていることにも注意したい。なかでも特に，このイギリスでの実践を大きく規定した「クリック・レポート」とよばれる政策文書の存在が，私たちのシティズンシップ教育理解に深く関わっている。

　それでは，この「クリック・レポート」とはどのような文書だったのか。1997 年のイギリスでの総選挙により，トニー・ブレア率いる労働党政権が誕生し，その労働党政権下のイギリスでシティズンシップ教育についての諮問委員会が組織されることになった。この委員会の審議の結果が 1998 年に報告書「学校における民主主義とシティズンシップの教育」（"Education for citizenship and the teaching of democracy in schools"）としてまとめられた。その際，政治学者のバーナード・クリック（Bernard Crick, 1929-2008）が委員長を務め，その

内容のとりまとめに大きく関与したために，これが「クリック・レポート」という通称でよばれることになった。そして，この「クリック・レポート」に基づいて「シティズンシップ教育施行令」（1999 年制定，2000 年施行）が法制化され，「シティズンシップ」が正式に科目として必修化されるに至ったのである。

（２）「クリック・レポート」の要点

ここで「クリック・レポート」の要点を示しておこう。まず，その「目的」としてレポート冒頭に，「人々が自らを能動的な市民（active citizens），公的生活において影響力を持つことに意欲的で，影響力を持つことができ，そのために，主張や行動に先立って証拠をよく検討する批判的能力をそなえた市民であるとみなすこと」へと向けた教育的なはたらきかけの必要性が提示されている（QCA 1998, pp. 7-8）。すなわち，人々を公的生活に関与することのできる存在，つまり能動的な市民とすることが第一のねらいとされている。当時イギリスでは若者の政治的関心の低下や疎外感の拡大といった問題が批判的に指摘されており，政治から距離をとる市民のありようを変えようとする意図も読み取れる（長沼・大久保編 2012, pp.125-135, クリック 2011, pp.24-25）。社会への「能動的」な参加を市民の要件とみるその前提は，子どもの自律性の伸長に重きを置くわが国の道徳教育の構えと共通するところが多い。

なおそうした「効果的なシティズンシップ教育」の具体的な構成要素としては，「社会的・道徳的責任」，「コミュニティへの関わり」，「政治的リテラシー」の３つが数えられているが，特にこの三つ目の要素，「政治的リテラシー」に対する強調こそが本レポートのオリジナリティといえる。さまざまな政治的事象を論理的・批判的に読み解く力たる政治的判断力の涵養が教育に期待されているのである。さらに同レポートは結論部で，この「政治的リテラシー」の学びにおいて要諦となるのは諸問題の「争点を知る」ことだと説明している。「政治的リテラシーとは，まさにそうした多様な利害や価値観の対立のなかにあって何が争点であるかを知ることである」（小玉 2016, p.183）。複数の価値がぶつかりあう地平においては，なによりも問題の争点を正しく理解し，重なり

合う妥協とともに複数の主張を調停しうる強かな構えが求められる。ここにまた私たちは,「考え,議論する」道徳教育に相通じる倫理的な要請を感じることができるだろう。

（3）日本における「クリック・レポート」受容と現在的課題

「クリック・レポート」に始まるイギリスでのシティズンシップ教育への関心の高まりを受け,日本でもこれらの取り組みが紹介されるようになった。2000 年代には,いくつかのシティズンシップ教育の取り組みが,実際に各地の自治体や学校でみられるようにもなった。有名なものとしては,東京都品川区における「市民科」やお茶の水女子大学附属小学校における「市民」という学習領域への取り組み等が挙げられる。

さて,実はこの受容過程で「クリック・レポート」への着目点は移り変わっている。「クリック・レポート」が言及され始めたときに多く見られたのは,ボランティア活動とシティズンシップ教育の重なりを強調する紹介であった。それらはボランティア活動への関与がシティズンシップ教育に資する部分があるという点で,「クリック・レポート」に示されたシティズンシップ教育の考え方の一側面をとらえたものではある。しかしながら,クリック自身が何度も,ボランティア活動はシティズンシップ教育の必要条件ではあるが十分条件ではないと述べている点は見過ごされていたように思われる（クリック 2011, pp. 18-19, 小玉 2016, p.168）。

しかしその後,「効果的なシティズンシップ教育」の構成要素である「社会的・道徳的責任」および「コミュニティへの関わり」から「政治的リテラシー」へと相対的に力点が移行してきた。上でみたような多くの実践も,「政治的リテラシー」の涵養に力点を置くものと位置づけられる。さらには,総務省の「常時啓発事業のあり方等研究会」（2011 年）によって示された「日本版クリック・レポート」とされる最終報告書では,政策面においても「政治的リテラシー」を育む教育の重要性が強調されている（総務省 2011, 小玉 2016）。

ただ,このようにさまざまな実践や政策文書が蓄積される一方で,シティズ

ンシップ教育それ自体の批判的検討が十分になされてきたとはかならずしもいえない。言い換えれば，シティズンシップ教育の目新しさを強調し，その注意書きを伴わない紹介や実践も多く，内実が不透明ながらもなにか素晴らしい新しい教育のありかたとして受容されてきた傾向も否めないということだ。当の共同体にとって望ましい主体の育成を望むのが教育であり，現在はそれがシティズンシップ教育という名のもとに先鋭化しているとの指摘もある（仁平 2009）。「政治的リテラシー」に関しても同様である。その意味するところについては，政治的な徳を広く市民に求める共和主義，そしてそのような社会における市民のあり方としてのシティズンシップの伝統とともに検討されるべきだろう。

3 シティズンシップの思想的背景

　20 世紀後半以来の急速なグローバル化の進展の中で，特に欧米では，従来の「国民」という概念では共同体の構成員（メンバーシップ）をあまねく包含することができなくなってきた。そこで，特定の国籍に縛られることなくさまざまなルーツをもつ人々をまとめて示すために「市民」という語が用いられるようになったのである（小玉 2003, p. 1）。日本ではいまだ依然として多文化的な共生が重要な課題としてとらえられることは少ないが，他方で，従来の国民国家の枠組みでは対処することの難しい問題が浮上してきたという状況もある。地球規模の環境問題や国境を越えて広がる難民の問題に対し，国籍を超えて向かい合う必要がより一層認知されるようになった。このように，シティズンシップ教育は，世界市民的な観点も含まれるものだという点には注意しておきたい。

　ところでシティズンシップという概念がもつこのような含みと同様に把握すべきは，この概念がすぐれて政治的であるということである。シティズンシップ教育が関心を集めるようになった背景には，各国における政策の変化があった。特に英米においては 1960 年代の福祉国家的政策が 1980 年代にそれぞれ新自由主義・新保守主義的政策へと転換され，さらに 1990 年代になると「第三の道」と呼ばれる社会民主主義的な流れが出てきた。

もともと福祉国家主義におけるシティズンシップ理解の内実は,「権利とし
てのシティズンシップ」という考え方であった(マーシャル 1993)。社会権の
ひとつに「社会的シティズンシップ」を見立てる立場である。だがその後,福
祉国家が行き詰まりその見直しが求められると,小さな政府と共同体が重視さ
れるようになる。とはいえそこには市場化による伝統的な共同体の解体リスク
という矛盾もあった。そのため「第三の道」の課題は,コミュニティの再生を
通じてアクティブな市民社会を作り出すこととなった(ギデンズ 2003)。そし
てそれゆえに,シティズンシップを尊重し市民に公共空間へと参加する権利を
保障する必要が広く認識されるようになったのである(宇野 2011)。

　日本においてはやや異なる経緯があるものの,福祉制度が脆弱化し市民のコ
ミュニティへの参加が重視されるようになったという点で,大きな状況の相違
はない。とりわけ,国境の相対化という側面が希薄な日本においては,このよ
うな福祉国家の脆弱化の後にシティズンシップが議論されている点に着目する
必要がある。

　重要なのは,このような状況下において今ふたたびさまざまな立場からシ
ティズンシップという考え方が支持されているという点である。政治学者のキ
ムリッカ(W. Kimlicka)は,シティズンシップが,個人の権利や自由を重視す
るリベラルな立場と,共同体やそこでのメンバーシップを重んじるコミュニタ
リアン的な立場とによる論争を媒介しうる概念となっているとの主張を行って
いる(キムリッカ 2005, pp.414-415)。さらにキムリッカは,ここにきてシティ
ズンシップの最も特徴的な側面として論争の焦点となっているのが徳性,すな
わち政治権力に疑問を呈し公共政策の問題に関する公共的討論に参加する能力
と意欲とを含む徳性であると示す(キムリッカ 2005, pp.420-421)。このような
公共的討論への参加に関わる徳性が求められる市民のあり方は,民主主義の構
想が「投票中心的」なものから討議的なモデルへと転換されたことを反映した
ものでもある。討議を可能にする市民的徳性について考えることが,リベラル
やコミュニタリアン,フェミニストや多文化主義者などに共通の課題となった
(キムリッカ 2005, pp.414-427)。

もちろん望ましい「道徳的」な構えとして，公共の討議に参加的・積極的でありさえすれば良いという話ではないだろう。教育哲学者のビースタ（G. J. J. Biesta）は，「皮肉にも，アクティブ・シティズンシップは，まさにシティズンシップの観念そのものの脱政治化と私事化を実証するものになったのである」と現状に対し警鐘を鳴らしている（ビースタ 2014, pp.19-20）。上記のようなシティズンシップの再定義を受けて，その基体としてのアクティブな市民への切り分けが社会問題の個人化を招き，はては動員的な自己責任論へと行き着いてしまうのではないかとビースタは危惧する。個人的な問題をふたたび社会的な問題へととらえ返す必然を忘れることなく，そのうえで個が市民的な徳性たるシティズンシップを磨きあうセンスがここに問われている。そしてこうした私と公をつなぐ想像的な回路の構築・強化にあたってこそ，ほかならぬ道徳科教育の出番である。小学校・中学校段階において自己・他者・社会・自然と同心円的な主題のひろがりをもって繰り返される，さまざまな道徳的問題を我がこととして引き受けまた複数的な価値に折り合いをつけるレッスンは，高等学校にて本格化する公共の学びのたしかな足場を成しうるものと位置づけることができよう。

　よい市民がよい政治をつくるのか，はたまた，よい政治がよい市民をつくるのか。この古くからの問いとともに，政治について道徳教育がなにを教えているのか，あるいはなにを教えてしまっているのかということを顧みる必要があるだろう。

深い学びのための課題
1．道徳の教科書のなかで「公共」についてどのような教材が準備されているのか，実際に確認してみよう。
2．シティズンシップ教育の展開と「クリック・レポート」の内容のどこが同じでどこが異なっているのか，具体的に調べてみよう。

引用・参考文献

宇野重規（2011）「政治教育」苅部直ほか編『政治学をつかむ』有斐閣，87-90 頁

ギデンズ，アンソニー（2003）今枝法之・干川剛史訳『第三の道とその批判』晃洋書房

キムリッカ，ウィル（2005）千葉眞・岡崎晴輝訳『新版 現代政治理論』日本経済評論社

クリック，バーナード（2004）添谷育志訳『デモクラシー』岩波書店

クリック，バーナード（2011）関口正司訳『シティズンシップ教育論――政治哲学と市民』法政大学
　出版局

黒川直秀（2016）「主権者教育をめぐる状況」『調査と情報』889 号，国立国会図書館

小玉重夫（2003）『シティズンシップの教育思想』白澤社

小玉重夫（2016）『教育政治学を拓く――18 歳選挙権の時代を見すえて』勁草書房

主権者教育推進会議（2020）「今後の主権者教育の推進に向けて（中間報告）」文部科学省，https:
　//www.mext.go.jp/content/20201030-mxt_kyoiku02-000010790_1.pdf（2022 年 10 月 10 日最終閲
　覧）

主権者教育推進会議（2021）「今後の主権者教育の推進に向けて（最終報告）」文部科学省，https:
　//www.mext.go.jp/content/20210331-mxt_kyoiku02000013640_1.pdf（2022 年 10 月 10 日最終閲覧）

主権者教育の推進に関する検討チーム（2016）「最終まとめ～主権者として求められる力を育むため
　に～」文部科学省 https://www.mext.go.jp/a_menu/sports/ikusei/1372381.htm（2022 年 10 月 10 日
　最終閲覧）

関根宏朗（2022）「道徳教育において「生命」を問うこと」『明治大学教職課程年報』第 44 号，29-38
　頁

総務省（2011）「「常時啓発事業のあり方等研究会」最終報告書」

中央教育審議会（2016）「幼稚園，小学校，中学校，高等学校及び特別支援学校の学習指導要領等の
　改善及び必要な方策等について（答申）」（中教審第 197 号）

長沼豊・大久保正弘編（2012）『社会を変える教育：英国のシティズンシップ教育とクリック・レ
　ポートから』キーステージ 21

仁平典宏（2009）「〈シティズンシップ／教育〉の欲望を組みかえる」広田照幸編『自由への問い 5
　教育』岩波書店

ビースタ，ガート（2014）上野正道ほか訳『民主主義を学習する――教育・生涯学習・シティズン
　シップ』勁草書房

藤田祐介・貝塚茂樹（2011）『教育における「政治的中立」の誕生――「教育二法」成立過程の研究』
　ミネルヴァ書房

ブレイディみかこ（2021）『ぼくはイエローでホワイトで，ちょっとブルー』新潮社

マーシャル，トマス・ハンフリー（1993）岩崎信彦・中村健吾訳『シティズンシップと社会的階級』
　法律文化社

文部科学省（2017a）『小学校学習指導要領（平成 29 年告示）解説　特別の教科 道徳編』

文部科学省（2017b）『中学校学習指導要領（平成 29 年告示）解説　特別の教科 道徳編』

文部科学省（2018）『高等学校学習指導要領（平成 30 年告示）解説　公民編』

Qualifications and Curriculum Authority（1998）*Education for Citizenship and the Teaching of Democracy
　in Schools: Final Report of the Advisory Group on Citizenship*, London: QCA.

索　引

［編集代表］

山﨑　準二（やまざき じゅんじ）　学習院大学教授
高野　和子（たかの かずこ）　明治大学教授

［編著者］

下司　　晶（げし あきら）
　中央大学文学部教授
　中央大学大学院文学研究科教育学専攻博士後期課程単位取得退学，博士（教育学）
　日本学術振興会特別研究員（PD，東京大学），上越教育大学講師，准教授，日本大学文理学部准教
　　授，同教授を経て現在に至る
　〈主要著書等〉
　著書『教育思想のポストモダン――戦後教育学を超えて』（勁草書房，2016 年）
　　　『〈精神分析的子ども〉の誕生――フロイト主義と教育言説』（東京大学出版会，2006 年）　他
　編著・訳書
　　　デボラ・P・ブリッツマン『フロイトと教育』（共監訳，勁草書房，2022 年）
　　　『「甘え」と「自律」の教育学――ケア・道徳・関係性』（編著，世織書房，2015 年）
　　　『教育学年報』（第 3 期，共編著，世織書房，2019 年～）
　　　『教員養成を問い直す――制度・実践・思想』（共編著，東信堂，2016 年）　他
　　　『教員養成を哲学する――教育哲学に何ができるか』（共編著，東信堂，2014 年）

未来の教育を創る教職教養指針　第 8 巻
道 徳 教 育

2023 年 3 月 15 日　第 1 版第 1 刷発行

　　　　　　　　　　　　　　　　　　　　　　編著者　　下司　　晶

　　　発行者　田 中 千 津 子　　〒153-0064　東京都目黒区下目黒 3 - 6 - 1
　　　　　　　　　　　　　　　　電話　03（3715）1501 ㈹
　　　発行所　株式　学 文 社　　FAX　03（3715）2012
　　　　　　　会社　　　　　　　https://www.gakubunsha.com

ISBN 978-4-7620-2841-0